Ebertz / Faber (Hg.)
—
Engel unter uns
Soziologische und theologische Miniaturen

Engel unter uns
Soziologische und theologische Miniaturen

Herausgegeben von
Michael N. Ebertz und Richard Faber

Königshausen & Neumann

Bibliografische Information der Deutschen Bibliothek

Die Deutsche Bibliothek verzeichnet diese Publikation in der Deutschen
Nationalbibliografie; detaillierte bibliografische Daten sind im Internet
über <http://dnb.ddb.de> abrufbar.

© Verlag Königshausen & Neumann GmbH, Würzburg 2008
Gedruckt auf säurefreiem, alterungsbeständigem Papier
Umschlag: Hummel / Lang, Würzburg
Umschlagabbildung: Branko Modic: Forgotten Angel, Kaltnadelradierung
Bindung: Buchbinderei Diehl+Co. GmbH, Wiesbaden
Alle Rechte vorbehalten
Dieses Werk, einschließlich aller seiner Teile, ist urheberrechtlich geschützt.
Jede Verwertung außerhalb der engen Grenzen des Urheberrechtsgesetzes ist
ohne Zustimmung des Verlages unzulässig und strafbar. Das gilt insbesondere
für Vervielfältigungen, Übersetzungen, Mikroverfilmungen und die Einspeicherung
und Verarbeitung in elektronischen Systemen.
Printed in Germany
ISBN 978-3-8260-3850-1
www.koenigshausen-neumann.de
www.buchhandel.de
www.buchkatalog.de

Inhaltsverzeichnis

Vorwort 9

I. Angelologie in Geschichte und Gegenwart

Gerhard Schmidtchen
Gute und böse Engel. Sozialpsychologische Betrachtungen
an Hand der Kirchenväter 15

Volkhard Krech
Sind Schutzengel Versicherungsagenten? 21

Joachim Valentin
Angeli interpretandi – Vom Nutzen der Engel für die Theologie 27

Richard Faber
Katholisch-liturgische Angelologie bzw. Soziologie 33

Christoph Auffarth
Engel in Uniform – besonders auf den Kreuzzügen 39

II. Engel in der „Dienstleistungsgesellschaft"

Michael Hainz SJ
„Wir sind keine Engel, wir machen nur ihren Job". Atheistische
und jesuitische Engeldeutungen 47

Heike Staigies
Moderne Engel und ihre Deuter. Zur Popularität von Engeln
in der Gegenwart 53

Matthias Pöhlmann
Beruf: „Engel-Dolmetscherin". Alexa Kriele und ihr
„Haus der Christosophie" 59

Sussan Namini/Sebastian Murken
Himmlische Dienstleister. Zur psychologischen Bedeutsamkeit
der Engel in einer komplexen Welt 67

Gerhard Schmied
Soziologie der Engel als angewandte Anthropologie 77

III. Zur Kommunikationstheorie von Engeln

Christel Gärtner
Der Erzengel Gabriel in der Verkündigungsszene 83

Johann Ev. Hafner
Die Engelssprache – ein Beitrag zur Kommunikationstheorie 91

Thomas Ruster
Swedenborgs Gesellschaft der Engel 101

Olaf Briese
„Auge an Großhirn, Auge an Großhirn".
Über die Farbkommunikation von Engeln 107

IV. Satanologie in Geschichte und Gegenwart

Thomas Ruster
Es gibt Systeme. Es gibt Engel 115

Stefan Huber
Die dunkle Seite der Macht – Aspekte einer Soziologie des Teufels 121

Levent Tezcan
Wo selbst Engel zittern, kann nur ein Narr helfen! Aber wie? 127

V. Populare und populäre Engelbilder

Christel Köhle-Hezinger
Engels-Bilder, Engels-Memoria 135

Johannes Twardella
Engelbilder von Schülern 139

Kornelia Sammet
Harry Potter und die Engel. Eine religionssoziologische Analyse 145

Michael N. Ebertz
Übermenschliche Welt – ohne Gott. Engel und soziale Milieus 151

Karsten Lehmann
Pop-Angels. Engel in der populären Gegenwartskultur 159

Jo Reichertz
Ein Engel für RTL. Linda de Mol als moderne Engelerscheinung 165

VI. Zur Säkularisierung von Engeln

Edgar Wunder
Grenzgänger zwischen säkularen und religiösen Welten:
Außerirdische als rationalisierte Engel 179

Bernhard Suin des Boutemard †
Business Angels – Engel der Freiheit und des Glücks 187

Winfried Gebhardt
Fällt das letzte Höschen, dann fallen auch die Flügel.
Zur Soziologie des „sündigen Engels" 193

Schluss

Joseph P. Mautner
Die „katastrophé" begreifbar machen. Eine kleine Soziologie der Engel
resp. ihres Erscheinens in der Literatur der Gegenwart.................................. 197

Autoren-Angaben 205

Vorwort

Dass Engel unter uns sind, pfeifen die Spatzen nicht nur von den Kirchendächern. Denn Engel scheint es inzwischen überall zu geben: neben uns, vor uns, hinter uns, in uns, bei uns, zwischen uns, eben ‚unter uns', selten noch über uns – und immer öfters außerhalb von Sakralgebäuden. Dementsprechend ist auch „mit ihrer Gestalt ... im Laufe der Zeit eine Veränderung vor sich gegangen", wie schon Romano Guardini bemerkte: Wenn in den heiligen Texten von ihnen gesprochen wird, so schreibt er weiter, „erscheinen sie in der Herrlichkeit und Glut Gottes. Das Geheimnis des Gottesgeistes umgibt sie. Seine Mächtigkeit erfüllt sie. Diesen Charakter behalten die Engel im Bewusstsein der Glaubenden lange Zeit hindurch. Dann aber wird ihre Gestalt immer menschenhafter. Ihr Wesen gleitet immer tiefer in die Welt. An die Stelle des heiligen Geisteswaltens tritt das religiöse Gefühl; an die Stelle des Glaubens die Legende oder gar ein von niemand mehr ernstgenommenes Märchen. Ihr Bild wird sentimental, spielerisch, und für das christliche Leben verlieren sie alle Bedeutung".[1]

Auch die vorliegenden Beiträge, ursprünglich in der Sektion Religionssoziologie in der Deutschen Gesellschaft für Soziologie angeregt und um einen weiteren Autorenkreis ergänzt, sensibilisieren für solche ‚Säkularisierungs'-Tendenzen, bleiben aber nicht bei einer Verweltlichungs- und Verfallsperspektive stehen, sondern zeigen den Bedeutungswandel, ja Bedeutungsboom der Engel und die mit ihnen betriebenen Auratisierungen und Sakralisierungen auf. Sie machen auch den „tief greifenden Gestaltwandel" der Engelvorstellungen (*Johann Ev. Hafner*) zum Thema und greifen dazu nicht zuletzt einerseits auf die Religions- und Theologiegeschichte der Engel zurück. *Gerhard Schmidtchen* thematisiert die Unterscheidung von guten und bösen Engeln bei den Kirchenvätern, welche die Engel als „überall anwesend" behauptet haben. *Volkhard Krech* skizziert im Rahmen von „Etappen der jüdischen und christlichen Religionsgeschichte" insbesondere die „Motivgeschichte des Schutzengels", der, entsprechend der ausgefeilten hierarchischen Lehre von Dionysios Areopagita um die Wende vom 5. zum 6. Jahrhundert, dem neunten Chor der Engel angehört und spätestens im 19. Jahrhundert zum *persönlichen* Schutzengel wird. Thema werden außerdem die Funktion dieser ‚himmlischen Mächte' für die monotheistischen Religionen (*Joachim Valentin*), für das katholische Hierarchieprinzip (*Richard Faber*), für die Legionäre der Kreuzfahrer (*Christoph Auffahrt*) und für die Identität der heutigen Jesuiten (*Michael Hainz*), die inzwischen die „Engelskepsis" der 1970er Jahre hinter sich gelassen zu haben scheinen. Andere Beiträge entfalten die Projektionsfläche, die Engel offensichtlich auch heute bieten, womit sie Funktionen als Therapeuten, Heiler, Berater und Helfer gewinnen

---

[1] R. Guardini: Engel. Theologische Betrachtungen, Mainz ⁴2000, 12; vgl. auch 51.

(*Heike Staigies*), als „himmlische Dienstleister" (*Sussan Namini/Sebastian Murken*). Engel kommen, so hat es den Anschein, in einer hochgradig individualisierten Gesellschaft, in der die traditionellen Gottesbilder nicht mehr selbstverständlich sind, „wie gerufen". Reagiert der Engelglaube auf die „Verdunkelung Gottes" (*Gerhard Schmied*) oder ist er aktiv daran beteiligt? Macht er die kirchlichen Vermittler der göttlichen Heilswahrheiten und Heilsgüter obsolet oder lässt er im religiösen Feld sogar neue Priester – Priesterinnen – emergieren? Obwohl „Erzengel und Schutzengel ziemlich weit unten und damit den Menschen am nächsten" stehen, wie *Christel Gärtner* im Verweis auf die „Hierarchie der jüdisch-christlichen Engel" in ihrer Hermeneutik der biblischen „Verkündigungsszene" erinnert, erhalten sie, einst Vermittler von Göttlichem und Menschlichem, ihrerseits Vermittler in Gestalt von diesseitigen Engel-Experten, die auch mit anderen „guten Geistern" in Kontakt zu stehen behaupten (*Matthias Pöhlmann*). Inzwischen soll die norwegische Königstochter Märtha Louise eine Engelsschule als Profitunternehmen (www.astarte-education.com) gegründet haben – „Use angels and your own power to create miracles in your life", heißt sein Motto. Doreen Virtue dagegen, promovierte Psychologin und Familientherapeutin, die als erfolgreiche Buchautorin einer therapeutischen Engelszene der Star des deutschlandweit ersten und zweiten Engelkongresses (www.engelkongress.de) mit jeweils 1600 Teilnehmern in Hamburg (2006, 2007) war, bedarf keiner Fortbildung, konnte sie doch schon als kleines Mädchen die Engel sprechen hören. Steven Farmer, der Ehemann Doreen Virtues, der – laut Website – „berühmtesten Engel-Botschafterin der Welt", ist Experte für die Spiritualität von „Krafttieren", die für ihn „Engel der Erde" darstellen.

Aber auch unter den christlichen Theologen rührt sich Engel-Kompetenz: *Johann Ev. Hafner* geht, den heiligen Thomas und den verstorbenen Niklas Luhmann zusammenbringend, der Frage nach der spezifischen Kommunikation der Engel im Vergleich zur menschlichen Kommunikation nach. Wenn man schon nicht mit Gott kommunizieren kann, wie Luhmann behauptet, lässt sich dann wenigstens mit Engeln kommunizieren? Hafner verweist auf den Visionär Emanuel Swedenborg, der sich ab Juni 1744 einige Monate im Engelhimmel aufgehalten haben soll, und in der Tat kann eine Soziologie der Engel ebenso wenig wie eine Theologie der Engel an diesem schwedischen Naturforscher und Erfinder vorbeigehen, wie *Thomas Ruster* demonstriert. In Swedenborgs Himmel scheint sich schon Luhmanns Beschreibung der modernen, funktional differenzierten Gesellschaft anzukündigen: „Der Himmel als soziales System", in dem „jeder Engel selbst ... ein Himmel" ist. *Olaf Briese* erinnert an Gustav Theodor Fechner und damit an einen anderen kommunikationstheoretischen Versuch, der die „Farbsprache der Engel" und darüber ganz „unorthodoxe Engelgestalten" spekulativ entwickelt hat.

Aber ist nicht auch – mit *Thomas Ruster* – „die Wirkung von dämonischen oder satanischen Mächten" in Rechnung zu stellen? Für die Theologie gilt dies allemal, aber gilt dies auch für die Soziologie, wenn doch „soziale Systeme nicht sündigen" können? Der Soziologe und Religionswissenschaftler generell hat nicht die Wirkung des Teufels zu untersuchen, sondern den Glauben an ihn und die sozialen Konsequenzen, die sich aus einem solchen Glauben ergeben. Solchen „Aspekten einer Soziologie des Teufels" geht *Stefan Huber* nach und entdeckt empirisch enge Zusammenhänge zwischen einer hohen „Zentralität der Religiosität in der Persönlichkeit" und dem „Glauben an die Existenz des Teufels". Von gefallenen Engeln und ihrem „quasi menschlichen Gegenpart" in der islamischen Tradition handelt der Beitrag von *Levent Tezcan*, der darin zugleich „Satans Job für alle Zeiten" bestimmt.

Vielleicht verlieren die Engel für das christliche Leben an Bedeutung, aber „alle Bedeutung"? *Christel Köhle-Hezinger* zeigt: „Engel überlebten Zeiten und Systeme" und transformieren und ‚reinkarnieren' sich immer neu. Dabei verlieren ihre Bilder an Verbindlichkeit, sie können aber zum Beispiel in einem religionspädagogischen Kontext, wie *Johannes Twardella* resümiert, immer noch die alte „Frage nach dem Guten" und die „Frage nach dem Tod" attrahieren. Dass dies nicht sein muss, macht *Kornelia Sammet* an einem der meistgelesenen Jugendromane deutlich, wo es Engel allenfalls noch „als Karikaturen gibt". Der heutige Glaube an Engel – an Schutzengel – scheint sehr stark milieugebunden zu sein, aber in bestimmten Milieus eine populare Selbstverständlichkeit zu besitzen, wie *Michael N. Ebertz* mit Hinweis auf die neuere Sinus-Milieu-Studien nahe legt. Einblicke in die „Popkultur" jenseits der Harry-Potter-Welt bestätigen dies indirekt, wie *Karsten Lehmann* an Beispielen der „gegenkulturellen Musikproduktion", aber auch des Hollywood-Kinos zeigt. Ob Engel nur in den Medien leben, ist damit nicht gesagt, wenn *Jo Reichertz* auch deutlich macht, dass Medien die Engel lieben. Und er analysiert sogar, wie „Fernsehauftritte eines Engels" ablaufen.

Die „Verwandlung der Engel von Geistwesen in Außerirdische" geht, wie *Edgar Wunder* nicht zuletzt an den esoterischen und „katholischen Ufologie"-Bewegungen zeigt, auf eine szientistische Quelle der Säkularisierung zurück. Ähnlich wie Außerirdische tragen auch die innerirdischen „Business Angels", denen *Bernhard Suin de Boutemard* nachging, keinen Heiligenschein mehr, sehen sie sich doch nicht als Mittler Gottes, sondern der Herrlichkeit des Geldes, von Risiko-Kapital, das auserwählte Startup-Unternehmen zu ‚begnaden' sucht. Mit *Winfried Gebhardt* ist freilich auch beobachtbar, dass Engel unter uns nicht nur den Heiligenschein fallen lassen ... Schließlich gibt die literarische Tatsache, dass Engel ganz besonders „im Umfeld der Katastrophe" erscheinen, wie *Josef P. Mautner* erinnert, der heutigen Engelkonjunktur auch eine ernsthafte, jedenfalls dramatische Pointe.

Freiburg/Berlin im November 2007   Michael N. Ebertz und Richard Faber

I. Angelologie in Geschichte und Gegenwart

Gerhard Schmidtchen

Gute und böse Engel

Sozialpsychologische Betrachtungen an Hand der Kirchenväter

Über gute und böse Engel zu sprechen ist nicht originell. Die Kirchenväter haben diese Unterscheidung gemacht, um die Menschen zu lehren, wie sie ihre Seele retten können, auf der „Rennbahn des Lebens" (Makarius der Ägypter). Die sittliche Strenge dieser Lehre von den Engeln guten Willens und den abgefallenen eröffnet ein Tor zum Verständnis der Sucht nach Engelsgestalten in der Gegenwart. Paradox ist, dass auch diejenigen, die nicht an Gott glauben wollen, doch gern Gottes Boten um sich haben möchten, zum Trost, zur Orientierung. Um die Seinsweise der Engel in unserem wissenschaftlich aufgeklärten und religiös unaufgeklärten Jahrhundert verstehen zu können, ist es empfehlenswert, zunächst bei den Kirchenvätern Rat zu suchen.[1] Ist ihr Wort heute noch wirksam, nach eintausendachthundertfünfzig oder eintausenddreihundert Jahren, ohne dass wir uns der Quellen bewusst sind? Drei Fragen können wir nach den alten Schriften beantworten: Wer sind die Engel? Was tun sie? Wo sind sie? Und das interessiert auch aktuell.

Wer sind Engel? Die Existenz der Engel wird von den Kirchenvätern im Rahmen einer christlich-spätantiken Naturlehre beschrieben. Makarius der Ägypter sieht vier Substanzen der Schöpfung: Feste und harte, wie Erde, Berge und Bäume, mittlere wie Wasser, dann feine wie Feuer und Wind und schließlich Wesen, die so fein sind, dass man sie nicht sehen kann. Aus diesem feinen Stoff ist der Körper der Engel, der Seele und – der Dämonen gemacht. Das innere Bild der Seele ist dem Engel ähnlich. Dionysius Areopagita entwirft ein großes hierarchisches System der Engelwelten, Vorläufer der Scholastik. Das Mysterium der Engelwelt können Menschen nur dadurch erfassen, dass Gott sie durch die Engel selbst belehrt hat. Unabhängig von aller Hierarchie nennt Dionysius die Engel insgesamt die „himmlischen Mächte". Neben oder unter den allgemein bekannten Erzengeln Gabriel, Michael, Raphael und Uriel gibt es Scharen von Engeln, „Engelchöre". Engel sind sonder Zahl. Es hat keinen Sinn, sie zählen zu wollen. Vernünftige Geschöpfe, so argumentiert Gregor von Nyssa, sind körperlos oder haben einen Körper. So unterscheidet er Engel und Menschen. Ihnen gemeinsam ist Persönlichkeit, Unabhängigkeit und Freiheit. Die Schöpfung der alten Welt

---

[1] Alle Zitate nach der Bibliothek der Kirchenväter, Kempten und München.

erstrahlt im Geiste Gottes und wird durchschwirrt von seinen Engeln. Den Menschen erscheinen die Engel wegen der Seelenähnlichkeit wie Verwandte.

Was tun die Engel? Stark sind die Engel. Dank ihrer schnellen Natur fänden sie überall hin wie es der göttliche Wink befehle (Johannes von Damaskus). Engel sind Geister, und sie sind dort, wo sie hinbefohlen werden, geistig zugegen. Sie nehmen die Gestalt an, die Gott ihnen befiehlt, und erscheinen so den Menschen, enthüllen die göttlichen Geheimnisse. Die Formen, in denen Engel den Menschen erscheinen, sind überraschend, und zuweilen surrealistisch. Dionysos Areopagita versucht einen Überblick zu geben: Feurig kommen sie daher, als feurige Räder, feurige Lebewesen, Männer, feurige Throne, feurige Seraphim. In der Bibel werden die Eigenschaften Gottes mit Feuer verglichen. Die Engel erscheinen auch in Menschengestalt, tragen dann Gewänder und mancherlei Gerät. Als Wind und Wolke kann die Erscheinung eines Engels beschrieben werden oder auch als Tier.

Die Engel kommen zu den Menschen auf die Erde, in den Alltag hinein. Alle Engelserlebnisse sind Epiphanien. Wen ein Engel besucht, der bleibt auf dem Boden. Die Engel tun dieses: sie verkünden etwas, sie prophezeien, sie warnen, sie schützen, geben Hinweise. Böse Engel und Dämonen verführen durch große Versprechungen. Wenn Engel nicht rein symbolisch auftreten, so reden sie die Sprache der Aufgesuchten, denn offenkundig werden sie verstanden, so dass aus der Begegnung eine Geschichte werden kann, zum Erzählen geeignet. Die Engel beten mit den Menschen, die sich Gott zuwenden. Tausende von heiligen Mächten sind mit ihnen und bieten ihre Hilfe an gegen die Dämonen, die „wilde Erbitterung über jeden Menschen erfüllt, der es vermeidet, sie mit Fettdampf und Blut zu verehren". So Origines in seiner Apologie gegen Celsus, der für Kaiserkult und Dämonenopfer eintrat, vehement gegen die Christen polemisierend.[2] Als Geschöpfe Gottes, dem einzig Unwandelbaren, sind Engel wandelbar. Sie können sich vom Guten abwenden und ihren Willen dem Bösen zuwenden. Der Schöpfer der Natur – so Augustinus – hat den Engeln ihren guten Willen gegeben, indem er durch den Heiligen Geist die Liebe in ihnen ausgegossen hat. Wie aber können solche Engel böse werden? Dieses Motivationsproblem löst Augustinus wie folgt: die guten und die bösen Engel haben die gleiche Natur. Die bösen Engel wurden dadurch böse, dass sie vom Guten freiwillig abfielen. Und warum? Haben die standhaften Engel mehr Liebe bekommen, oder mehr Unterstützung? Die Frage bleibt offen. Die Genossenschaften der Gott zugewandten Engel können als Licht und die der Abtrünnigen „sehr passend" als Finsternis bezeichnet werden.

Den Menschen hat Gott als eine Art Mittelding zwischen Engel und Tier gestaltet. Wenn dieses Wesen die Gebote in ehrfürchtigem Gehorsam befolge, könne es in die Gemeinschaft der Engel eingehen. Das ist gleichsam Gottes Angebotspolitik. Wenn der Mensch jedoch von seinem freien Willen falschen

---

[2] Orig. III, 379.

Gebrauch macht, hochmütig und ungehorsam Gott beleidigt, wird er dem Tode verfallen und nach Art der Tiere nur seinen Begierden leben. Die Menschen könnten aus ihren Sünden lernen. Die Aufkündigung der Eintracht führt zur Katastrophe. „Niemals wahrlich haben Löwen unter sich oder Drachen unter sich solche Kriege geführt wie die Menschen."[3] Der Kampf zwischen gut und böse wird nie endgültig entschieden sein. Makarius der Ägypter: „Gott und seine Engel wollen den Menschen zu ihrem Hausgenossen im Reiche haben. Ebenso wollen der Teufel und seine Engel diesen zu ihrem Spießgesellen haben. Es steht also die Seele zwischen zwei Wesen in der Mitte, und auf wessen Seite sich der Wille der Seele neigt, dessen Kind wird sie."[4]

Engel sind, nach den Beschreibungen der Kirchenväter, überall anwesend, begleiten die Menschen, insbesondere die betenden ungerufen, aber man kann sie nicht herbeizitieren. Ihr Erscheinen ist unvorhersehbar und voller Rätselangst. Deshalb beginnen Verkündigungen mit den Worten „Fürchtet Euch nicht." Wenn Engel kommen, ändert sich etwas. Rainer Maria Rilke: „Ein jeder Engel ist schrecklich."

Wo sind die Engel? Selbst dem nur schwach Aufmerksamen begegnen Engeldarstellungen und Engelmetaphern überall, auch außerhalb der Weihnachtszeit. Es gibt einen aufnahmefähigen Markt für die Vergegenständlichung des Wunsches, von Engeln umgeben zu sein. Ein Versandhaus, das Wäsche und dekorative Haushaltsdinge anbietet, zeigt im Katalog zwei Sets von je drei Schutzengeln, die sind aus Blech, hübsch bemalt und kosten pro Gruppe 9.95 Euro. In der Plastik-Zwergenwelt der Schlümpfe gibt es auch einen Engel mit Flügeln. Eine meiner Enkelinnen (9 Jahre) zeigte ihn mir. „Er bringt mir Glück." War die Antwort auf die Frage, was er tue. Auch das Internet wird voller Engel sein, von unterschiedlichster moralischer und religiöser Qualifikation. Virtuell und als Dekorationsramsch sind die Engel unter uns. Was hat das zu bedeuten? Kirchliche Gruppen beschäftigen sich mit der Engelsthematik. Die Evangelische Frauenarbeit der Ev.–Luth. Kirche in Oldenburg veranstaltete ein Tagesseminar unter der Einladungsüberschrift: „Engel, Begleiter im Alltag." Die Frauen sollten über ihre Begegnungen mit Engel berichten. Die Teilnehmerinnen wurden gebeten, ihren Lieblingsengel auf einer Karte, aus Papier gefaltet, in Ton oder aus Holz mitzubringen.[5] Die Autorin Zeruya Shalev hat in Zürich ihr neues Buch vorgestellt, „Späte Familie". Sie werde auf der Straße immer wieder von Wildfremden angesprochen, die ihr sagten, das Buch habe den Bund mit dem alten Partner besiegelt. Der Rezensent bemerkte dazu: „Nur einem Engel kann man so etwas beichten." Eine Autorin, die mit ihrem Wort Ehen rettet. Ist Shalev ein Engel?

---

[3] Augustinus II, 243.
[4] Makarius der Ägypter, 226.
[5] Evangelische Heimvolkshochschule Rastede, November 2005.

Engelvorstellungen haben also ihr Dasein im Reich der sozialen Kommunikation, wozu auch die Pflege religiöser Überlieferung in der Kirche gehört und weiter die Kunst bis zu den Herrgottsschnitzern. Engel sind in der Sprache ubiquitär. Es gibt niemand, der nicht schon von Engeln gesprochen hat. Dies beantwortet nur einen Teil der ontologischen Frage, wo sich die Engel befinden: in uns oder außerhalb? Der Hirte des Hermas, einer der apostolischen Väter (man datiert seine Schriften nach 150), lehrt den Hermas: „Zwei Engel sind bei dem Menschen, einer der Gerechtigkeit und einer der Schlechtigkeit." Darauf Hermas verzweifelt: „Wie soll ich denn ihre Wirkungen erkennen, da doch beide Engel in mir wohnen?" Für uns Zeitgenossen der bildgebenden Verfahren in der Hirnforschung klingt das sehr modern. Die Engel sind in unserem Kopf, wo sollen sie sonst sein? Die Formulierung aus der Zeit nach 150 ist sehr pragmatisch, wirkt auf uns aufgeklärt. Später wurde diese Position scholastisch überwuchert. Der Hirte erklärt nun dem Hermas, wie er den Engel der Gerechtigkeit erkennen kann. Er sei zart, schamhaft, milde und ruhig. Er werde sogleich über Gerechtigkeit, Keuschheit, Heiligkeit, jegliche gerechte Tat und über jede rühmliche Tugend sprechen. Den Engel der Schlechtigkeit aber erkenne man daran: „Wenn ein Jähzorn an dich kommt oder eine Erbitterung, dann wisse, dass er in dir ist; ferner wenn Begierden kommen allerlei zu treiben, häufiges und übermäßiges Trinken, für allerlei Leckerbissen und unnötige Dinge, Begierden nach Frauen und Reichtümern, ein übermäßiger Stolz und Prahlerei, und alles, was diesen verwandt und ähnlich ist, wenn also derlei Gedanken in deinem Herzen aufsteigen, dann wisse, dass der Engel der Schlechtigkeit in dir ist."[6] Der Hirte des Hermas beschreibt innere Motivationsbilder. Sie sind im Kopf der Menschen und kommen dort hinein durch das kulturelle System und seine Verstärker. Der Engel der Schlechtigkeit wird vom Hirten gleichsam in gesellschaftskritischen Kategorien beschrieben. Man ahnt die Strafen, die über die Person ergehen, wie nach Adornos Prozess der Verdinglichung: Die Verödung der Beziehungen, die Entpersönlichung der Partner schlagen zurück auf die Person, sie verliert ihre Lebendigkeit, erstarrt in „borniertern Ichlichkeit", emotionaler Tod durch falsche Belohnungen.

Wenn auch jedermann Vorstellungen von Engeln hat, sind Begegnungen mit Engeln selten. Sind Visionen und Erscheinungen von Engeln paranormal? Menschen können zu sich selbst sprechen. Unsere Phantasie kann szenische Bilder entwerfen. Sind sie übermächtig, so fühlt man sich heimgesucht von Kräften, die nicht aus uns selbst heraus erklärt werden können, sie scheinen von außen zu kommen. Pathologisch ist, wenn jemand nicht mehr innen und außen lokalisieren kann, er fühlt sich rätselhaften Botschaften ausgesetzt. Gerade der Grenzfall des Pathologischen zeigt die generelle Befähigung der Menschen, unwahrscheinliche Gesichte zu haben. Insofern ist der sensible Geisterseher, der „Spoekenkieker" zwar selten aber normal. Er verstört jedoch die eingefahrenen Denkmuster.

---

[6] Apostolische Väter, 212.

Er wird unbequem aber mit etwas gesellschaftlichem Glück auch kreativ, vielleicht prophetisch.

Wenn Menschen sich heute in so großer Zahl mit Engelsymbolen umgeben, von liebevollen Engeln begleitet sein möchten, so lebt darin die Sehnsucht nach einer besseren Welt, in der es sanfte verständnisreiche Beziehungen gibt. Der volkstümliche Umgang mit Engeln mag voller ontologischer Fragwürdigkeiten sein – so ist die Theorie der Feinstofflichkeit ein Protest gegen zu rationale Beziehungslehren und Heilkünste, man kann gleichwohl diese merkwürdige neue Engelkultur mit Rührung betrachten, und seitens der Kirche als pastorales Feld. Die Anwesenheit der Engel in Gedanken, in Sprache, Bild und Skulptur ist ein Zeichen, dass die Menschen insgeheim hoffen, das Wunder der Liebe werde auch zu ihnen kommen.

Volkhard Krech

Sind Schutzengel Versicherungsagenten?

Der Glaube an Schutzengel ist sicher nicht so alt wie die Kulturgeschichte, reicht aber doch sehr weit in sie zurück. Die Erklärungen für dieses religionsgeschichtliche Phänomen reichen vom Toten- und Ahnenkult über die Evolution von Zwischenwesen im Stadium zwischen Animismus und Polytheismus bis zu zeitgenössischen esoterischen Interpretationen im Sinne positiver Gedankenmuster und Energien, die durch Resonanz angezogen werden, wenn wir unsere Gedanken darauf richten. Vorstellungen von Schutzengeln finden sich in zahlreichen Kulturkreisen und sind vielleicht ein religionsgeschichtlich ubiquitäres Phänomen. Aus Platzgründen beschränke ich mich im Folgenden jedoch auf eine Skizze von Etappen der jüdischen und christlichen Religionsgeschichte. Zweitens stelle ich einige wenige systematische Überlegungen an.

1. Von der Bibel bis zur Werbung: Kleine Motivgeschichte des Schutzengels

Der Glaube an Engel, die als Geistwesen zwischen der Welt Gottes und derjenigen der Menschen vermitteln, ist bereits in der Bibel belegt, wenn auch nicht genauer ausgeformt. So ist der „Engel JHWHs" etwa der hilfreiche Bote Gottes (Gen 16,7; 21,17; Ex 14,19; 2 Kön 19,35 et passim). Der Psalter kennt die Schutzfunktion von Engeln. So heißt es beispielsweise in Ps 34,8:

„Der Engel des HErrn lagert sich um die her, die ihn fürchten, und hilft ihnen heraus";

und bildmächtig in Ps 91,11:

„Denn er hat seinen Engeln befohlen, dass sie dich behüten auf allen deinen Wegen, dass sie dich auf den Händen tragen und du deinen Fuß nicht an einen Stein stoßest."

In späteren Schriften (z.B. im Buch Daniel) werden Namen von Engeln genannt, denen bestimmte Aufgaben zugewiesen sind. Und in der Löwengrube spricht Daniel (Dan 6,23):

„Mein Gott hat seinen Engel gesandt, der den Löwen den Rachen zugehalten hat, so dass sie mir kein Leid antun konnten; denn vor ihm bin ich unschuldig, und auch gegen dich, mein König, habe ich nichts Böses getan."

Im Neuen Testament spielen die Engel eine Rolle im Wirken Jesu. Neben dämonischen, satanischen Mächten gibt es auch die guten, helfenden und beschützenden Engel. In Mt 4,10f. stehen Engel Jesus bei:

> „Da sprach Jesus zu ihm: Weg mit dir, Satan! Denn es steht geschrieben: ‚Du sollst anbeten den HErrn, deinen Gott, und ihm allein dienen.' Da verließ ihn der Teufel. Und siehe, da traten Engel zu ihm und dienten ihm."

Der Glaube an Schutzengel stützt sich vor allem auf Mt 18,10ff. Hier spricht Jesus:

> „Seht zu, dass ihr nicht einen von diesen Kleinen verachtet. Denn ich sage euch: Ihre Engel im Himmel sehen allezeit das Angesicht meines Vaters im Himmel. Was meint ihr? Wenn ein Mensch hundert Schafe hätte und eins unter ihnen sich verirrte: lässt er nicht die neunundneunzig auf den Bergen, geht hin und sucht das verirrte? Und wenn es geschieht, dass er's findet, wahrlich, ich sage euch: er freut sich darüber mehr als über die neunundneunzig, die sich nicht verirrt haben. So ist's auch nicht der Wille bei eurem Vater im Himmel, dass auch nur eines von diesen Kleinen verloren werde."

Ausgehend von diesen und anderen Zeugnissen der Hebräischen Bibel und des Neuen Testaments entwickelte sich in der Alten Kirche eine ausgefeilte Engelslehre. Es war Dionysios Areopagita, ein griechisch schreibender Schriftsteller, der um die Wende vom 5. zum 6. Jahrhundert lebte und eine himmlische Hierarchie entwarf. Vor dem Hintergrund „mystischer" jüdischer Texte teilte Dionysios die himmlischen Herrschaften in Ränge ein. Für viele Jahrhunderte galten seine himmlischen Hierarchien bei der dogmatischen Behandlung der Engelfrage als Referenz; im Mittelalter setzten sich bedeutende theologische Denker wie Thomas von Aquin damit auseinander. Die von Dionysios Areopagita beschriebene Engelsordnung basiert auf der göttlichen Zahl Drei: Drei Hierarchien von Engelwesen sind Gott untergeordnet, und jede setzt sich aus einer Triade zusammen, so dass insgesamt neun Chöre bestehen.

Die oberste Hierarchie befindet sich jenseits der kosmischen Ordnung und in direkter Verbindung mit Gott. Sie besteht aus den Chören der *Seraphim*, der *Cherubim* und der *Opharim*. Die *Seraphim* glühen vom Feuer ekstatischer Liebe zu Gott, die *Cherubim* haben die Fähigkeit, Gott zu schauen und ihre Weisheit weiterzugeben, und die *Opharim* bringen Gottes Gerechtigkeit zu den Menschen.

Die zweite Hierarchie sieht den Grund aller Dinge nicht in Gott selbst, sondern in der Vielheit der Ursachen. Auf dieser Ebene wird die kosmische Ordnung reguliert und die Aufgabe erfüllt, den göttlichen Weltplan mit zu vollziehen und an die dritte Hierarchie weiterzuleiten. Die *Herrschaften* (gr. *kyriotetes*, lat. *dominatiotes*) regeln die Pflichten der unter ihnen stehenden Engelklassen. Die *Mächte* (gr. *dynameis*, lat. *virtutes*) sind für die Ausführung der Vorsehung verantwortlich. Die *Gewalten* oder *Kräfte* (gr. *exusiai*, lat. *potestates*) sorgen dafür, dass die Pläne der göttlichen Vorsehung ungehindert zur Ausführung kommen.

Die dritte Hierarchie wacht über die irdische Welt. Sie grenzt an die Existenz des Menschen in Zeit und Raum und übermittelt den Willen Gottes den Menschen. Die Engel der dritten Hierarchie nehmen menschliche Gestalt an und sind dem menschlichen Leben am nächsten. Die *Fürstentümer* (gr. *archai*, lat. *principatus*) wachen über die Politik, die *Erzengel* (gr. *archangeloi*, lat. *archangeli*) sind die Boten, die die göttlichen Ratschlüsse den Menschen übermitteln, und die *Engel* (gr. *angeloi*, lat. *angeli*) haben die Aufgabe, die Menschen zu führen, zu schützen und sie in ihrem täglichen Leben zu inspirieren. Die Engel des neunten Chores sind also das, was uns als Schutzengel im eigentlichen Sinne gilt. Allerdings ist es wichtig zu beachten, dass sie in der Hierarchie mit den Engeln der zweiten und der ersten Hierarchie in Beziehung stehen.

Die liturgische Verehrung der Schutzengel fand vor allem im 15. und 16. Jahrhundert Verbreitung, zunächst in Verbindung mit dem Fest des Erzengels Michael am 29. September. 1670 hat Papst Klemens X. das Schutzengelfest für die ganze Kirche vorgeschrieben und auf den 2. Oktober festgelegt. Seit dem 18. Jahrhundert haben die meisten römisch-katholischen Kirchen Patrozinien zu „den heiligen Schutzengeln". Im 19. Jahrhundert und noch bis weit ins 20. hinein zieren Bilder persönlicher Schutzengel zahlreiche Kinder-, Schul- und Erbauungsbücher.

Wer meint, der Glaube an Schutzengel sei in der Moderne ausgestorben, der irrt gewaltig. In der christlichen Volkreligiosität und der modernen Esoterik findet diese Vorstellung nach wie vor weite

Heiliger Schutzengel (1910) von Hans Zatka, gen. Zabtieri (1859–1945)

Verbreitung. Auch die Kunst bedient sich immer wieder des Schutzengel-Motivs: von Heinrich von Kleists „Käthchen von Heilbronn" bis zu Rainer Maria Rilkes Gedicht „Der Schutzengel".

Neuerdings hat der Glaube an Schutzengel sogar den Gottesglauben überrundet. So stellte im Dezember 2005 eine vom Magazin Geo beim Meinungsforschungsinstitut Forsa in Auftrag gegebene Studie fest, dass 66 Prozent der Deutschen an Schutzengel glauben – zwei Prozent mehr als diejenigen, die an Gott glauben (anderen Studien zufolge wird der Gottesglaube von noch weniger Menschen geteilt).

Heute reicht die Verwendung des Schutzengelmotivs von Motorradclubs bis zur Werbung für Versicherungen.

Werbung der
Oberösterreichischen
Versicherung AG

2. Systematische Überlegungen

Die Ursprünge der Vorstellung von Schutzengeln (wie von Engel- und anderen Zwischenwesen überhaupt) bleibt im Dunkeln. Die evolutionstheoretische Erklärung des 19. Jahrhunderts nahm an, dass sich nach einem präanimistischen und einem animistischen Stadium Zwischenwesen entwickelt hätten, die die ersten Verkörperungen von Transzendenz darstellten. Im Verlauf der Religionsgeschichte hätten sich dann Göttervorstellungen und schließlich ein monotheistisches Gotteskonzept entwickelt. Demgegenüber stand die von Pater Wilhelm Schmidt aufgestellte These des Urmonotheismus, derzufolge am Anfang aller Religionsgeschichte ein monotheistisches Gotteskonzept stand. Auch wenn diese These noch weniger haltbar ist als die erste, könnte es dennoch sein, dass sich Vorstellungen von Zwischenwesen erst im Zuge der Ausbildung von Göttergestalten geformt haben. Die genealogische Alternative ist – jedenfalls pauschal – nicht zu entscheiden.

Sicher aber ist, dass die Vorstellungen von Zwischenwesen immer dann Konjunktur haben, wenn entweder Gotteskonzeptionen fehlen (so im Kulturkreis des klassischen China und in manchen sogenannten Naturreligionen) oder die Götter oder der eine Gott in allzu weite Ferne rücken. Letzteres ist beispielsweise in der europäischen Religionsgeschichte seit der frühen Neuzeit der Fall. Die Revolution des naturwissenschaftlichen Weltbildes sowie – teils davon abhängige und teils unabhängige – Entwicklungen in der theologischen Dogmengeschichte aller Konfessionen und in der Religionsphilosophie akzentuierten den *Deus absconditus*, den fernen Gott. Auf diese Weise haben sie, wenn auch unbeabsichtigt, wesentlich zur Konjunktur des Glaubens an Engel beigetragen. Doch der Anstieg der Vorstellung von *persönlichen* Schutzengeln, die sich spätestens eit dem 19. Jahrhundert etabliert hat, ist damit noch nicht erklärt.

Schutzengel stellen einen Sonderfall von Zwischenwesen dar. Während Engel im Allgemeinen Boten zwischen der himmlischen und der irdischen Welt sind, kommt Schutzengeln die besondere Funktion zu, einzelne Menschen zu leiten, zu beschützen und zu inspirieren. Die sozialstrukturelle Bedingung der Vorstellung eines persönlichen Schutzengels ist das Individuum, wie es sich im Verlauf der Neuzeit herausgebildet und in der Moderne etabliert hat. Mittlerweile ist es eine soziologische Binsenweisheit, dass der Modernisierungsprozess unter anderem von zunehmender Individualisierung geprägt ist: Entscheidungen und Geschehnisse werden mehr und mehr dem Einzelnen zugerechnet. Neben Freiheitsspielräumen bringt diese Entwicklung aber auch einen zunehmenden Druck mit sich. Man kann sich vor lauter „Optionen" kaum retten, droht sich in zentrifugalen Kräften zu verlieren, kann angesichts der nicht mehr zu kontrollierenden Handlungsketten immer weniger Einfluss auf den eigenen Lebenslauf nehmen (nicht im Beruf und nicht in der Liebe) und muss sich dennoch als autonomes Individuum vor sich selbst und anderen verantworten und sich eine konsistente Biographie „zurechtlegen". Angesichts dieser Last, die so manches Mal zu einem Dilemma wird, liegt es nahe, auf transzendente Hilfsinstanzen zu hoffen und zu vertrauen. Was aber, wenn kein Gott in personaler Gestalt mehr in Sicht ist oder er als allzuständiger Wächter über jeden einzelnen Menschen überfordert zu sein oder diese Aufgabe nicht mehr übernehmen zu wollen scheint?

Der Glaube an allgemeine, aber diffuse und in ihrer Wirkung daher ungewisse Kräfte und Energien hilft da nur begrenzt. Zwar scheint die magische Praxis, die solche Kräfte und Energien nutzbar zu machen versucht, im religiösen Feld der Gegenwart zuzunehmen. Besser aber ist, man befriedigt die Sehnsucht nach Gewissheit mit der Vorstellung eines personalen Wesens, das zwischen Himmel und Erde handelt und vermittelt. Wo andere Formen der Kontingenzbewältigung, sei es die der personalen Gottesvorstellung oder magischer Praktiken, scheitern oder nicht mehr oder noch nicht attraktiv genug sind, bestehen Chancen für Schutzengel: Sie sind kein Gott, haben aber dennoch eine personale Gestalt; sie sind zwar nicht allmächtig, verfügen aber doch über die Fähigkeit, einen einzelnen Menschen in allen Lebenslagen zu schützen und zu unterstützen. In der Mischung liegt ihre Stärke. Diese Richtung muss man wohl einschlagen, um die zeitgenössische Konjunktur des Glaubens an persönliche Schutzengel zu erklären. Es ist vielleicht eine List der Religionsgeschichte, dass sie in der christlichen Variante einen Individualisierungsprozess freigesetzt hat oder jedenfalls maßgeblich an ihm beteiligt war, in dessen Folge das autonome Individuum zunächst ohne Religion auskommen musste, um sich dann von der Last der Autonomie und der Situation der einsam zu treffenden Entscheidungen zu befreien und sich wieder einem religiösen Motiv in Gestalt des persönlichen Schutzengels zuzuwenden.

Angesichts der Konjunktur liegt es nahe, dass auch außerreligiöse Bereiche auf das Motiv des Schutzengels zurückgreifen. Es bräuchte allerdings eingehendere Untersuchungen, um die Frage zu beantworten, ob es sich in diesen Fällen tatsächlich um Religion handelt. Beispielsweise macht die gelegentlich zu vernehmende Rede von Schutzengeln als Versicherungsagenten (analog zu Peter

Sloterdijks Bezeichnung von Priestern als einer frühen Form von Versicherungsvertretern) nur dann Sinn, wenn man Belege dafür erbringen kann, dass es sich bei Versicherungen um ein funktionales Äquivalent von Religion handelt. Trotz der entsprechenden Versicherungswerbung hege ich Zweifel an dieser Gleichung. Auch wenn sich Kredit und Glaube von demselben lateinischen Wort (*credere*) herleiten, so wissen doch die meisten Religionen um den Unterschied zwischen Sicherheit sowie Risikoabwägung einerseits und glaubender Gewissheit sowie Vertrauen andererseits. Kontingenz ist ein ubiquitäres Phänomen, aber gerade deshalb gibt und braucht es sehr unterschiedliche Bewältigungsformen. Die Vorstellung, man besäße einen Schutzengel, ist eine unter vielen anderen Möglichkeiten, mit Kontingenz umzugehen.

Bei der affirmativen Nutzung religiöser Motive wie das des Schutzengels in außerreligösen Kontexten haben wir es weniger mit der Diffundierung von Religion als eher mit Sakralisierungsprozessen zu tun, das heißt: mit der Anreicherung durch religiöse Symbolen zum Zwecke der Auratisierung. Da ist mir die ausgefeilte Hierarchie der Engel von Dionysios Areopagita allemal lieber. Und schließlich wissen andere Unternehmen als die Oberösterreichische Versicherung AG sehr wohl um den Unterschied zwischen versicherungstechnischer Risikoabfederung und der religiösen Funktion des Schutzengels, gerade indem sie glauben machen wollen, dass letzteres nicht immer wirkt, wie nebenstehende Werbung zeigt. Das verstehe ich als ein Plädoyer für Differenzierung von Risikoabwägung und Glauben. Das eine ist kein Ersatz für das andere; wer religiös musikalisch und zugleich nüchtern ist, tut das eine, ohne das andere zu lassen.

„Auch ein Schutzengel macht mal Pause. Die Provinzial ist 24 Stunden für sie da."

Joachim Valentin

Angeli interpretandi
Vom Nutzen der Engel für die Theologie

Engel sind überall. Wo man hinschaut, zeigen sie ihr liebreizendes Wesen, kämpfen gegen Drachen, geleiten über Brücken, verhindern Unfälle in letzter Minute und blasen als Putten die Backen auf – von den zur Zeit 200 lieferbaren deutschsprachigen Büchern zum Thema ganz zu schweigen.

Bloße Ornamente? Barocker Zierrat am Rande, in maximaler Entfernung zum Kerngeschäft christlicher Religion wie zum unrettbar säkularisierten Alltagsbewusstsein? Entmythologisierungskandidaten? Vielfältige Banalisierungen scheinen dem Engel seit der Herrschaft naturwissenschaftlicher Weltsichten, vielleicht schon seit der Reformation, den theologischen Garaus gemacht zu haben.

Die Frage aber, ob er als eines der religionsgeschichtlich ältesten Phänomene nicht doch eine wesentliche Aufgabe im theologischen Kosmos der monotheistischen Religionen erfüllen muss, ist noch nicht endgültig verneint. Immerhin lösen Engel eines, wenn nicht gar mehrere Probleme an den Übergängen zwischen naiver, urtümlicher, sozusagen vorkritischer Religion, die mit einer Vielzahl von Naturwesen und Wirkmächten rechnen musste, und jenen intellektuellen Verfeinerungen und Abstraktionen der Jenseits- und Gottesvorstellungen, die nicht erst die Neuzeit, sondern – wir wissen es seit Max Weber – schon die biblischen Propheten gegen solcherlei Naivitäten ins Feld zu führen bemüht waren.

„Engel in der Bibel"

Die Götter des antiken Polytheismus waren in ihrem Verhalten gegenüber den Menschen ja nicht nur uneins, sondern brachten auch je nach Laune Heil über die einen und Unheil über die andern. Für das frühe Israel wie für die religionskritische griechische Philosophie hingegen war der eine gute und gerechte Gott Ursache *allen* Geschehens im Himmel wie auf der Erde. Gleichzeitig machte es die Vielfalt von Ereignissen und Erscheinungen, in ihrer Eigentümlichkeit verstanden als Taten des einen Gottes, nicht leicht, sie in ihrer Unübersichtlichkeit und Widersprüchlichkeit auch *alle* als Taten des *einen* Gottes zu verstehen.

Vor allem die Übermittlung göttlicher Offenbarungen im (Tag-)Traum wurden so zum Arbeitsfeld von Engeln; Missgeschicke und tragische Unglücksfälle dagegen gerne als Machenschaften von Dämonen verstanden, die lange die Ähnlichkeit mit ihren sumerischen und babylonischen Vorgängern nicht verleugnen konnten. Die zunehmend in menschlicher Gestalt, aber vorerst noch ohne Flügel vorgestellten „Engel Jahwes" – namentlich bekannt sind nur Raphael, Michael und Gabriel – übten so jene Funktion aus, die im Polytheismus in der Regel eine der vielen Gottheiten als Götterbote innehatte: der griechische Hermes etwa, der mit Flügelschuhen und Heroldstab die Botschaften der Götterversammlung den Menschen übermittelte. Auch der konsequent nicht als Ding dieser Welt gedachte Gott Israels brauchte schließlich eine Möglichkeit der Manifestation, die der Mensch mit seinen Sinnen wahrnehmen konnte.

Das sprechendste Bild für die Mittlerfunktion zwischen oben und unten ist vermutlich das der Jakobsleiter in Gen 28, 10–22, dessen Wurzeln hinter die Erzähltradition des alten Israel zurückreichen dürften. Hier steigen Engel die Stufen, die zum Himmel hinaufführen, auf und ab. Genauso haben wir uns die religionspolitische und theologische Funktion des Engels vorzustellen: Als halb geistiges, halb materielles Wesen vermittelt er zwischen körperhaftem Diesseits und der Geisteswelt Gottes, und zwar nicht nur konkrete *Botschaften*, nein: Der Engel ist in gewisser Weise selbst Garant, dass zwischen zwei – spätestens seit den Zeiten des Hellenismus und Neuplatonismus fundamental *verschiedenen* – Daseinsweisen nicht nur ein garstiger Graben klafft. Ein Graben immerhin, der sich bis in unsere heutige Weltsicht nicht nur durch die Welt, sondern auch den nachchristlichen Menschen zieht – gilt doch auch für ihn selber „Kopf in den Wolken, Füße auf dem Boden".

Engel sind also die großen Übersetzer, das heißt Translatoren, Interpreten und Integratoren des altisraelischen wie des späteren platonistisch-metaphysischen Weltbildes in der Welt des Judentums und des Christentums. Woher dann aber die aktuelle Sehnsucht nach Engeln in einer Zeit, in der uns sowohl Ökonomen als auch Neurophysiologen die restlose Materialität des Menschen lehren? Könnte die unleugbare Sehnsucht nach Engeln – und sei sie auch noch so banal – nicht als Befreiungsschlag aus dem stählernen Gehäuse von Vergänglichkeit und materialistischer Reduktion von Komplexität gelesen werden? Der herrschende Gentleman-Materialismus bedarf der Engel jedenfalls strukturell ebenso wenig wie eines Gottes, denn er hat sich des Vermittlungsproblems mittels Streichung der transzendenten Welt entledigt.

Judentum und Islam

Dass nicht nur die altisraelische Religion und das Christentum mit der Denknotwendigkeit von Engeln konfrontiert waren, zeigt neben der Vielzahl altorientalischer Zwischenweltwesen auch die reiche islamische Vorstellungswelt in Sachen *Dschinni* (Geister/Dämonen) und *Malaika* (Engel). Wie soll Allah, der menschlichen Erkenntnis himmelweit entzogen, überhaupt wahrgenommen, wie soll er auf dem weiten Weg zwischen reiner Geistigkeit und der schnödmateriellen Welt wirken und verstanden werden? Auch hier sind Engel des Rätsels Lösung. Aus christlich-jüdischem Zusammenhang nach Arabien gekommen, preisen sie den Herrn (Koran 7.206), stehen den Menschen als Gesandte im Kampf zu Seite (8.9–12) oder berufen sie aus dem Leben ab (7.37) und – das ist sicher bis heute die erste und wichtigste Funktion des Engels Djibril (Gabriel) – vermitteln die göttliche Offenbarung, den Koran, an Mohammed (2.87 u.ö.). Sogar die klassischen Gebetshaltungen will Mohammed von einem Engel erlernt haben.

Engel im Islam unterscheiden sich allerdings nicht wesentlich von jüdischen oder christlichen Engeln. Entscheidend ist aber, dass sie – anders als im Christentum – im Islam zu den fünf Säulen des Glaubens, also neben der Einheit Gottes und seinen überweltlichen Attributen, dem jüngsten Gericht und der Offenbarungslehre zu den unbedingt zu glaubenden Inhalten des Islams gehören, während sie in Judentum und Christentum eine ausdrücklich marginale Rolle spielen. Diese Hochachtung der Engel könnte in unserer theo-logischen Betrachtungsweise als notwendige Folge aus der Tatsache gedeutet werden, dass der streng monotheistische Islam der Engel in stärkerem Maße bedarf als Christentum und Judentum.

Aber auch die jüdische Religion hatte sich – zumindest in den mittelalterlichen Zeiten ihrer stark neuplatonischen Überformung – mit dem klassischen Problem des Monotheismus herumzuschlagen. Der viel zitierte (und missbrauchte) Sefirot-Baum der Kabbalah bearbeitet ja eben das in platonistisch angereicherten Teilen des jüdischen Gottdenkens unausweichlich gewordene Problem der Vermittlung zwischen einem radikal jenseitig gewordenen Gott und der unleugbaren Vorhandenheit der als minderwertig begriffenen materiellen Welt und löst es mit Hilfe der Vorstellung eines in Stufen fließenden emanativen Übergangs zwischen der Geistigkeit Gottes und der Materialität der Welt. Prompt werden die Sefirot im Volksglauben als Engel verstanden. Nicht *dass* es sie gab, war aber hier das Problem (damit hatte sich bereits die Gnosis auseinandergesetzt), sondern *wie* der altbiblische Schöpfungsgedanke im Kontext der gerade „angesagten" radikalen Unterschiedenheit zwischen Geist und Materie in der platonistisch-griechischen Tradition gerettet werden könnte.

Schon der hellenistisch-jüdische Denker Philo von Alexandrien hatte zur Zeit Jesu – in logischer Schlussfolgerung aus der von ihm intendierten Vermittlung zwischen Griechen- und Judentum – die guten Dämonen einerseits mit den reinen Seelen des Platonismus, andererseits mit den Engeln der jüdischen Bibel identifiziert. Philo nimmt an, dass sie fern der Erde und frei von Sinneslust, in reiner Geistigkeit verharrend, Gott als Mittler und Boten dienen. Im Neu- und Mittelplatonismus, der bestimmenden philosophischen Strömung des ersten nachchristlichen Jahrtausends, wird die Mittlerschaft der Engel dadurch expliziert, dass sie einerseits ewig leben, andererseits aber mit Affekten sowie Luft- und Feuerleibern ausgestattet sind.

Eine besondere Rolle spielt in der kabbalistischen Tradition zunehmend die *Schechina*, ein nachbiblisches Bild für die „Einwohnung Gottes", seine personifizierte Präsenz also, die zunächst im Tempel lokalisiert, im tempellosen Exil aber zunehmend als Person gedacht werden musste, um schließlich als zehnte und unterste (!) der Sefirot und weibliches Prinzip verehrt zu werden. Das chassidische Judentum Osteuropas erkennt die Schechina ebenfalls als engelsgleiche Person und umrankt sie mit einer Vielzahl von (Heilungs-) Wundererzählungen – sicher die volkstümlichste Lösung des Vermittlungsproblems im Judentum, analog zu den in der Neuzeit sich massiv verstärkenden Marienerscheinungen im katholischen Christentum.

Engel nach der Inkarnation

Solche Konstruktionen muten heute – die Attraktivität der Kabbala durch engelsgleiche Mittlerinnen wie Madonna, Britney Spears und andere unbenommen – genauer betrachtet einigermaßen abstrakt an. Dies gilt zumal, da sich die Problematik einer Vermittlung zwischen Diesseits und Jenseits, Gott und Mensch spätestens nach der dogmatischen Fassung des Zueinanders von göttlicher und menschlicher Natur in Jesus Christus auf dem Konzil von Chalcedon im Jahr 451 n.Chr. radikal neu und anders darstellte. Unvermischt und ungetrennt sollten sich göttliche und menschliche Natur in Christus zueinander verhalten. Ein Denkmodell nebenbei, das den neuzeitlichen Personbegriff und damit die Entwicklung der Menschenrechte in weit größerem Maße beeinflusst hat, als man gemeinhin ahnt, und das zugleich den entscheidenden Schritt aus dem hellenistisch-metaphysischen Denkhorizont markiert.

Wenn sie auch erst nach vielfachem Disput zustande kam und bis heute monophysitisch oder doch mindestens im Sinne einer „Christologie von oben" oder „unten" missverstanden werden kann (und wird), so steht doch nicht erst seit der Reformation oder Neuzeit, sondern eben schon seit dem Jahre 7 v.Chr., im Ereignis der Inkarnation, der Fleischwerdung des Logos, spätestens aber seit den dogmatischen Entscheidungen des fünften Jahrhunderts die theologische Notwendigkeit der Engel massiv in Frage: Ein Gott, der selbst auf die Erde kommt, um seine Göttlichkeit in der Gestalt rückhaltloser Liebe – also im irdischen Kontext deutlich wahrnehmbar – zu materialisieren, der seinen Gläubigen den eigenen heiligen Geist zusagt und – an Pfingsten – auch sendet, so dass sie in Vollmacht sprechen, Sünden vergeben, Kranke heilen, ja Tote auferwecken können, braucht *de facto* keine Mittler mehr. Konsequent häufen sich die Engelserscheinungen im Neuen Testament zwar im Zeitraum vor oder kurz nach Christi Geburt, um zu seinen Lebzeiten dann aber fast ganz zu verschwinden.

Kann man schon die altisraelischen Engel als das Echo besiegter Weltbilder bezeichnen – Heidengötter waren als Engel überwundenen oder trieben als Dämonen ihr Unwesen – so lassen sich Engel (wie auch Heilige) nach Christus theologisch kaum mehr anders denn als in seiner Nachfolge stehende Menschen aus Fleisch und Blut denken, die die alte Aufgabe der Vermittlung des Göttlichen und Menschlichen in ihrem irdischen Leben vollziehen und so zu Kündern der göttlichen Botschaft und Mittlern des in nichts als reiner Liebe bestehenden göttlichen Heiles vor uns stehen. Andernfalls müsste man neben dem „Ein für allemal" der Menschwerdung Gottes in Form der leiblosen Engel so etwas wie einen „Lieferanteneingang zur göttlichen Herrlichkeit" oder, schärfer formuliert, im Engelglauben eben einen Rückfall hinter den Inkarnationsgedanken sehen, der die strikte Geschiedenheit von Leiblichem und Geistigem ein für allem mal von Gott her aufgelöst hat. Die wenigen Passagen, in denen Dämonen und Engel gleichzeitig mit Jesus Christus im Neuen Testament auftreten, können dabei durchaus als Insignien dieses schon in der Bibel behaupteten Alleinvertretungsanspruchs Jesu Christi als des *einen* Mittlers zwischen Gott und Mensch gelesen werden: Die Dämonen fahren auf ein einziges Wort von ihm aus (Mt 17,15ff., Lk 13,10ff. u.ö.), und die Engel dienen ihm (Mt 26,36–46). Die Geschichte vom gefallenen Engel Satan, die Geburtsstunde des absoluten Bösen und der Hölle, wird in manchen Traditionen konsequent als Folge dieses hervorragenden Vertreters des überkommenen Engelgeschlechtes, Lucifers, Weigerung erzählt, dem Menschensohn, einem Wesen aus Fleisch und Blut, zu dienen, die Möglichkeit einer echten, unvermittelten Anwesenheit Gottes in der Welt also, anzuerkennen.

Engel heute

Worauf deutet nun die unleugbare Aktualität des Engelsglaubens heute? Ich sehe vor allem zwei mögliche Interpretationen: Entweder ist sie Ausdruck eines Verschwindens, des Alleinstellungsmerkmals christlichen Glaubens nämlich, des Inkarnationsglaubens im Nebel patchwork- und parareligiöser Glaubenswelten der Gegenwart und so weder fortschrittlich noch hilfreich oder gar Anzeichen erstarkender Frömmigkeit, sondern Bote einer Rückkehr der Neometaphysik, analog zu neomytischer Vernunft (Linus Hauser) und Neognosis (Klaus Müller), von Strömungen also, die vor allem den Regress hinter ein mühsam erreichtes Reflexionsniveau der großkirchlichen Theologie signalisieren.

Vielleicht verweist die aktuelle Sehnsucht nach Engeln aber auch auf eine anthropologische Konstante, auf die Unaufgebbarkeit, der Personifikation der Konkretion und Verheutigung des hochabstrakten und in seinem Entstehungszusammenhang im Nebel des Vergessens verschwundenen Inkarnationsgeschehens. Engel wären dann Sendboten einer pastoral-psychischen Notwendigkeit, die Verbindung des eigenen Lebens zum Himmel personell je neu entstehen zu lassen. Die theologische Binsenweisheit der Nähe Gottes, der im Inkarnationsgeschehen grundgelegten Erlösungstat des Gottmenschen Jesus, ist eben *nicht* immer schon eingesehen und vollzogen, sondern bedarf der engelhaften Bestätigung und individuellen Aneignung.

Hier kommen die Engel dem aktuellen Alltagsbewusstsein entgegen: Anders als Gott selbst entziehen sie sich nämlich dogmatischer Fest-Stellung. Sie bleiben beweglich, sind schwer zu fassen und sprechen immer nur zu Einzelnen, entziehen sich also einer zentralen Deutungsmacht und erzeugen zwar nicht selten hohe biographische, keinesfalls aber universalisierbare Gewissheiten. Engel sind so als Einzelne immer neu zu interpretieren, nicht nur als einzelner Deuteengel, *angelus interpres,* wie wir ihn vor allem aus der apokalyptischen Literatur, aber auch aus den nachösterlichen Engel-Erscheinungen der Evangelien kennen, sondern auch immer neu zu deutende *angeli interpretandi.*

Richard Faber

Katholisch-liturgische Angelologie bzw. Soziologie

In memoriam Moshe Barasch
(1920–2004)

„Das Ich, welches die liturgische Gebetshandlung trägt, ist nicht die einfache Zusammenzählung aller gleichgläubigen Einzelnen. Es ist deren Gesamtheit, aber sofern die Einheit als solche etwas ist, abgesehen von der Menge derer, die sie bilden: *die Kirche*. Hier liegt etwas Ähnliches vor wie im Staatsleben. Der Staat ist mehr als die Gesamtzahl der Bürger, Behörden, Gesetze und Einrichtungen usw. Die Glieder des Staates fühlen sich nicht nur als Teile einer größeren Zahl, sondern irgendwie als Glieder eines übergreifenden, lebenden Einheitswesens. Etwas Entsprechendes, freilich in einer wesentlich anders gearteten Ordnung, der übernatürlichen, stellt die Kirche dar."[1]

Der zitierte katholische Theologe Romano Guardini bestätigt 1917 im voraus, was der pränazistische Carl Schmitt- und Othmar Spann-Schüler Christoph Steding 1932, eine entwickelte „katholische" Soziologie vor Augen, von außen feststellen wird: Zum Wesen des katholischen Ethos gehört, „dass das Ganze, der gesellschaftliche Organismus, die Gemeinschaft, die *Institution* ... grundsätzlich dem Individuum ‚vorhergeht'."[2]

Guardini selbst lässt keinen Zweifel, dass die Liturgie *total* ist, wie ihre Kirche (und der dieser entsprechende Staat): „Das Einzelwesen muss darauf verzichten, seine eigenen Gedanken zu denken, seine eigenen Wege zu gehen. Es hat den Absichten und Wegen der Liturgie zu folgen. Es muss seine Selbstverfügung an sie abgeben; mitbeten, statt selbständig vorzugehen; gehorchen, statt frei über sich zu verfügen; in der Ordnung stehen, statt sich nach eigenem Willen zu bewegen."[3]

Offensichtlich ist von der Liturgie *jemandes* die Rede, *dessen* „Absichten und Wegen" das „Einzelwesen" folgen, *dem* es „gehorchen" muss: Die „Ord-

---

[1] R. Guardini: Vom Geist der Liturgie, Freiburg u.a. ⁶1962, 45f.; heute liegt Guardinis Buch in 20. Auflage vor (Mainz 1997). – Es wird fortgeschrieben u.a. durch J. Ratzingers, was den Titel angeht, fast identisches Buch „Der Geist der Liturgie" aus dem Jahre 2000. Zu seiner Kritik vgl. H. Häring: Haus Gottes – Hüterin des Abendlandes? Josef Ratzingers Katholizismus als europäisches Kulturprojekt, in: R. Faber (Hg.): Katholizismus in Geschichte und Gegenwart, Würzburg 2005, sowie R. Faber: Maria Laachs „Liturgische Bewegung" im allgemeinen und Odo Casels „Mysterientheologie" im besonderen, in: H. Junginger (Hg.): The Study of Religion under the Impact of Fascism, Boston, Leiden 2007, S. 421–42.

[2] C. Steding: Politik und Wissenschaft bei Max Weber, Breslau 1932, 90.

[3] Guardini: Geist, 48.

nung" hat ihre Ordner; mythisch-affirmativ, in der hauptsächlich von Dionysius Areopagitas „Hierarchie der Engel" inspirierten Sprache des Konvertiten Erik Peterson: die Engel. *Ihre* himmlische Liturgie bildet die irdische vor; diese ist nur ihr Abbild – ein hierarchisches: „Den Gesängen der Kirche korrespondieren himmlische Gesänge, und *je* nach der Art der Teilnahme am himmlischen Gesang gliedert sich auch das innere Leben der Kirche." – „Die Engel mit ihrem Gesange ... gliedern ... die Kirche in ‚Engelähnliche' und in ‚Volk'".[4]

Um zu entmythologisieren: Die „Engel-Ähnlichen" tun das: die Mönche und Priester. Und *mythologisch* wird das dadurch möglich, dass die „untersten (Engel-)Chöre die oberste Stufe der Kirche berühren". Infolgedessen „schließt sich das ganze Gefüge der übereinander getürmten Ränge zu *einer* ... Einheit, und *eine* geistige Leiter entsteht, die vom *Mönch* bis zum Herzen der Gottheit führt"[5] – unter Ausschluss des Volkes.

Als Antwort auf die Frage: „Cui bono?" lässt sich mit des Revertiten Hugo Ball – freilich affirmativen – Worten sagen: Der „himmlischen Hierarchie ... obliegt die Vergottung des *Priester*reichs"[6]. Und nicht nur das der Priester, wie es bei Peterson mit seiner Ablehnung *jeder* „Politischen Theologie" den Anschein hat[7] – gerade auch im Mittelalter nicht: „*Seit* dem Pseudo-Dionysos wiederholt sich immer wieder der Vergleich zwischen der Hierarchie der himmlischen Chöre und der irdischen Hierarchie der Kirche *und* der Herrschaftsverbände"[8], wobei direkt jene diese rechtfertigt.

Der spätere Kardinal-Erzbischof Joseph Höffner weist 1939 in aktualisierender Absicht darauf hin: „Der herrschaftsständische Gesellschaftsaufbau kam dem ... (mittelalterlichen, R.F.) Menschen umso natürlicher vor, als man ja auch in der kirchlichen Hierarchie dasselbe Prinzip verwirklicht sah. Man zählte deshalb ... ohne Bedenken die weltlichen und geistlichen Stände in derselben Reihe auf. Die katholische Kirche war ja auch ‚in ihrer inneren Organisation einem deutschen Herrschaftsverband' (Otto v. Gierke) sehr ähnlich."[9]

---

[4] E. Peterson: Das Buch von den Engeln. Stellung und Bedeutung der heiligen Engel im Kultus, Leipzig 1935, 98f.; vgl. auch J. Habermas: Strukturwandel der Öffentlichkeit. Untersuchungen zu einer Kategorie der bürgerlichen Gesellschaft, Neuwied/Berlin [4]1969, 18f.
[5] H. Ball: Byzantinisches Christentum. Drei Heiligenleben, München/Leipzig 1923, 202.
[6] Ball, Christentum, 232.
[7] Vgl. E. Peterson: Kaiser Augustus im Urteil des antiken Christentums (1933), in: J. Taubes (Hg.): Der Fürst dieser Welt. Carl Schmitt und die Folgen, München u.a. 1983, 174–80, und E. Peterson: Der Monotheismus als politisches Problem. Ein Beitrag zur Geschichte der Politischen Theologie im Imperium Romanum, Leipzig 1935, sowie C. Schmitt: Politische Theologie II. Zur Legende von der Erledigung jeder Politischen Theologie, Berlin 1970, und R. Faber: Die Verkündigung Vergils: Reich – Kirche – Staat. Zur Kritik der „Politischen Theologie", Hildesheim/New York 1975, bes. „Einleitung".
[8] A. Freiherr von der Heydte: Die Geburtsstunde des souveränen Staates, Regensburg 1952, 13.
[9] J. Höffner: Kirche und Bauer im deutschen Mittelalter, Paderborn 1939, 80.

Dies ist der sakral *politische* Kern des „hierarchischen Prinzips"[10], aber es ist ein universal-metaphysisches: „*Jedes* Ding der Welt", so Friedrich Heer,[11] „muss sein officium erfüllen, und jedes Ding hat seinen Stand, ordo, status in der Weltordnung. Die *Welt* ist ‚ständisch' gegliedert" und „das himmelriche" nur ihre „höchste politische Gemeinschaft". Die Frage nach dessen Ständen ist „darum ein so brennendes, jedermann interessierendes, vitales Problem, weil sie auf das Engste zusammenhängt mit der Frage der endgültigen sozialen Stellung jedes einzelnen Menschen, mit seiner Rangordnung im Himmelreich. Nicht nur der Mönch und Asket streben nach einem hohen Rang im Jenseits, sondern dies ist das natürliche Verlangen *jedes* Menschen". Wer aber „einen hohen Stand" haben will, muss sich auf *Erden* darum bemühen. „Der Mensch ist bestimmt, in die englischen Stände aufgenommen zu werden; jeder wird in den Engelstand aufgenommen, den er auf Erden nachgeahmt hat: … ‚Got wil *dort* iecheliche geben den kor den hie gedienet sin leben mit tugentlicher arbeit.'"

Um den hierarchiekritischen Historiker Friedrich Heer weiter zu zitieren: „Der himmlische … Stand … entspricht dem realen irdischen Stand jedes Menschen; dieser ist, wenn auch nur ein schwaches, so doch ein wirkliches Abbild der himmlischen Ordnung. Daher werden oft die irdischen Stände mit den himmlischen in Beziehung gesetzt. … Gott sendet zum Beispiel die himmlischen Fürsten, das heißt den Engelstand der Fürstentümer, um die irdischen Fürsten – die er nach dem Bilde der himmlischen Fürsten geformt hat –, zu lenken und zu leiten; die irdischen Fürsten erhalten dann auch einen ihrer irdischen Stellung entsprechenden Rang im Himmel. Welt und Überwelt erscheinen gleichmäßig gestuft und ineinander verzahnt; die irdische Rangordnung gleicht der himmlischen, ja, sie soll sich geradezu nach dem Muster der überweltlichen Hierarchie aufbauen und ausordnen. Auf der Höhe der Scholastik entwirft der Bischof von Paris, Wilhelm von Auvergne, eine himmlische Staats- und *Stände*lehre, die dem irdischen Staat als Vorbild dienen soll."[12]

„Im Laufe der geschichtlichen Entwicklung (so sieht es Hugo von St. Victor) gleicht sich der soziale Aufbau der irdischen Familie Christi immer mehr der himmlischen an. Aufgabe jeder irdischen Politik, sei sie nun ‚weltlich' oder ‚geistlich', ist daher die Organisierung und Ausformung des Diesseits nach der Ordnung des Jenseits. Vorbild jedes irdischen Gemeinwesens, sei es nun des Staats oder der Kirche, ist der Staat Gottes, das himmlische Jerusalem, dessen glanzvolle Mauern geschichtet sind aus den verschiedenen ordines – eine untrennbare Einheit, in der kein ordo fehlen darf."[13] – Damit es insgesamt *ein* ordo ist: „ordo *universi*". Und an seiner Stelle muss jeder einzelne der Ordines

---

[10] Vgl. G. Weippert: Das Prinzip der Hierarchie, Hamburg 1932, sowie G. Weippert: Das Reich als deutscher Auftrag (= Philosophie und Geschichte, H. 51), Tübingen 1934.
[11] Fr. Heer: Die Tragödie des Heiligen Reiches, Stuttgart 1952, 137f.
[12] Heer: Tragödie, 138f.
[13] Herr: Tragödie.

sein, verharrend auf der ihm zugeordneten Stufe: „In der Sache der Ordnungen ... sind wir Hierarchisten."[14]

Apodiktisch heißt es beim zuletzt zitierten Popularphilosophen Theodor Haecker: „Ordnung ist nichts anderes, als dass jedes Ding, das ist, zunächst einmal in sich selber ganz sei, nicht mehr und nicht weniger, und also auch nicht mehr beanspruche, als was ihm gemäß seinem Sein zukommt, hinwiederum aber auch nicht mit weniger sich zufrieden gebe, als was ihm seinem Sein gemäß gebührt. Ordnung ist das äußere und innere rechte Verhalten zu sich selber und zu allem anderen."[15] Diese Definition vorausgesetzt, ist *jetzt* Unordnung, was gerade Haecker mit seiner Rede vom „Chaos" auch behauptet.[16]

Gleichsam transzendental war die Unordnung immer schon möglich; die Bewahrung vor ihr verlangt eine irdische Macht, die *als solche* erschütterbar ist; dass sie Gottes Stelle vertritt und *seine* Ordnung bewahren soll, hindert das nicht: sie *soll* dies nur tun. Deswegen liegt kein Anachronismus vor, wenn ein „konservativer Revolutionär" wie Hugo von Hofmannsthal die „Weisheit" seines „Salzburger Großen Welttheaters" den König mahnen lässt: „Gedenk: das Hohe hoch, das Niedrige niedrig *halten.*"[17] Doch freilich, der Carl Schmitt verbundene und wie dieser katholisierende Hofmannsthal[18] spricht ausdrücklich aus einer Situation heraus, wo es *keinen* „katechon" – von Schmitt auch als „Niedrighalter" übersetzt[19] – mehr gibt, jedenfalls keinen institutionell abgesicherten, und Hofmannsthal deswegen selbst, aktiv zu werden, sich genötigt sieht: ersatzweise *literarisch.*[20] (Dass sein neobarockes Mysterienspiel 1922 in der Salzburger Kollegienkirche uraufgeführt wurde, doch eben im Rahmen der Salzburger *Festspiele*, dementiert diese Charakteristik keineswegs.[21])

Andere werden es nicht beim Literarischen belassen und eine praktisch-politische „Revolution von Rechts"[22] wenigstens propagandistisch bzw. *kerygma-*

---

14 Th. Haecker: Werke 5, München 1967, 219.
15 Th. Haecker: Werke 3, München 1961, 495f.
16 Vgl. Th. Haecker: Werke 4, München 1965, 46f.; kritisch: J. Schumacher: Angst vor dem Chaos. Über die falsche Apokalypse des Bürgertums, Frankfurt a.M. ²1972, 139, sowie M. Horkheimer: Der Wolkenkratzer, in: M. Horkheimer (= Regius): Dämmerung. Notizen in Deutschland, Zürich 1934, 132f., und M. Horkheimer: Zu Theodor Haeckers „Der Christ und die Geschichte" (1936), in: M. Horkheimer: Kritische Theorie. Eine Dokumentation. Hg. von A. Schmidt. Band I und II, Studienausgabe, Frankfurt a.M. 1977, 361–73.
17 H. v. Hofmannsthal: Das Salzburger Große Welttheater, Frankfurt a.M. 1957, 33; vgl. auch H. v. Hofmannsthal: Das Schrifttum als geistiger Raum der Nation, München 1927.
18 Vgl. neuerdings M. Twellmann: Das Drama der Souveränität. Hugo von Hofmannsthal und Carl Schmitt, München 2004.
19 C. Schmitt: Drei Stufen historischer Sinngebung, in: Universitas 5/1950, 929.
20 Ausführlicher: R. Faber: „Wir sind Eines". Über politisch-religiöse Ganzheitsvorstellungen europäischer Faschismen, Würzburg 2005, 13f.
21 Zur Ideologie der Salzburger Festspiele generell vgl. M.P. Steinberg: Ursprung und Ideologie der Salzburger Festspiele 1890–1938, Salzburg/München 2000.
22 Vgl. H. Freyer: Revolution von Rechts, Jena 1931.

tisch unterstützen: so Hofmannsthals Uraltfreund Leopold von Andrian (unter Berufung auf ihn)[23] und der Maria Laacher Abt Ildefons Herwegen (der bereits 1918 Guardinis „Vom Geist der Liturgie" aufgrund seines Vorwortes politisch-reaktionär festlegte)[24]. Man muss wohl eine Wortprägung des Jerusalemer Kunst- und Religionshistorikers Moshe Barasch[25] aufgreifen und vom „Bündnis der Engel(ähnlichen) mit den Teufeln" sprechen. Selbst wenn es nicht (mehr) eingegangen wird, könnte stimmen, was der Jesuiten-Theologe Erich Przywara 1956, in einem selbstkritischen Augenblick, zu bedenken gegeben hat: „Steckt nicht als Tiefstes hinter den Faschismen ein … säkularisierter Katholizismus …?"[26] Herwegen hatte bereits auf der Laacher „Soziologie-Tagung" des Jahres 1933 ebenso affirmiert wie spezifiziert: „Was auf religiösem Gebiet die Liturgische Bewegung ist, ist auf dem politischen Gebiet der Faschismus."[27] Nur konsequent lautet Herwegens Aufforderung: „Sagen wir ein rückhaltloses Ja zu dem soziologischen Gebilde des totalen Staates, das durchaus analog gedacht ist zu dem Aufbau der Kirche."[28]

---

[23] Vgl. L. von Andrian: Österreich im Prisma der Idee. Katechismus der Führenden, Graz 1937.
[24] Jetzt ist vor allem hinzuweisen auf: M. Albert: Die Benediktinerabtei Maria Laach und der Nationalsozialismus, Paderborn 2003.
[25] Vgl. M. Barasch: Das Gottesbild. Studien zur Darstellung des Unsichtbaren, München 1998.
[26] Vgl. E. Przywara: In und Gegen. Stellungnahmen zur Zeit, Nürnberg 1955, 131.
[27] Zit. n. H. Rink: Reformer aus der Kraft der Tradition. Zum 25. Todestag: Ildefons Herwegen und die kirchliche Erneuerung in Deutschland, in: PUBLIK 1971, Nr. 36, 25.
[28] Zit. n.: Kölnische Volkszeitung, 30.7.1933

Christoph Auffarth

Engel in Uniform – besonders auf den Kreuzzügen

1. Engel als militärische Eingreiftruppe

Engel sind in dualistischen Denkmodellen wichtige „Zwischenwesen", die den strengen Dualismus wieder gangbar, lebbar, überwindbar machen. Als „himmlische Heerscharen" *zebaoth* finden sich die Engel in der militärischen Ordnung des himmlischen Hofstaates wieder, der nach dem Modell altorientalischer Höfe in Babel oder Ugarit gestaltet ist. Die Erfahrung der Israeliten von einem solchen Hofstaat machten sie unter verschärften Bedingungen im babylonischen Exil. Das Buch Daniel karikiert rund 400 Jahre später den Hof des Nebukadnezar.[1]

Die apokalyptische Tradition, besonders die außerhalb des Kanons unter dem Namen Henoch wachsende Apokalyptik, baut diese Metapher des Hofschranzentums, der Türöffner und Vorzimmerdamen, Conciergen, Bodyguards, persönlichen Assistenten und Minister, Geheimdienstler, die Gott von dem Volk abschirmen, aus.[2] Das Volk leidet unter der direkten Herrschaft des tyrannischen Möchte-gern-Gott-sein Satan, und Gott greift immer noch nicht ein. Erst jetzt bekommt er behutsam die Lage mitgeteilt und beauftragt den Engel Michael (Sein Name ist die rhetorische Frage: „Wer ist wie Gott?"), nun endlich als Oberengel und General (Arch-Angelos) gegen die ausgedehnte Bürokratie des Teufels vorzugehen und ihn zum Endkampf aufzufordern.

In der Hebräischen Bibel gibt es zwei ganz verschiedene Konzepte von „Engel".

Da sind einerseits die Menschen, die einen bestimmten Auftrag von Gott erhalten und dafür zu „Boten" (*mal'āk*, griechisch übersetzt mit ἄγγελος, angelos, ins Lateinische als Fremdwort *angelus* übernommen und dann im Deutschen als Lehnwort *Engel*) werden. Sie brauchen dazu keine Flügel.[3] Ein durch-

---

[1] Wilhelm von Tripolis: Notitia de Machometo. De statu Sarracenorum. Lat.-dt. Textausgabe von Peter Engels (Corpus Islamo-Christianum, Series Latina 4), Würzburg 1992, 13, setzt Mitte des 13. Jahrhunderts den Kalifenhof in Bagdad als den Ort an, der in Kontinuität mit dem Hof des Nebukadnezar steht.

[2] S. die Aufsätze in Ch. Auffarth/L.T. Stuckenbruck (eds.): The Fall of the Angels (= Themes in Biblical Narrative. Jewish and Christian Traditions, 6), Leiden 2004; die mittelalterliche Rezeption bei: Ch. Auffarth: Angels on Earth and Forgers in Heaven. A Debate in the High Middle Ages Concerning Their Fall and Ascension, in: Auffarth/Stuckenbruck (eds.): Fall, 192–223; die Bildtradition in: Ch. Auffarth: The Invisible Made Visible: Glimpses of the Iconology of the Fall of the Angels, in: Auffarth/Stuckenbruck (eds.): Fall, 261–285.

[3] Die anthropologische Wende, die die Spezies ‚Engel' entmythologisiert und auf die menschlichen Boten reduziert, ist vertreten durch C. Westermann: Gottes Engel brauchen keine Flügel, Berlin 1957 (wieder Stuttgart 2001).

aus delikates Problem stellt der Engel dar, der Maria die Botschaft überbringt, dass sie in dem Augenblick, da er mit ihr allein in ihrem intimen Zimmer sich aufhält, schwanger geworden ist (der englische Gruß *Ave Maria* in Lukas 1). Ein Christ, der mit Muslimen tagtäglich Umgang hat in einem der Kreuzfahrerstaaten,[4] berichtet, dass die Muslime in den vielen Streitgesprächen, die der Dominikaner mit ihnen führt, eine nahe liegende Vermutung äußern. Aber schon der Koran hat darauf eine Antwort. Maria räumt diese Unterstellung aus, indem sie zu dem Mann in ihrem Zimmer sagt:

Et dixit Maria territa: Invoco misericordem Deum contra te, si tu es Taquia.	Maria sagt erschrocken: „Ich rufe den barmherzigen Gott an, wenn du Taquia bist."[5] Anmerkung der Sarrazenen: Taquia war ein Zauberer, der plötzlich auf Jungfrauen zutrat und sie, ansehnlich und schön wie ein Engel, überwältigte. Darauf dieser: Ich bin ein Bote Deines Gottes.
Glosa Saracenorum: Taquia erat quidam incantator, qui subito intrabat super virgines et opprimebat eas speciosus et pulcher ut angelus.	
Et dixit: Ego sum nuntius Dei tui,	

Boten Gottes sind also verwechselbar mit Menschen und müssen sich ausweisen.

Daneben stehen die Mischwesen, die mit Flügeln ausgestattet sind, damit sie die Kommunikation zwischen Gott und Mensch, zwischen den Welten ausführen können.[6] Mischwesen heißt, sie verfügen dadurch, dass sie von verschiedenen Wesen jeweils deren besondere Kompetenzen besitzen, über übermenschliche Fähigkeiten. Musterbeispiel sind die vier Lebewesen, die in der Vision des Ezechiel (Ez 1) den Thron Gottes bilden: vom Stier die gewaltige Kraft, vom Löwen die Schnelligkeit und Ausdauer, vom Adler die Adleraugen und die blitzschnelle Flugkraft, vom Menschen die Fähigkeit zu reden und denken. In der jüdischen Tradition ist daraus der Thronwagen Merkavah geworden, der in der Diaspora überall bei seinem Volk sein kann, wo immer es sie hin verschlagen hat. In der christlichen Tradition sind es die vier Evangelisten mit je ihrem Wesen, die den Thron Gottes darstellen. Diese zweite Kategorie, die geflügelten Engel, sind als Kerubim und Seraphim Angehörige des himmlischen Thronstaats. Dort ist eine strenge Hierarchie aufgestellt, vom einfachen Engel, der untergeordnete Dienste zu verrichten hat, bis zu den Engel-Generälen, den Erzengeln/ Archangeloi

---

[4] Wilhelm von Tripolis: De statu Sarracenorum, 33.
[5] Das ist ein Zitat aus dem Koran, Sure 19,18. Vgl. Peter Engels zu Wilhelm von Tripolis: De statu Sarracenorum, 85. Taqqiya ist das arabische Wort für ‚Verstellung', ein Zentralbegriff in der schiitischen Form des Islam.
[6] Neuere systematische Einordnung bei G. Ahn: Grenzgängerkonzepte in der Religionsgeschichte. Von Engeln, Dämonen, Götterboten und anderen Mittlerwesen, in: G. Ahn/M. Dietrich (Hg.): Engel und Dämonen. Theologische, anthropologische und religionsgeschichtliche Aspekte des Guten und Bösen, Münster 1997, 1–48; B. Lang: Zwischenwesen, in: Handbuch religionswissenschaftlicher Grundbegriffe. Band 5, Stuttgart 2001, 414–440.

Ἀρχάγγελοι: Michael (Michel-Angelo), Gabriel, Raphael, Uriel, und zunächst auch Gottes Lieblingsengel Satanael. Sie bilden als Eingreiftruppe auch die himmlischen Heerscharen. In der Geschichte der Versuchung Jesu, als der Diabolos/Versucher Jesus anbietet, mit einem Schlag durch ein Wunder alle Menschen zu seinen Verehrern zu machen, da antwortet Jesus ihm, er könnte das auch ohne Hilfe des Satans. Er brauchte nur seinen Vater, Gott im Himmel, zu bitten, und sofort schickte der ihm eine Legion Engel. Er verwendet (im griechischen Evangelium Markus 5, 15 mit den Parallelen Matthäus 26, 53; Lukas 8, 30) das lateinische Wort λεγιών, das die Juden aus eigener Anschauung kannten, seitdem die Römer die direkte Herrschaft übernommen hatten. Das ist die antike Tradition für die Kreuzfahrer im hohen Mittelalter, die ihre Visionen von den Engelsoldaten bestimmt.

2. „Gott will es" und er schickt seine Heere in die Schlachten der Kreuzfahrer

In seinem kulturwissenschaftlich (avant la lettre: 1935) exemplarischen Buch hat Carl Erdmann *Die Entstehung des Kreuzzugsgedankens* beschrieben, die Militarisierung der Religion im Hochmittelalter, die den Heiligen Krieg überhaupt denkbar werden ließ.[7] Gewalt und Töten sind nicht mehr als Sünde entschieden abgelehnt oder können als Notlage gerade noch durch Buße vor der Höllenstrafe abgewendet werden, sondern sie gelten jetzt als eine christliche Tat und können schließlich sogar das Heil erwerben.[8] Bernhard von Clairvaux' Kreuzpredigt, zusammengefasst in der Enzyklika Ep. 363, ist revolutionär, sprengt alle christlichen Vorstellungen bis dahin. Darin zitiert er Jesu Versuchung, die jetzt umgekehrt ein einmaliges Sonderangebot Gottes ist. Es wäre ein Leichtes für Gott, eine Armee von 12 Legionen zu schicken, um das an Saladin verlorene Land zurück zu erobern. Aber er tut es nicht, weil er uns ermöglichen möchte, unsere Sünden zu tilgen: Statt der Engel-Heere fordert er uns auf, die heilsame Gewalt anzuwenden, Krieg gegen die Muslime zu führen und durch das Töten Heil zu erwerben.

Erdmann hat die schleichende Sakralisierung des Krieges in verschiedenen Medien aufgezeigt. Man müsste mittlerweile eine viel längere Spanne für die Sakralisierung des Krieges ansetzen, ja der Kreuzzug hat nur verstärkt, was lange

---

[7] C. Erdmann: Die Entstehung des Kreuzzugsgedankens (= Forschungen zur Kirchen- und Geistesgeschichte, 6), Darmstadt 1980 (Stuttgart 1935).
[8] Ch. Auffarth: Heilsame Gewalt? Darstellung, Notwendigkeit und Kritik an Gewalt in den Kreuzzügen, in: M. Braun/C. Herberichs (Hg.): Gewalt im Mittelalter. Realitäten – Imaginationen, München 2005, 251–272; dort auch zur Kritik der Zeitgenossen an der Sakralisierung des Krieges. Siehe auch R. Hiestand: „Gott will es!" – Will Gott es wirklich? Die Kreuzzugsidee in der Kritik ihrer Zeit (= Beiträge zur Friedensethik, 29), Stuttgart 1998.

schon Praxis war;⁹ das Kirchenrecht dagegen ist erst etwa in der dritten Generation nach dem Ersten Kreuzzug der Praxis gefolgt. Aber Erdmann hat die Methoden einer kulturwissenschaftlich breiten Untersuchung beispielhaft eröffnet. Eines der zentralen Medien zur Durchsetzung der Heiligung des Krieges sind die Ritterheiligen der Ostkirche, der Hl. Georg und Hl. Demetrius (manchmal auch: Theodoros; dieser auch öfter im Plural, damit angeglichen an die antiken Dioskuren, die Nothelfer in Seenot und in Schlachten).

Auf dem Weg, in den dreieinhalb Jahren von der Predigt Urbans II. im Herbst 1095 bis zur Eroberung von Jerusalem im Sommer 1099, fordern die bewaffneten Ritter ein eigenes Heiligenideal. Sie finden es schon vorher, aber zum Modell ihres Tuns wird es dann in der Todesfalle von Antiochien. Neben anderen Modellen kriegerischer Eroberung auf Gottes Geheiß, nächst Moses' Exodus besonders Josuas Eroberung des Heiligen Landes, wird ein Buch der Bibel verlangt, dass die Prediger es vorlesen und auslegen: die Bücher über die Makkabäer.¹⁰ Schon die Beschreibung der ersten großen Schlacht zitiert ein zentrales Ereignis aus dem Makkabäer-Buch: Raymond von Aguilers, der südfranzösische Chronist, erzählt, ein christliches Heer von gerade mal 700 Rittern stand einem gewaltigen türkischen Heer gegenüber. „Aber Gott vervielfältigte sie so, dass in den sechs Abteilungen je mehr als zwei Tausend Ritter aufgestellt waren."¹¹ Die Feinde werden allein vom Sonnenlicht, das sich in den Waffen der Christen spiegelt, so geblendet und erschreckt, dass die christlichen Ritter schließlich gegen die erdrückende Übermacht siegen. Genau durch so eine Schlachten-Epiphanie gelang den Makkabäern damals vor 1250 Jahren der Sieg (1 Makk 6,39). Die Epiphanie Gottes ist ein beliebter Beweis des göttlichen Wirkens, das meist unerkannt bleibt, aber in seinen Wirkungen „plötzlich" und wider Erwarten (para doxan παρὰ δόξαν) den Sieg der Seinen bewirkt.¹²

Gott stellt seinem Volk die Waffe zur Verfügung – genau wie damals den Makkabäern (2 Makk 15, 15) –, mit der sie die Feinde besiegen können. Es ist die Heilige Lanze. War sie zunächst ein Werkzeug, das das Leiden des Herrn linderte, indem der Hauptmann damit die Seite Jesu am Kreuz öffnete und das aufge-

---

[9] H.M. Schaller: Der heilige Tag als Termin mittelalterlicher Staatsakte, in: Deutsches Archiv 30/1974, 1–24; Kl. Schreiner: Märtyrer, Schlachtenhelfer, Friedensstifter. Krieg und Frieden im Spiegel mittelalterlicher und frühneuzeitlicher Heiligenverehrung (= Otto-von-Freising-Vorlesungen der Katholischen Universität Eichstätt, 18), Opladen 2000.

[10] Ausführlicher in Ch. Auffarth: Irdische Wege und himmlischer Lohn. Kreuzzug, Jerusalem und Fegefeuer in religionswissenschaftlicher Perspektive (= Veröffentlichungen des Max-Planck-Instituts für Geschichte, 144), Göttingen 2002, 123–150.

[11] Raymond von Aguilers: Le Liber. Ed. John Hugh Hill/Laurita L. Hill (= Documents relatifs à l'histoire des croisades, 9), Paris 1969, 56f.; siehe auch Ch. Auffarth: „Ritter" und „Arme" auf dem Ersten Kreuzzug. Zum Problem Herrschaft und Religion ausgehend von Raymond von Aguilers, in: Saeculum 40/1989, 39–55.

[12] Antikes Beispiel für die ‚Retttung' Soteria durch Gottes Eingreifen siehe in Ch. Auffarth: „Gott mit uns!" Eine gallische Niederlage durch das Eingreifen der Götter in der Augusteischen Geschichtsschreibung, in: Der Altsprachliche Unterricht 33/1990, H. 5, 14–38.

staute Wasser so punktierte, so wird die Reliquie jetzt zur Angriffswaffe, die voran drängt zur Eroberung Jerusalems.

Mit der Reliquie der Heiligen Lanze im Besitz vermag ihr Finder, der südfranzösische ‚Bauer' Petrus Bartholomäus, nun zum General der zerstrittenen Kreuzfahrerheere zu werden. Er beruft sich auf Visionen und bringt so die Heere wieder in Gang nach Jerusalem. Doch zuerst müssen sie aus der belagerten Stadt ausbrechen, durch das gewaltige türkische Heer hindurch. Als sich die unterschiedlichen Heere aufstellen, da vermehren sie sich durch Reiter, die aus den Bergen kommen, alle weiß gekleidet, mit weißen Fahnen, verneigen sich vor der Reliquie und greifen ein in die Schlacht (Anonymi Gesta Francorum). Die Anführer der himmlischen Heere identifizieren die Kreuzfahrer mit den Heiligen Georg, Mercurius, Demetrios, auch Mauritius (Robert der Mönch).

Wie die himmlischen Mächte plötzlich die irdischen Truppen vermehren und die schon sicher verloren geglaubte Schlacht umwenden können zugunsten der Christen, so vermehren die Kreuzfahrer umgekehrt die himmlischen Heerscharen, so dass bereits Verstorbene und in einer früheren Schlacht Gefallene plötzlich wieder mitkämpfen. Sie sind als Märtyrer von dem Schicksal verschont, im Grab dahin modern zu müssen in Erwartung des Jüngsten Gerichts. Sie erhalten von Gott das Geschenk, dass sie unmittelbar in den Himmel auferstehen: Diese Gnade haben wieder zuerst die Makkabäer erhalten (2 Makk 7). Das Bild kippt: Die im Kampf Gefallenen erhalten den Ehrentod (aus der antiken Tradition *dulce et decorum est pro patria mori*)[13] und als Gottes Geschenk obendrein, dass sie direkt in den Himmel aufgenommen werden. Ihr Blut ist das Blut am Altar des himmlischen Gottesdienstes. Zu Engeln geworden, können sie nun wieder ihren irdischen Kameraden zur Seite treten. Passives Martyrium und soldatisches Töten, Passiv und Aktiv sind nicht mehr zu unterscheiden!

Eine Mentalität ist erzeugt, die die Tat des Tötens verdeckt durch die Opfermetapher: Kaiser Wilhelm ruft 1895 den deutschen Michel, nun wieder als glänzender Held in der Pose des (damals gerade gefundenen) Augustus von Primaporta, auf, Europa und seine heiligsten Güter zu schützen.[14] In dem Bunker der Reichskanzlei haben Soldaten aus dem engsten Umkreis um Hitler, der Leibstandarte, den Bildern von sich Schilde wie Flügel gemalt. Aus den Treuesten des Verbrechers werden Schutz-Engel.[15] Die Perversion ist, wie zu zeigen war, in dem Vorbild schon angelegt.

---

[13] Siehe H.S. Versnel: Quid Athenis Hierosolymis? Bemerkungen zur Herkunft von Aspekten des „effective death", in: J. W. van Henten u.a. (Hg.): Die Entstehung der jüdischen Martyrologie (= Studia Post-Biblica, 38), Leiden 1989, 162–196.

[14] Ch. Auffarth: „Ein Hirt und keine Herde". Zivilreligion zu Neujahr 1900, in: Ch. Auffarth/J. Rüpke (Hg.): Ἐπιτομὴ τῆς Ἑλλάδος. Studien zur römischen Religion in Antike und Neuzeit. Für Hubert Cancik und Hildegard Cancik-Lindemaier (= Potsdamer Altertumswissenschaftliche Beiträge, 6), Stuttgart 2002, 203–223.

[15] M. Ley/J.H. Schoeps (Hg.): Der Nationalsozialismus als politische Religion, Bodenheim 1997, Beilage.

II. Engel in der „Dienstleistungsgesellschaft"

Michael Hainz SJ

„Wir sind keine Engel, wir machen nur ihren Job"
Atheistische und jesuitische Engeldeutungen

Zwei Episoden sind es, die mein soziologisches Nachdenken über Engel angestoßen haben: Die erste ereignete sich vor 30 Jahren, am 2. Oktober 1975 – das Datum ist erinnerlich wegen des Schutzengelfestes, das die katholische Kirche da jeweils begeht. In der Kapelle des Münchner Jesuitenkollegs mühte sich ein 23jähriger Ordensstudent, zu Beginn der Eucharistiefeier den Gehalt des Festes darzulegen. Er erinnerte an biblische Beispiele für das Tun von Engeln an den Menschen und wertete diese Vorstellungen als „Mythologeme". Als er mit den Worten „Ob es nun Engel gibt oder nicht, ist letztendlich egal. Wir glauben an unseren Herrn und Heiland Jesus Christus" geendet hatte, schrie ein älterer Jesuit und emeritierter Professor für philosophische Gotteslehre: „Der Sohn Gottes wird es ja wohl besser wissen!" und verließ mit Türenknallen die Kapelle.

29 Jahre später, also im Jahr 2004, überraschten mich zwei ganz andere, nämlich engelfreundliche Begebenheiten: Gleich bei zwei Besuchen im Laufe dieses Jahres machte mir meine gut dreißigjährige polnische Bekannte Julia jeweils ein Geschenk, das mit Engeln zu tun hatte: ein von ihrer Tochter gemaltes Bild eines lächelnden Engels mit großen Flügeln, dessen hölzerner Bilderrahmen selbst wieder mit drei kleinen Engeln aus Bindfäden beklebt war, und ein kleines Service aus roter Tasse und Untertasse, in die jeweils mehrere goldene Engel einglasiert waren.

Das Pikante dieser beiden Engelgeschenke liegt darin, dass sie gerade nicht von einer traditionell frommen und deshalb engelgläubigen Polin stammen. Im Gegenteil, Julia hat sich seit ihrer Jugendzeit von Glaube und Kirche distanziert und sich mir gegenüber mehrfach als „Atheistin" bezeichnet. Biographisch, so erzählte sie mir, kam sie zu ihrer für Polen atypischen Areligiosität durch mehrere Enttäuschungen: Statt sich ihren Glaubensfragen persönlich zu stellen, hatte der Kaplan ihrer Heimatpfarrei sie mit einem Stapel Bücher abgespeist. In einer schwierigen Konfliktsituation, wo sie als Klassensprecherin für Gerechtigkeit eingetreten war und darum gebetet hatte, eine ihr drohende ungerechte Bestrafung abzuwenden, war ihr Gebet nicht erhört worden. Von da an hatte sie „beschlossen", nicht mehr an Gott zu glauben. Später hat sie nur deshalb auch noch kirchlich geheiratet, weil ihre Schwiegereltern dafür Geld versprochen hatten. Bei der Taufe ihrer dreijährigen Tochter im Jahr 2002 mussten die Paten das Glaubensbekenntnis anstelle der Eltern sprechen, die es mangels eigener Glaubensüberzeugung „nicht ablegen konnten". Motiviert war die Taufe durch den empfundenen sozialen Konformitätsdruck in Polen und dadurch, dass die Eltern für ihre Tochter eine Art sie beschützenden Segen erlangen wollten.

Zurück zu den Engeln: Warum wählt eine „Atheistin" aus Polen im Jahr 2004 wiederholt Engelgeschenke, während drei Jahrzehnte zuvor sich ein engagiertes deutsches Kirchenmitglied, obendrein ein Jesuit, Engeln gegenüber gleichgültig gezeigt hatte? So gestellt, erweist sich diese Frage als schwierig zu beantworten, da sich hierbei drei Vergleichsebenen überlagern: eine zwischen 1975 und 2004 zu vermutende intertemporale Veränderung des Engelsverständnisses; zwischengesellschaftliche Unterschiede zwischen Polen und Deutschland; mögliche Diskrepanzen des Bezugs zu Engeln, wie sie sich zwischen kirchlichen Insidern und religiös Distanzierten auftun können.

Statt hier über „großflächige", intertemporal und makrosoziologisch angelegte Antworten zu spekulieren, will ich die von meiner polnischen Bekannten mit ihren Engelgeschenken angezielte Sinngebung erschließen: Was bedeuten Engel für Julia? Auf diese Frage schrieb sie mir am 15. August 2005 aus Breslau folgendes E-mail auf Deutsch, das sie als Germanistin fehlerfrei beherrscht:

„Ich habe lange nicht geantwortet, weil ich über die Antwort mit allen Möglichen gesprochen habe und keine richtige Antwort bekommen habe. Es geht nämlich um die Engelchen, was die für uns bedeuten. Am Anfang wollte ich schreiben: gar nichts, die sind mir egal. Es passiert aber oft, dass Manuela [ihre Tochter; M.H.] mich beim Einschlafen fragt, was sie träumen soll. Da antworte ich immer: „Über Engelchen, die so schön in Wolken fliegen." Sie haben also auch für mich eine Bedeutung – vielleicht eher als ein Symbol der Freiheit von Menschen (weil sie Flügel haben), als ein Symbol der Kinderträume, die assoziiere ich noch angenehmer als die kleinen Zwerge aus Märchen. Dass jeder seinen eigenen Engel in Form einer positiven Energie hat, was meine Mama glaubt, glaube ich leider nicht. Manchmal möchte ich aber, dass meine Tochter daran glaubt. Deswegen sage ich ihr immer, dass sie besonders viel Glück im Leben haben wird, weil sie zu Weihnachten geboren ist und einen besonderen Schutzengel hat."

Aus diesem Text dieser nach eigener Angabe „ungläubigen" Frau lassen sich mehrere Momente ihres Engelsbezugs herausarbeiten: Dieser ist erstens eine *prekäre, geradezu schwebende Vorstellung* – das Gegenteil eines von vorne herein festen und eindeutigen Engelglaubens. Julia musste ja erst bei anderen Personen nachfragen, um sich über ihre eigenen Vorstellungen klar zu werden. Auch fungieren bei ihr Engel „vielleicht eher" als konkretes „Symbol" für schwer ausdrückbare Überzeugungen (der Freiheit), alltagsfremde Realitäten (Kinderträume) und eines für ihre Tochter „manchmal" beanspruchten Wunsches nach Glück und Schutz „in Form" einer „positiven Energie". Zweitens bewertet sie Engel als sehr *positive* Größen. Diese Qualifizierung unterstreicht sie mit Hilfe der Adjektive „schön" und „angenehm" und indem sie Engel mit ihren obersten Idealen „Freiheit" und „besonders viel Glück" in Zusammenhang bringt. Drittens „entsteht" der Engelbezug meiner Bekannten beim Umgang mit ihrer gegenwärtig *sechsjährigen Tochter*. Engel sind demnach zum einen da zu verorten, wo die – von Alfred Schütz so genannte – „oberste Realität" des wachen Alltags verlassen und die „andere", geheimnis- und phantasievolle Welt der Kinderträume betreten wird. Zum anderen stehen Engel für dasjenige, das die ansonsten sehr tatkräftige Mutter ihrer Tochter zwar wünscht, ihr jedoch von sich aus nicht zu geben vermag, nämlich Glück und Schutz. Viertens betonen die Wünsche Julias nach einem „eigenen Engel" und einen „besonderen Schutzengel" für ihre Tochter eindrücklich die Hoffnung auf eine *individualisierte Erlösung*. Fünftens kommt der Engelbezug meiner polnischen Bekannten semantisch *ohne ausdrücklichen Gottesglauben* aus. Ist ihr Engelglaube somit gottlos? Skeptisch macht zunächst die Verknüpfung der Geburt der eigenen Tochter am Weihnachtsdatum mit der Zuschreibung eines „besonderen Schutzengels" und dem Glauben daran, „besonders viel Glück im Leben" zu haben. Ohne eine – zumindest uneingestanden – soteriologische Deutung des Weihnachtstermins ist die mit Erlösungszuversicht gepaarte Hervorhebung dieses Datums nicht sinnvoll. Julia deutet die Überlieferung des christlichen Erlösungsglaubens freilich insoweit um, als sie unmittelbar nicht der Geburt bzw. der Person Jesu heilbringende Bedeutung für das Leben ihrer Tochter zuschreibt, sondern dem vom Weihnachtstermin abgeleiteten, „besonderen Schutzengel". In eine zumindest implizit theologische Richtung weisen die oben erläuterten Wünsche Julias: Wenn richtig ist, dass sie Behütung und vollkommenes Glück für ihre Tochter erhofft, dass sie aber beide Hoffnungen letztlich selbst nicht zu erfüllen vermag – was sie freilich nicht thematisiert! –, woher kommt dann diese Erfüllung? Wird hier mit Hilfe der Engelchiffre in Auslassung des Namens Gottes eine letztlich doch von Ihm erhoffte Erlösung artikuliert – eine Auslassung, die verständlich ist angesichts der biographisch bedingten Distanzierung von Kirche und christlichem Glauben? Das eigentümlich Schwebende an der Engelvorstellung dieser jungen Frau scheint mir darin zu liegen, dass sie damit eine Erlösungszuversicht ausdrückt, deren Einlösung sie zwar nicht explizit mit Gott verknüpft, sondern nur verdeckt und mittelbar. Engel sind in diesem Fall Ausdruck einer ambivalenten, gleichzeitig nachreligiösen und uneingestanden religiösen Selbstpositionierung eines Menschen, der sich vom herkömmlichen christlichen Gottesglauben losgesagt hat und doch an einem letztlich religiösen Glauben an Erlösung festzuhalten scheint.

Wie sehr kann Julias Engelsverständnis verallgemeinert werden? Für Polen ist es ganz gewiss selten. Dies zeigt sich beispielsweise an den Daten einer gesamtpolnischen Untersuchung Irena Borowiks aus dem Jahr 1994 – die einzige gesamtpolnische Umfrage mit Angaben zum Engelglauben, die Marianskis umfassende Zusammenstellung neuerer empirischer religionssoziologischer Studien aus Polen enthält:[1] Danach glauben 96 Prozent der Polen an Gott, und nur 65 Prozent an die Existenz von Engeln. Julia, die von sich sagt, nicht an Gott, aber an Engel zu glauben, stellt in Polen eine Ausnahme dar. Die Art ihrer Engelvorstellung dürfte in Deutschland erheblich häufiger anzutreffen sein – als

---

[1] J. Mariański: Religiność społeczeństwa polskiego w perspektywie europejskiej, Kraków (Nomos) 2004, 276.

Germanistin und Pädagogin ist Julia geistig auch stark nach diesem Land orientiert.

Kehren wir zurück nach Deutschland, in dem sich hinsichtlich des Engelbezugs seit den siebziger Jahren vieles gewandelt hat: Ein grober Indikator für den mittlerweile eingetretenen Engelboom ist die Zahl der zum Titelstichwort „Engel" jeweils jährlich veröffentlichten Bücher. Gemäß einer Online-Recherche bei der Deutschen Bibliothek waren dies im Jahr 1975 sechs Titel, im Jahr 2004 jedoch 246.[2] Insgesamt sind im Jahr 2005 nach meiner Zählung im „Verzeichnis lieferbarer Bücher 2004/2005" 455 deutschsprachige Bücher zum Thema Engel lieferbar.[3]

Wie die eingangs erzählte Episode und langjährige Beobachtungen im kirchlichen Raum nahelegen, kann der in Deutschland feststellbare Engelboom nicht oder jedenfalls nicht hauptursächlich auf eine entsprechend kirchliche Verkündigung zurückgeführt werden. Als Entstehungsfaktoren kommen vielmehr gesamtgesellschaftliche Entwicklungen in Frage, etwa die seit den achtziger Jahren lebensweltlich spürbare, ökonomische und soziale Verunsicherung (diese stimuliert nach Norris/Inglehart die Nachfrage nach Religion)[4] und das Brüchigwerden der seit der Aufklärung geltenden anti-religiösen kulturellen Hintergrundannahmen.[5] Somit kommen, was den Engelboom angeht, kirchliche Aktivitäten lediglich als dessen zusätzliche Verstärker und Nutznießer ins Spiel. Nachfolgend will ich ein Beispiel solcher kirchlicher, hier: katholischer „Anhängsel" der neuerlichen Popularität von Engeln vorstellen.

Auch bei den Jesuiten blieb es nicht bei der Engelskepsis der siebziger Jahre. Kurz vor der Jahrtausendwende wagten sich die beiden deutschen Jesuitenprovinzen (und erneut die 2004 vereinigte eine deutsche Provinz) mit einem provokativen Werbeflyer vorzustellen, der mit dem Titelslogan daherkommt: „Wir sind keine Engel, wir machen nur ihren Job." Illustriert wird er mit dem Foto eines bärtigen jungen Jesuiten mit langem schwarzen Mantel, hellem Top und dunkler Brille, der mit aufgemalten Umrissen großer Flügel zum Engel stilisiert ist. Auf der Innenseite des Faltblatts wird das Titelmotiv erläutert: „Wir – die Jesuiten – sind keine Engel. Wir sind Menschen, stehen mit beiden Beinen auf der Erde, eine Vision vor Augen: Gottesdienst und Menschendienst. Denn wir finden unseren Auftrag im Blick auf Gott und die Menschen – und so erfüllen wir den Job der Engel." In alphabetischer Reihe werden die Jobs dann aufgezählt: „Wir ‚jobben' als Asylbetreuer, Beichtvater, Charismatiker, Domprediger, Exerzitienmeister, Forscher (...), X-Achsen-Berechner, Yuccapalmenzüchter, Zoologen".

---

[2] www.ddb.de.
[3] Marketing- und Vertriebsservice des Buchhandels GmbH: Verzeichnis lieferbarer Bücher. German Books in Print 2004/2005, Band. 3, Frankfurt ³⁴2004.
[4] P. Norris/R. Inglehart: Sacred and Secular. Religion and Politics Worldwide, Cambridge u.a. 2004.
[5] Ausführlich J. Casanova: Public Religions in the Modern Welt, Chicago/London 1994.

Was für ein Umschwung! 25 Jahre zuvor distanzierten sich junge Jesuiten vom kirchlichen Engelglauben. In den späten neunziger Jahren des 20. Jahrhunderts greifen sie die mittlerweile gesellschaftlich verbreiteten Engelvorstellungen positiv so auf, dass sie – spielerisch, humorvoll, provokant – mit ihrer Hilfe sogar ihre eigene Identität neu zum Ausdruck bringen. Dieser öffentlichen Neupositionierung ging freilich eine ordensinterne Umdeutung der eigenen Engeltradition voraus: Gemäß den 1549/1550 redigierten Satzungen des Jesuitenordens stand bis in die neunziger Jahre des 20. Jahrhunderts die Nachahmung der Engel für Jesuiten im Kontext der „Reinheit des Leibes und Geistes" und war ausdrücklich auf ihr Ordensgelübde der Keuschheit bezogen: Von dieser heißt es im Satzungstext (Nr. 547) kurz und bündig, dass sie „keine Deutung fordert, da feststeht, wie vollkommen sie beobachtet werden muss, indem man sich bemüht, in ihr durch die Reinheit des Leibes und des Geistes die Lauterkeit der Engel nachzuahmen."[6] 1995 bei der 34. Zusammenkunft der „Generalkongregation", des Ordensparlamentes der Jesuiten, wurde es dann ausdrücklich als Missverständnis zurückgewiesen, die „Lauterkeit der Engel nachzuahmen" bedeute, so zu leben, als „bedauerte" man, „einen Leib zu haben". Vielmehr wurde die Nachahmung der Engel ganzheitlich verstanden und auf wesentliche Aspekte der jesuitischen Identität insgesamt hin uminterpretiert, nämlich auf das Zusammenspiel von mystischer „Schau und Bereitschaft zur Sendung (...), die nach Ignatius die Engel auszeichnet: Sie leben in unmittelbarer Vertrautheit mit Gott und sie erfüllen ihren Dienst für Gott, indem sie Menschen zu ihm ziehen."[7]

Die hier vorgestellten Beispiele „atheistischer" und jesuitischer Engelvorstellungen machen zweierlei deutlich: Sowohl von religiösen wie von areligiösen Positionen aus kann auf den gesellschaftlichen Engelboom positiv Bezug genommen werden. Derartige Stellungnahmen bedürfen freilich einer bewussten (Um-)Deutungsarbeit der zeitgenössischen Engelgläubigen.

---

[6] Ignatius v. Loyola: Deutsche Werkausgabe, Band 2: Gründungstexte der Gesellschaft Jesu, Würzburg 1998, 739.
[7] Provinzialkonferenz der Zentraleuropäischen Assistenz: Dekrete der 31.–34. Generalkongregation der Gesellschaft Jesu, München 1997, 466f.

Heike Staigies

Moderne Engel und ihre Deuter.
Zur Popularität von Engeln in der Gegenwart

Unter den gegenwärtigen soziologischen Rahmenbedingungen, Individualismus und Pluralismus hat der moderne Mensch zunehmend ein Bedürfnis nach Transzendenz entwickelt. Engel, die zu allen Zeiten zwischen der alltäglichen und der transzendenten Wirklichkeit „vermittelt" haben, sind derzeit wieder in unterschiedlichen Bereichen populär. Gegenwärtig vermitteln Engel allerdings nicht mehr zwischen den Wirklichkeiten, sondern beziehen eine durchaus weltliche Position: Es gibt den „Werbeengel", den „Filmengel", den Popmusikengel und es gibt den Engel, der sich in einer neuen religiösen Szenerie, besser bekannt unter dem Begriff „New Age", etabliert hat. Hier ist er tätig als Seelentröster und Therapeut bei schmerzhaften seelischen Verletzungen, die sich Menschen im Laufe ihres Lebens zugezogen haben.

Engel als Projektionsfläche

In einer Zeit, die durch Säkularisation und Pluralismus gekennzeichnet ist, sind Engel zu einer Gestalt geworden, in die nach Belieben etwas hinein interpretiert und projiziert werden kann. Herausgehoben aus dem ehemaligen Zusammenhang des Christentums, dienen Engel den jeweiligen Bedürfnissen und Anschauungen des Betrachters. Engel, die einer „nicht darstellbaren" Welt angehören, eignen sich besonders gut als Projektionsfläche. Die gegenwärtige Darstellung von Engeln ist je nach Betrachter recht unterschiedlich. In Redewendungen werden Engel als Metapher für die Erfahrung von Glück, Rettung, Schönheit und Hilfsbereitschaft verwendet.[1] In der Werbung sind sie Vermittler zwischen dem Produkt und dem Käufer.[2]

Engel in der Musik- und Filmindustrie wecken beim Publikum das Bedürfnis nach übersinnlichen Erlebnissen. Darüber hinaus steigern Engel auch hier die Verkaufszahlen der Produkte.[3] In der bildenden Kunst werden Engel schon in frühchristlicher Zeit dargestellt. Gemäß der einzelnen Epochen werden Engel auch in diesem Bereich unterschiedlich veranschaulicht. In der modernen Kunst werden sie mit Schweigen, Stille, Kontemplation und dem Flüchtigen in Verbindung gebracht.[4] Im Alltagsleben neigt der Mensch dazu, all das, was er nicht

---

[1] M. Herzog (Hg.): Die Wiederkunft der Engel, Stuttgart 2000, 10–11.
[2] H. Frankenberg: Engel in der Werbung, in: Herzog: Wiederkunft, 134.
[3] H. Kraus: Die Engel, München 2000, 106–107.
[4] B. Brauchitsch: Jenseits von Eden, in: Herzog (Hg.): Wiederkunft, 114–118.

erklären kann, z.B. „besonderes Glück" oder „plötzliche Eingebung", als Beweis für die Existenz von Engeln zu bezeichnen.

Vorstellungen über Engel, wie sie aus den monotheistischen Religionen, Judentum, Christentum und Islam bekannt sind, sind auf babylonische und griechische Vorstellungen über Engel bzw. Geistwesen zurückzuführen. Nach Alfons Rosenberg handelt es sich bei der Engel-Gestalt um ein immer wiederkehrendes Leitmotiv der Menschheitsgeschichte. Allerdings taucht die Engel-Gestalt innerhalb der unterschiedlichen Kulturen in jeweils abgewandelter Form auf.[5] Heinrich Kraus hat die Entwicklung der heutigen Engel-Vorstellung als das Ergebnis eines langen Reifungsprozesses beschrieben.[6] Zusammenfassend lässt sich sagen, dass sich die Engel-Gestalt mit ihren dazugehörigen Aufgaben und Funktionen nach der jeweiligen Kultur bzw. Epoche richtet.

Ein Bestseller-Autor und das Bedürfnis des modernen Menschen nach Transzendenz

In einer säkularen und materiellen Welt sehnt sich der moderne Mensch nach einer anderen Wirklichkeit. Nach P. Berger hat der moderne Mensch die transzendente Wirklichkeit aus seinem Bewusstsein verdrängt. Allerdings, so Berger, sind noch Überreste eines transzendenten Bewusstseins vorhanden. Berühmte Popstars wie Lenny Kravitz und Robbie Williams drücken ihre Sehnsucht nach einer anderen Wirklichkeit in ihren Liedern aus, sie singen von Engeln. In diesem Zusammenhang sind Engel als Metapher für die Sehnsucht nach einer übersinnlichen Wirklichkeit zu betrachten. Der moderne Mensch leidet nach Berger an den Folgen des Säkularisierungsprozesses. Wenn man von der Annahme ausgeht, dass der moderne Mensch in seinem Bewusstsein ein Überangebot an Rationalität mitbringt und nur noch in seinen Lebensbereichen funktioniert, fehlt dem Menschen auf der anderen Seite die übersinnliche Welt. Engel sind von jeher Vermittler zwischen zwei Welten gewesen. Insofern liegt es nahe, den „Kontakt" zu Engeln wieder aufzunehmen, um wie Berger sich ausdrückt, das „verlorene Reich", das dem Menschen nicht mehr zur Verfügung steht, zurück zu gewinnen.[7] Viele haben sich gegenwärtig auf die „Spuren von Engeln" begeben. Kirchliche Gemeinden beziehen sich gern auf Anselm Grün, der mit seinen Büchern mittlerweile zu den meist gelesenen christlichen Autoren der Gegenwart zählt.[8]

Die gegenwärtigen soziologischen Rahmenbedingungen der Gesellschaft sind nach Berger und Luckmann: Individualismus und Pluralismus. Diese Bedingungen zusammen mit dem Bedürfnis nach Transzendenz scheinen die Grundlage bzw. Ursache für das große Interesse an Engel-Themen zu sein. Bei Anselm

---

[5] A. Rosenberg: Engel und Dämonen, München 1986, 14.
[6] Krauss: Engel, 7.
[7] P.L. Berger: Auf den Spuren der Engel, Frankfurt 1969.
[8] http://www.anselm-gruen.de

Grün übernehmen Engel die Funktion eines persönlichen Therapeuten und Heilers. Das große Interesse der Leserinnen und Leser an Grün lässt vermuten, dass Engel Orientierung und Sinn in einer Welt zu bieten scheinen, die gekennzeichnet ist von Wahlmöglichkeiten und dem Zwang Entscheidungen zu treffen. Ganz nach dem Motto: Auf Engel ist Verlass und Engel haben in einer zunehmend unübersichtlichen Welt den Überblick behalten. Sie bieten Hilfe in allen Lebensbereichen. Engel beantworten bereitwillig alle Fragen und sie trösten bei seelischen Verletzungen. Die „Religion" findet im Privatbereich statt. Der Einzelne braucht keine kirchliche oder gesellschaftliche Gemeinschaft mehr. Ratschläge und Heilung erfährt er im eigenen Inneren.

Festzuhalten ist: Das Interesse an Engeln ist groß. Durch sie erhofft sich der moderne Mensch wieder Zugang zu einem Bewusstsein zu finden, das verloren gegangen ist. Um das Reich zu finden, benötigt der Suchende ganz im Sinne der Marktwirtschaft einen Anbieter, der ihm hilft das Reich zurück zu gewinnen. In diesem Fall ist der Anbieter Anselm Grün.

Engel-Erfahrung als innerer Prozess

Nach Anselm Grün findet die Kommunikation zwischen Mensch und Engel durch die innere Stimme statt.[9] Dabei ist die Sprache der Engel nichts Geheimnisvolles, sondern kommt einem aufblitzenden Gedanken gleich.[10] Betrachtet man unterschiedliche Aussagen über die Kommunikation von Engeln, lässt sich zusammenfassend sagen, dass es offensichtlich „Kräfte" gibt, die dem Menschen über das normale Bewusstsein hinaus Warnungen, Einsichten und Gedanken zuteil werden lassen. C.G. Jung spricht in diesem Zusammenhang von Archetypen, die das Unbewusste mit dem Bewussten verbinden wollen. William James schreibt von einer offenen Tür im Unbewussten, durch die „Kräfte" auf den Menschen einwirken können.[11] Für Berger ist es wichtig, dass sich der moderne Mensch wieder der übersinnlichen Wirklichkeit bewusst wird, um nicht nur in der alltäglichen Wirklichkeit zu leben. Denn für Berger ist die gesamte Menschheitsgeschichte ein einziger großer Bericht über die Erfahrungen des Menschen mit sich und seiner Wirklichkeit.[12] Aus biblischer Sicht übermittelt Gott seine Botschaften durch Engel.

Zusammenfassend lässt sich sagen, dass im Inneren des Menschen „Kräfte" angelegt sind, die in jedem Menschen wirksam sind. Möglicherweise sind diese „Kräfte" von Mensch zu Mensch unterschiedlich stark ausgeprägt. Offensichtlich konnte bisher nicht bewiesen werden, um welche „Kräfte" es sich handelt.

---

[9] A. Grün: Jeder Mensch hat einen Engel, Freiburg 1999, 73–74.
[10] Grün: Mensch, 73–74.
[11] W. James: Die Vielfalt religiöser Erfahrung, Frankfurt a.M./Leipzig 1997.
[12] Berger: Spuren.

Theologie, Psychologie und Soziologie beschreiben einen inneren Vorgang, der nach wie vor ein Geheimnis zu sein scheint.

Funktion des modernen Engels: Therapeut, Heiler, Berater und Helfer bei der Bewältigung des Alltags

Engel haben, so Anselm Grün, die Funktion, Menschen bei der Bewältigung des Alltags zu unterstützen. Insbesondere heilen sie seelische Verletzungen, die ein Mensch im Laufe seines Lebens durch andere Menschen erlitten hat. Allerdings entspricht die Vorstellung, dass Menschen emotional unabhängig voneinander leben können, eher einer Wunschvorstellung, da der Mensch im Sinne der Soziologie ein soziales Wesen ist, dass andere Menschen benötigt. Insofern ist Leid und Schmerz ein Bestandteil des Menschseins. Anselm Grün zufolge sind Engel für die Heilung und die Therapie von seelischen Schmerzen zuständig. Meistens ist bei Grün die Rede von Verletzungen, die in der Kindheit stattgefunden haben. Da Grün Theologie und Psychologie verbindet, erklärt er das Wirken der heilenden Kräfte psychologisch. Demnach bringen Schutzengel den Menschen in Berührung mit den schützenden und bewahrenden Kräften seines Unbewussten.[13]

Paradox ist, dass auf der einen Seite ein Bedürfnis nach Transzendenz besteht, aber das Bedürfnis bzw. die Sehnsucht wird benutzt, um weltliche Bedürfnisse zu befriedigen. Bochinger beschreibt Esoterik im gegenwärtigen Sprachgebrauch als Selbstfindung und Selbstverwirklichung.[14] Der Schmerz, den das Leben mit sich bringt, soll durch Engel gelindert werden. Romano Guardini sieht die ursprüngliche Funktion des Engels darin, die Seele des Menschen durch das Leben zu begleiten. Der Engel soll dem Menschen den Weg weisen, den Gott vorherbestimmt hat. Selbstverständlich führt dieser Weg auch durch Leid und Tod. D.h. die Aufgabe der Engel war es nicht, wie bei Grün, vor Unglück und Leid zu bewahren, sondern den Willen Gottes nicht den eigenen subjektiven Willen zu erfüllen.[15]

Veränderung von traditionellen christlichen Bezügen

Grün schreibt, er beziehe sich auf das traditionelle Christentum. Jedes Kapitel beginnt mit einem Auszug aus der Bibel. Allerdings bezieht er, auf dem Weg der Selbstwerdung, psychologische Theorien mit ein. Insofern kann er nicht als traditioneller Vertreter des Christentums gelten. Nach Romano Guardini ist die

---

[13] Grün: Mensch, 25.
[14] Ch. Bochinger: „New Age" und moderne Religion, Gütersloh 1994, 371–397.
[15] R. Guardini: Engel. Theologische Betrachtungen, Mainz 1995, 32.

Erscheinung von Engeln zum Fürchten![16] Bei Anselm Grün helfen Engel in schwierigen Lebensphasen. Zusammenfassend lässt sich feststellen, dass Grün als Benediktinermönch dem Christentum verpflichtet ist, aber auf subtile Art und Weise lässt er insbesondere psychologische Deutungen mit einfließen. Grün stimmt zu, dass Engel in allen Religionen vertreten sind, allerdings unterscheidet er nicht, wie Gregor Ahn, dass die „religiösen Grenzgänger" ihre Funktion in dem jeweiligen religiösen Kontext ausüben.[17]

Umgestaltung der Kirchen

Auch Kirchen bekunden derzeit ein großes Interesse am Thema Engel. Möglicherweise ist das Interesse auf den Erfolg von Anselm Grüns Veröffentlichung „Jeder Mensch hat einen Engel" zurückzuführen. Allerdings werden andere Formen der religiösen Vermittlung benutzt, als die, die üblicherweise gebräuchlich sind. Viele Gemeinden veranstalten moderne Workshops zum Thema Engel. Es bleibt jedoch abzuwarten, wie sich Kirchen in Bezug auf das große Interesse an transzendenten Themen, insbesondere Engel, in Zukunft verhalten werden. Möglicherweise gewinnt Bochingers These, bezogen auf die Vision des „spirituellen Mönchs", zunehmend an Bedeutung. Bochinger bezieht sich dabei auf den promovierten Psychologen und benediktinischen Laienbruder „David Steidl-Rast", der eine Vermittlerrolle zwischen christlicher Tradition und der „neuen religiösen Szene" einnimmt.[18]

Die gegenwärtige Funktion des Engels ist die des Therapeuten, Heilers, Beraters und Helfers bei der Alltagsbewältigung. Der moderne Engel wird vermehrt für subjektive Zwecke benötigt. In einer Welt, die unüberschaubar geworden ist, tritt der Engel als Berater auf, der Erklärungen liefert und Zusammenhänge erläutert. In einer Zeit, die geprägt ist von Subjektivismus, tröstet und hilft der Engel im Privatbereich, insbesondere bei seelischen Verletzungen. Der moderne Mensch hat ein gesteigertes Bedürfnis nach Transzendenz entwickelt, dabei aber den Bezug zur transzendenten Wirklichkeit verloren.

Fazit

Engel, die zu allen Zeiten zwischen der alltäglichen und der transzendenten Wirklichkeit „vermittelt" haben, sind derzeit wieder populär. Das Bedürfnis des Menschen nach einer übersinnlichen Welt kommt in unterschiedlichen Bereichen zum Ausdruck.

---

[16] Guardini: Engel, 52.
[17] G. Ahn: Eurozentrismen als Erkenntnisbarrieren in der Religionswissenschaft, in: Zeitschrift für Religionswissenschaft 5/1997, 53.
[18] Bochinger, Christoph: „New Age" und moderne Religion, 26–30.

Allerdings hat sich die gegenwärtige Funktion des Engels, im Gegensatz zu anderen Zeiten, geändert. Er fungiert als Therapeut, Heiler, Berater und Helfer. Insbesondere ist er bei der Alltagsbewältigung behilflich. Der moderne Engel wird vermehrt für subjektive Zwecke des Menschen benötigt. In einer Welt, die unüberschaubar geworden ist, tritt der Engel als Berater auf, der Erklärungen liefert und Zusammenhänge erläutert. In einer Zeit, die geprägt ist von Subjektivismus, tröstet und hilft der Engel im Privatbereich, insbesondere bei seelischen Verletzungen.

Der moderne Mensch hat ein gesteigertes Bedürfnis nach Transzendenz entwickelt, dabei aber den Bezug zur transzendenten Wirklichkeit verloren.

Matthias Pöhlmann

Beruf: Engel-Dolmetscherin
Alexa Kriele und ihr „Haus der Christosophie"

Im Kontext der modernen Esoterik[1] mit ihren individualisierten und erlebnisintensiven Offerten erfreuen sich Bücher, die Gespräche auserwählter Personen mit höheren Wesenheiten oder direkt mit Gott dokumentieren wollen, großer Beliebtheit. Den Engeln kommt dabei als Übermittler neuer Botschaften und lebenspraktischer Ratschläge eine zentrale Rolle zu. Über 5000 aktuell lieferbare Engel-Bücher führte ein bekannter Internet-Versandhandel im Jahr 2006 in seinem Sortiment. Die darin erwähnten esoterischen Titel befassen sich mit Engeln, Engelkarten, Engelmeditationen, Sternenengeln sowie mit Anleitungen, wie man mit seinem Schutzengel in Kontakt treten könne. Die heilende Energie himmlischer Lichtwesen wird bei Vorträgen im Rahmen von Esoterik-Messen oder bei „Engelkongressen" (z.B. in Hamburg 2006), in Seminaren und nicht zuletzt über esoterische Bücher und Zeitschriften vermittelt. Aus Sicht der Anbieter stehen Engel für a) direkte, unmittelbare Erfahrungen des Göttlichen, b) Heilung, Liebe und Geborgenheit, c) höheres Wissen (bzw. als Übermittler neuer Offenbarungen) und d) konkrete Lebenshilfe. Eine spezifische Variante des modernen esoterischen Engelkultes mit dem Schwerpunkt auf den beiden zuletzt genannten Aspekten stellen die Offerten der „Engel-Dolmetscherin" Alexa Kriele dar, die mit telegenen Fernsehauftritten und einer Vielzahl von Engel-Büchern inzwischen einen großen Bekanntheitsgrad erlangen konnte.

Engel-Talk im Fernsehen

Erstmals trat die bislang unbekannte Alexa Kriele am 7. März 2000 in der ARD-Sendung *Boulevard Bio* auf. Unter dem Thema „Die Geister, die mich riefen" gab sie einen Einblick in ihre Arbeit als „Dolmetscherin für Engel". Nach eigenen Angaben vermittelt sie „die Antworten der Engel" in Einzelstunden, Arbeitskreisen und Seminaren. In dieser Talkshow hatte sie außerdem die Gelegenheit, auf zwei ihrer neuen Veröffentlichungen hinzuweisen. Die beiden Bände sind, so führte Kriele weiter aus, Teil eines auf mehrere Bände angelegten Grund-

---

[1] Zur esoterischen Religiosität insgesamt vgl. R. Hempelmann u.a. (Hg.): Panorama der neuen Religiosität. Sinnsuche und Heilsversprechen zu Beginn des 21. Jahrhunderts, Gütersloh ²2005, 201–303; B. Grom: Hoffnungsträger Esoterik?, Regensburg 2002; M. Pöhlmann: Esoterik als Sehnsuchtsreligiosität. Phänomene – Themen – Tendenzen, in: Evangelische Theologie 65/2005, Heft 1, 26–41.

lagenwerkes. Dabei handelt es sich um Gesprächsaufzeichnungen mit Engeln, die wiederum „einen ganzen Grundkurs darstellen". Er hat das Ziel, die Leser darüber zu informieren, „wie es im Himmel aussieht und wie man selber mit den Engeln ins Gespräch kommt."[2] Zwischen 1998 und 2001 veröffentlichte sie den inzwischen abgeschlossenen vierbändigen „Engel-Kursus" mit dem Titel *Wie im Himmel, so auf Erden*, der sich als „Einführung in die christliche Engelkunde" versteht. Darüber hinaus liegen fünf weitere thematische Bücher vor: *Naturgeister erzählen* (1999), „Die Engel geben Antwort auf Fragen nach dem Sinn des Lebens" (2002), *Mit Engeln das Leben meistern. Wie sie uns durch Krisen helfen* (2003), *Mit den Engeln über die Schwelle zum Jenseits. Bernard Jakoby fragt, die Engel geben Antwort* (2004), *Von Naturgeistern lernen. Die Botschaften von Elfen, Feen und anderen guten Geistern* (2005), *Beten mit Engeln. Antworten der Engel auf Fragen zum Beten* (2006). Weitere Veröffentlichungen sind in Arbeit. Im internen Rundbrief vom Frühjahr 2005 wird berichtet, dass das Ehepaar Kriele zusammen mit einer Ärztin „ein grundlegendes Werk über die Zusammenhänge von Krankheiten und seelischen Problemen" plant.

Seit ihrem telegenen Fernsehauftritt im Jahr 2000 erhielt sie weitere Einladungen zu Talkshows wie *Kerner*, *NDR-Talkshow* oder *Fliege*. Weitere Berichte in Frauenzeitschriften und Esoterik-Magazinen folgten. Inzwischen liegen zehn Buchtitel, ein Engel-Spielekoffer, ein Engel-Kartenset sowie der jährliche Abreißkalender unter dem Titel *Die Botschaft der Engel* vor. Aus ihrem Wohnhaus in Möggers wurde nach dem Willen der Engel inzwischen das „Haus der Christosophie".[3] Dort bietet Frau Kriele „Engel-Stunden" für Ratsuchende (zum Preis von 180 Euro pro Stunde) sowie „Bibelstunden" an, in denen „die Engel wöchentlich Texte der Heiligen Schrift" erläutern. Daneben gibt es einmal im Monat „offene Abende" mit Belehrungen durch die Engel. Ein weiterer Kreis widmet sich „im Gebet der Fürbitte und der Erlösungsarbeit". Ein *Brief an die Freunde* wird einmal im Jahr an Interessierte versandt. Die Rubrik „Von Freund zu Freund" listet nach Postleitzahlen geordnet rund 60 Anhänger auf. Die „Engel-Dolmetscherin" tritt aber auch mit Seminarangeboten in Österreich und Deutschland an die Öffentlichkeit. Hinzu kommen Tagesseminare und Autorenlesungen an verschiedenen Orten innerhalb Deutschlands. Im Jahr 2006 trat sie neben bekannten Esoterik-Autoren beim „Engelkongress" in Hamburg auf. 2007 ist sie auch zu Gast beim Esoterik-Kongress „Engeltage" in Salzburg, in dessen Rahmen bekannte Engel-Esoteriker wie Sabrina Fox und Chris Griscom auftreten.[4] Wie in der ZDF-Fernsehsendung *Kerner* am 23.11.2004 zu vernehmen war, zählt sogar Fernsehpfarrer und Duz-Freund Jürgen Fliege, der sich persönlich von ihren medialen Fähigkeiten überzeugt haben will, mittlerweile zu den

---

[2] Die Zitate beziehen sich auf Aussagen von Frau Kriele in der ARD-Sendung *Boulevard Bio* vom 7.3.2004.
[3] Ein virtueller Rundgang durch das „Haus der Christosophie" findet sich im Internet unter www.angeloi.org.
[4] Vgl. www.engeltage.org (12.12.2006).

Anhängern ihrer Engelsbotschaften. Da verwundert es nicht, dass Frau Kriele und ihr Ehemann als gern gesehene Gäste auch in der ARD-Sendung *Fliege* zu sehen waren. In der April-Ausgabe 2006 der Zeitschrift *Fliege* vom April 2006 wird Alexa Kriele gar als „Engel-Forscherin" auf der Titelseite vorgestellt. Im Heft präsentiert sie eine „Osterübung des Engels Elion", um die „kräftigende, heilende und orientierende Wirkung des Kreuzes" aufzuzeigen.

Werdegang einer Engel-Dolmetscherin

Alexa Kriele (geb. Michalsen) wurde 1961 in Überlingen am Bodensee geboren.[5] Sie entstammt einer Ärztefamilie und wurde protestantisch erzogen. Nach dem Abitur studierte sie Psychologie und Philosophie. Sie war zunächst als Journalistin und später „im staatlichen Auftrag als Seminarleiterin für das gehobene Management" tätig. Nach einem siebenjährigen Aufenthalt in Argentinien (bis 1990) lebt sie heute mit ihrem Mann und drei Kindern in Möggers/Vorarlberg (Österreich). Ursprünglich strebte Alexa Kriele eine Promotion in Philosophie an. Doch inmitten dieser Planungen erfolgte ihre „Berufung". Es war im Jahr 1994, als sie für eine Freundin im Rahmen einer Ausstellung eine Vernissage-Rede zu halten hatte. Anschließend sei eine Dame mittleren Alters auf sie zugekommen und habe ihr eröffnet, dass die junge Frau über eine besondere Fähigkeit verfüge. Die Dame fragte, ob sie Frau Kriele besuchen dürfe. Rückblickend berichtet Frau Kriele: „Zwei Tage später stand sie mit einer Kerze in der Hand vor meiner Tür und sagte, sie würde mich gern in etwas einführen, von dem sie genau wisse, dass ich es könne; sie selbst sei dazu nicht in der Lage, sie würde mir aber helfen. Ich fand das bizarr, war aber neugierig. Darauf bat sie mich, das Vaterunser und das Gegrüßet-seist-du-Maria zu beten und forderte mich dann auf, mit ihrem Engel Kontakt aufzunehmen. Die Dame war entzückt darüber, dass ich ihren eigenen Engel genau beschrieben hatte und über alles, was er ihr durch mich mitteilte, weil sie identische Informationen erhalten hatte, wovon ich nichts wissen konnte. Das fand ich spannend. Das Au-pair-Mädchen, das damals bei uns war, fand es auch. Sie hatte Liebeskummer und bettelte mich um eine Stunde an. Ich sagte zu, bestand aber darauf, dass das eine Ausnahme bliebe und darüber geschwiegen würde. Ich war zu dem Zeitpunkt für die Vorarlberger Landesregierung tätig, für das Wirtschaftsförderungsinstitut. Außerdem war ich dabei, meine Dissertation zu schreiben, und zudem wartete ein Chefredakteursposten in München auf mich. Ich konnte mir nicht vorstellen, dass es für meinen Ruf besonders günstig wäre, wenn ich jetzt mit Engeln sprechen würde."[6] Damit

---

[5] Vereinzelte biografische Hinweise zur Biografie von Alexa Kriele finden sich in ihren Büchern sowie auf ihrer Internetseite www.angeloi.org.
[6] So Alexa Kriele im Interview mit der anthroposophisch orientierten Zeitschrift *Novalis* im Jahr 2003; der Text ist im Internet zugänglich: www.novalis.ch/zeitschrift/03novdez/alexa.htm (12.12.2006).

wurde Frau Kriele die neue Aufgabe von der unbekannten Frau herangetragen. Diese wiederum war mit der Welt der Engel vertraut und kannte auch ihren persönlichen Schutzengel. Wie Frau Kriele weiter berichtete, führte die Dame sie in die neue Tätigkeit nicht nur ein, sondern begann auch, ihre angebliche Fähigkeit zu schulen und zu überprüfen. Über eine Freundin, die ebenfalls den Rat der Engel über deren „Dolmetscherin" einholte und drei weitere Hilfe suchende Frauen mit zur Beratung brachte, wurde die besondere Fähigkeit von Frau Kriele – entgegen ihrem erklärten Willen – publik.

Martin Kriele – Ehemann, Fragesteller und „Redakteur" der Engel-Texte

Einen wichtigen Einfluss auf die Gestaltung und die publizistische Verbreitung der Engel-Texte übt der Ehemann der „Engel-Dolmetscherin", Martin Kriele (Jg. 1931), aus. Er war bis zu seiner Emeritierung Professor für Staatslehre, öffentliches Recht und Rechtsphilosophie an der Universität Köln und 12 Jahre lang als Richter am Verfassungsgerichtshof des Landes Nordrhein-Westfalen tätig. Bereits 1996 hatte der Jurist seine 35-jährige Mitgliedschaft in der Anthroposophischen Gesellschaft für beendet erklärt. Seine Erfahrungen legte er 1996 in dem Buch *Anthroposophie und Kirche. Erfahrungen eines Grenzgängers* nieder. Im Epilog schrieb er – seine neue spirituelle Aufgabe vor Augen: „Der Weg führt mich weiter, der Prozess der geistigen Entwicklung eröffnet neue Horizonte und stellt mich vor neue Aufgaben, die alle Zeit, Kraft und Konzentration beanspruchen. Ich füge hinzu: Ohne meinen Durchgang durch die Anthroposophie hätten sich diese neuen Wege nicht aufgetan."[7] Seither begleitet er intensiv die Arbeit seiner Ehefrau. In der Sendung *Boulevard Bio* bekannte Alexa Kriele offen: „Um ehrlich zu sein: Wäre er nicht gewesen, es gäbe kein einziges Buch und wahrscheinlich auch nicht die Engelstunden in diesem Ausmaß. Denn er ist nicht nur ein hervorragender Jurist, sondern er ist auch sehr belesen. Er ist vom Protestantismus über die Anthroposophie zur katholischen Kirche gelangt, hat sich unendlich klug gemacht in diesen Bereichen und konnte, wenn ich etwas von den Engeln nicht verstand, immer die Bücher aus dem Regal ziehen und sagen: Schau mal, da steht, bei dem und dem, bei Tomberg oder Steiner oder Goethe oder sonst wem – da steht etwas da drüber, und die Engel führen nur einen Gedanken weiter, der da ja von ihnen schon einmal in die Welt gegeben wurde. Und die Bücher sind nur möglich, weil er (der Ehemann; der Verf.) das gesprochene Wort in geschriebenes Wort umredigiert."[8] Auf theologische Einwände gegenüber den stark esoterisch wie anthroposophisch gefärbten Engel-

---

[7] M. Kriele: Anthroposophie und Kirche. Erfahrungen eines Grenzgängers, Freiburg – Basel – Wien 1996, 299.
[8] Wörtliche Mitschrift der ARD-Sendung *Boulevard Bio* vom 7. März 2000.

Texten[9] reagiert Ehemann Kriele, der in der Vergangenheit ohnehin als scharfer Kritiker der kirchlichen Weltanschauungsarbeit publizistisch in Erscheinung getreten ist, zunehmend gereizt.[10]

Den eigentlichen Vorgang des „Engel-Dolmetschens" beschreibt er so: „Alexa schließt die Augen, versenkt sich in Ruhe, spricht still das Vaterunser, das Ave Maria und eine Reihe weiterer Gebete, um jeden störenden Einfluss nichtlichter Wesen auszuschließen. Alsdann wird ihr Elion wahrnehmbar, ein Engel des Vaters. ... Seine Darlegungen spricht Alexa alsdann wie eine Simultan-Dolmetscherin laut nach. Bei diesen Sitzungen bin ich, ihr Ehemann Martin Kriele, ... stets anwesend. Ich stelle mitunter Fragen, von denen ich annehme, dass sie sich auch anderen Menschen aufdrängen. Häufig sind auch Freunde beteiligt, die ebenfalls Fragen stellen."[11] In den Sitzungen mit den Engeln tritt er als Fragesteller auf: „Vielmehr stellte er [d.i. Ehemann Martin] Fragen allgemeiner Art, z.B. Fragen über die Engel selbst, ihre Aufgaben und ihrer Wirkungsweise, über die höheren Hierarchien bis hinauf zur Heiligen Trinität, doch auch Fragen zu den Naturgeistern, Fragen zur Stellung des Menschen im Kosmos, nach der Innenwelt des Menschen, nach seinem Leben diesseits und jenseits der Schwelle, nach dem Sinn von Schmerz, Leid, Schuld und Tod, Fragen zu Lebensaufgaben, zu Krankheit und Heilung, zu Erziehung und Altersstufen, zu Arbeit und Beruf, zu Philosophie und Theologie und spirituellen Lehren, zur Weltlage im neuen Jahrtausend."[12]

Als eigentlicher Hauptautor der Botschaften dient der Engel Elion, ein angeblich dem Vater „besonders zugeordneter Friedensengel". Die gesprochenen Botschaften werden auf Tonband aufgenommen, anschließend abgeschrieben und von Martin Kriele sprachlich geglättet. Die letzte „Redaktion" übernimmt dann sozusagen wieder ein himmlisches Wesen: „Ist das Manuskript fertig, so haben wir eine Reihe von Sitzungen mit dem Hohelehrer, einem himmlischen

---

[9] Zur kritischen Auseinandersetzung mit dem Inhalt der Engel-Botschaften vgl. meine Beiträge: „Die Engel, die mich riefen...". Die neuen Offenbarungen der „Engel-Dolmetscherin" Alexa Kriele, in: Materialdienst der EZW 63/2000, 157–164, sowie Von Engeln und Naturgeistern. Neues von der „Engel-Dolmetscherin" Alexa Kriele, in: Materialdienst der EZW 68/2005, 255–259; vgl. zudem: Im Zweifel für Alexas Engel. Martin Kriele über sich und andere, in: Materialdienst der EZW 69/2006, 30–32.

[10] Auf seiner Internetseite http://www.martinkriele.info/mk_13.html (12.12.2006) schreibt er: „Der Nestor des Evangelischen Kirchenrechts Martin Heckel sagte einmal: ‚Man kann sich keinen Sektenbeauftragten vorstellen, der einem Sterbenden das Abendmahl bringt'. Das gilt auch für manche Mitarbeiter der EZW, z.T. ordinierte Pfarrer, die sich auf ihre Planstellen geflüchtet haben. Sie bringen nichts zuwege, als andere schlechtzureden, und stellen sich in den Dienst dessen, was Bischof Huber die ‚Selbstsäkularisierung der Kirche' zu nennen pflegt."

[11] M. Kriele: Vorwort, in: A. Kriele: Die Engel geben Antwort auf Fragen nach dem Sinn des Lebens, Kreuzlingen/München 2002, 10.

[12] Vgl. A. Kriele: Wie im Himmel so auf Erden. Einführung in die christliche Engelkunde, Band 1, Seeon 1998, 11.

Meister, der im Dienst des Christus wirkt. ... Ich lese den Text laut vor. Der Hohelehrer unterbricht häufig, teils um meine sprachliche Form zu verbessern, teils um den Aussagen von Elion einen noch geglückteren Ausdruck zu geben. Häufig fügt er auch noch ergänzende Ausführungen ein, die das Gesagte näher erläutern. Zudem gibt er uns Übungen, die helfen, das Gelernte ins praktische Leben umzusetzen."[13]

Im Kontakt mit Engeln, Naturgeistern und Elfen

Frau Kriele versteht ihre Tätigkeit als „Dolmetscherin für Engel". Über die Art des Dolmetschens gibt sie im Interview Auskunft: „Ich übersetze das innen gehörte Wort in für den Besucher hörbare Sprache. Eigentlich ist es kein inneres Wort, sondern eine Information, die von mir in Worte ‚zu kleiden' ist."[14] Damit möchte sie sich von jeglicher Form des Mediumismus in Trance oder vom sog. Channeling[15] abgrenzen. Sie begreift sich stattdessen als „Simultan-Dolmetscherin". Die Engel teilen ihr angeblich mit, was sie gesagt haben wollen, und Frau Kriele fasst das Mitgeteilte in Worte. Sie nimmt die Engel, wie sie in der Sendung berichtete, mit geschlossenen Augen wahr. Ihr Ehemann, Martin Kriele, schreibt: „Alexas ‚Engelstunden' beginnen deshalb mit innerer Sammlung und einer Reihe von Gebeten. Alsdann ‚übersetzt' sie, was die Engel sagen, d.h. sie spricht es wie eine Simultan-Dolmetscherin laut nach (...) Wachheit, Dialog und der begründete Darlegungsstil unterscheiden Alexas Engelstunden vom so genannten ‚chanelling' (sic!) esoterischer ‚Medien'. Nachdem die Engel Alexas Zuverlässigkeit eine Zeit lang erprobt hatten, erklärten sie sich bereit, altbekannte, aber uns Heutigen nur noch wenig vertraute Zusammenhänge in einer uns begreiflichen Weise zu

---

[13] Kriele: Himmel, 11. – Zum sog. Hohelehrer heißt es erläuternd an anderer Stelle, vgl. Kriele: Himmel, Band 4, Seeon 1998, 29: „Der ‚Hohe Rat' oder ‚Rat der Weisen', zu dessen Besuch Alexa und Martin schon vor Beginn dieses Kurses einmal zugelassen waren, besteht aus 12 Mitgliedern, die aus himmlischen Höhen herab die geistige Entwicklung der Menschheit weisheitsvoll lenken. Jeweils einer von ihnen inkorporiert sich in Menschengestalt, und zwar in jedem Jahrhundert einmal und das rund 5000 Jahre lang. Danach kehrt er nicht mehr zur Erde zurück, sondern ist fortan vom Himmel aus an der Lenkung der menschlichen Angelegenheiten beteiligt, und ein anderer kommt an die Reihe. Diese 12 sind keine Engel, sondern besonders weit fortgeschrittene Menschen. Sie sind aber nicht zu verwechseln mit den Heiligen oder mit dem Rat der Ehrwürdigen. Die Engel sprechen von dem jetzt gewissermaßen ‚diensthabenden' Weisen als vom ‚Hohelehrer' und haben uns erläutert: So wie Melchisedek der Hohepriester, d.h. der Priester der Priester ist, so ist der Hohelehrer der ‚Lehrer der Lehrer'."
[14] http://www.novalis.ch/zeitschrift/03novdez/alexa.htm (12.12.2006).
[15] Unter Channeling (engl. Channel = Kanal) ist die Form eines esoterischen Mediumismus zu verstehen, bei dem eine sensitive Person Botschaften höherer Wesenheiten oder „Bewusstheiten" empfängt und weitergibt; vgl. hierzu Matthias Pöhlmann, Kommunikation mit dem Göttlichen? Zum Phänomen „Channeling", in: Materialdienst der EZW 10/2000, 339–354.

erklären."[16] Alexa Kriele steht nicht ausschließlich mit Engeln in Kontakt. Sie erhält eigenen Angaben zufolge auch Mitteilungen von Naturgeistern – eine Weltanschauung, die offenbar anthroposophischen Vorerfahrungen[17] ihres Ehemannes geschuldet ist. Darauf deutet bereits das 1999 veröffentlichte Werk *Naturgeister erzählen* und auch das im Frühjahr 2005 vorgelegte Buch *Von Naturgeistern lernen. Die Botschaften von Elfen, Feen und anderen guten Geistern* hin.

Eine christliche Mystik?

Wenngleich Frau Kriele eine Nähe zu Mediumismus oder Channeling bestreiten möchte, weist die Art des Botschaftsempfangs der „Simultan-Übersetzerin" eine erstaunliche Parallele zu anderen Anbietern angeblich neuer Offenbarungen in der Esoterik-Szene auf. Was beide eint, ist der typische esoterische Erkenntnisanspruch.[18] Die von Alexa Kriele „verdolmetschten" und ihrem Ehemann redigierten Mitteilungen von Engeln, himmlischen Autoritäten, Naturgeistern und Elfen speisen sich bei näherem Betrachten aus theosophischen bzw. anthroposophischen Quellen. In ihrem Anspruch gehen sie weit über das biblisch-christliche Zeugnis hinaus und berufen sich auf die schon in der anglo-indischen Theosophie und später in der Anthroposophie Rudolf Steiners vorausgesetzte Erkenntnisquelle[19], die sog. Akasha-Chronik – eine Art Weltgedächtnis, in dem „alle Ereignisse der Vergangenheit, alles Wissen der Welt (...) wie in einer riesigen Bibliothek aufbewahrt sind."[20] Auf sie beruft sich auch „der Hohelehrer", der durch Frau Kriele angeblich neue – tatsächlich jedoch von apokryphen Überlieferungen[21] inspirierte und theosophisch bzw. anthroposophisch gefärbte – Hinweise zur Kindheit und zur Jugend Jesu gibt.[22] So werden Jesus von Anfang

---

[16] M. Kriele: Vorwort, in: A. Kriele: Mit den Engeln das Leben meistern. Wie sie uns durch Krisen helfen, Kreuzlingen/München 2003, 7.

[17] M. Kriele: Anthroposophie und Kirche. Erfahrungen eines Grenzgängers, Freiburg i.Br. 1996.

[18] Vgl. hierzu die Esoterik-Definition von B. Grom, Hoffungsträger Esoterik?, Regensburg 2002, 13, mit dem Hinweis auf den spezifischen intuitionistischen Erkenntnisanspruch in der Esoterik. Diese besondere Erkenntnis soll sich demzufolge nur einem Innenkreis von Sensitiven, Erleuchteten, spirituell Fortgeschrittenen und entsprechend Eingeweihten erschließen. Dabei wird rekurriert auf alte Geheimüberlieferungen der Druiden, Ägypter, Kelten, Indianer, auf vorwissenschaftliche Welt- und Menschenbilder, auf Offenbarungserlebnisse in Trance, durch Vision und Audition, im Kontakt mit höheren Wesenheiten, Außerirdischen oder Aufgestiegenen Meistern über Channeling.

[19] Vgl. hierzu Kl. Bannach: Anthroposophie und Christentum. Eine systematische Darstellung ihrer Beziehung im Blick auf neuzeitliche Naturerfahrung, Göttingen 1998, 500ff.

[20] Kriele: Himmel, Band. 4, Seeon 2001, 15.

[21] Vgl. hierzu insgesamt J. Finger: Jesus – Essener, Guru, Esoteriker?, Stuttgart 1993.

[22] Kriele: Himmel, Band 4, Seeon 2001, 17f.: „Auch das Gesicht des 4–6jährigen Knaben war vielschichtig und durchsichtig. Es hatte eine besondere Wirkung auf Naturgeister, Tiere und Pflanzen. Sie anerkannten die Autorität des Kindes von Anfang an. (...) Er konnte

an übernatürliche Fähigkeiten zugeschrieben. Er hätte in der Akasha-Chronik[23] lesen können und sei auch mit der griechischen Kultur, etwa mit den Gedanken Platons[24], vertraut gewesen. Die Gegensätze zwischen den neuen Offenbarungen Krielescher Prägung und den biblisch-theologischen Grundaussagen des christlichen Glaubens sind im Blick auf das trinitarische Gottesverständnis, die Christologie und nicht zuletzt wegen der in den Werken Krieles vertretenen westlich geprägten Karma- und Reinkarnationsvorstellung[25] unüberbrückbar. Daran können weder das vom Ehepaar Kriele vertretene christlich-mystische Selbstverständnis noch die intensive Verwendung christlicher Begriffe in den „verdolmetschten" und anschließend redigierten Engel-Texten etwas ändern.

Hasen, Ziegen, Vögeln, Schmetterlingen, Raupen Anweisungen geben, sie gehorchten ihm in jedem Fall."
[23] Kriele: Himmel, Band 4, 26.
[24] Kriele: Himmel, Band 4, 24.
[25] Vgl. nur die Aussage in A. Kriele, Mit den Engeln über die Schwelle zum Jenseits. Bernard Jakoby fragt, die Engel geben Antwort, Kreuzlingen 2006, 66: „Die Reinkarnation ist keine Glaubensfrage, sondern eine Gegebenheit."

Sussan Namini und Sebastian Murken

Himmlische Dienstleister.
Zur psychologischen Bedeutsamkeit der Engel
in einer komplexen Welt

> *„Seit der Privatisierung des Firmaments
> bleibt kein Kundenwunsch unerfüllt,
> denn das himmlische Heer
> ist unerschöpflich."*[1]

Während die Kirchen immer weiter an Mitgliedern verlieren und der Glaube an Gott zurück geht, gewinnen die theologisch eher unbedeutenden Engel seit nunmehr fast zwei Jahrzehnten wieder an Gewicht. Laut einer forsa-Umfrage vom Oktober 2005 glauben in Deutschland inzwischen mehr Menschen an Schutzengel (66 %) als an Gott (64 %).[2] Warum aber kehren die Engel wieder? Was ist es, das sie für den Menschen von heute wieder bedeutsam werden lässt? Verschiedentlich ist ihr Wiedererscheinen mit dem spezifischen Bedürfnis nach Transzendenz unter den Bedingungen der Postmoderne erklärt worden. Engel erscheinen als Ausdruck postmoderner Religiosität, die individualistisch ist und ihre Inhalte ahistorisch verschiedenen religiösen Traditionen und Strömungen entlehnt.[3]

Jedoch scheint das „religiöse Bedürfnis" als alleinige Erklärung nicht auszureichen, wenn man bedenkt, dass Engel für den heutigen Menschen viel mehr sind als nur „Boten Gottes". Verblüffend ist schon die „außerreligiöse Popularität der Engel."[4] Engel sind ein beliebtes Dekorationsmotiv und haben in vielfältige andere Bereiche wie Literatur, Musik, Film, Kunst oder Werbung Eingang gefunden. Auch auf dem Lebenshilfe-Markt geht es in den vielfältigen Engel-Ratgebern und -Angeboten oft weniger um religiöse Themen im engeren Sinne als um lebenspraktische Belange.

Es erscheint uns insofern wichtig zu fragen, was die Engel für den Menschen in der heutigen Zeit über den religiös-spirituellen und ästhetischen Aspekt hinaus so attraktiv macht, was sie in einer Zeit, in der sich das Handeln vieler

---

[1] J.-U. Albig: Engel – Wenn der Sehnsucht Flügel wachsen, in: GEO 2000, Dezember-Ausgabe, 58–86.

[2] forsa: Thema Glaube. Tabellenband. [Umfrage im Auftrag von Gruner und Jahr (GEO)], Berlin: 2005.

[3] Z.B. U. Geuter: Engel – Mittler zwischen zwei Welten, in: Psychologie Heute compact 2003, H. 8, 62–65; U. Wolff: Alles über Engel: Aus dem himmlischen Wörterbuch, Freiburg im Breisgau 2001.

[4] G. Ahn: Engel, in: C. Auffarth/J. Bernard/H. Mohr (Hg.): Metzler Lexikon Religion: Gegenwart – Alltag – Medien, Band 1, Stuttgart 1999, 273–275, hier 273.

Menschen an der Frage ausrichtet, „was bringt es mir, was ist mein Gewinn?", leisten. Zur Beantwortung dieser Frage nehmen wir eine psychologische Perspektive ein, denn wie Beispiele aus dem Selbst- und Lebenshilfebereich zeigen werden, sind die Funktionen der Engel und damit auch die Bedürfnisse, die sie vor dem Hintergrund der Bedingungen der Postmoderne erfüllen, v. a. psychologischer Natur. Gemäß dem traditionellen Prinzip vom Ausschluss der Transzendenz[5] enthält sich die religionspsychologische Perspektive dabei eines Urteils in Bezug auf die Frage, ob es Engel wirklich gibt oder nicht und ob und wie sie ins menschliche Leben eingreifen. Die folgende Betrachtung muss zwangsläufig kursorisch bleiben, da Engel-Ratgeberliteratur, -Orakelkarten, -Seminare, entsprechende Internetseiten etc. boomen und es wohl nichts gibt, „wofür Engel nicht in Dienst genommen werden könnten."[6] Zudem werden wir uns aufgrund der spezifischen Frage nach dem, was die Engel für die Menschen leisten, hier nur mit den „guten" Engeln bzw. Aspekten befassen. Diese sind es auch, die das Alltagsverständnis der meisten Menschen bestimmen.[7]

Was Engel leisten

Die Möglichkeiten der Engel ins menschliche Leben einzugreifen und zu wirken sind schier unbegrenzt. Es scheint kaum einen Lebensbereich zu geben, der nicht von Engeln gestaltet wird. Wie das Wirken der Engel im Einzelnen konzeptualisiert wird, ist dabei durchaus unterschiedlich. Es variieren nicht nur die Hintergründe der Autoren, die christlich, neureligiös-esoterisch, psychologisch-psychotherapeutisch oder eine Mischung aus verschiedenen Deutungssystemen sein können, es finden sich auch unterschiedliche Engel-Darstellungen und -Funktionen sowie Methoden, mit diesen zu arbeiten. Die Vielfalt an Funktionen wird einerseits verschiedenen „Engel-Spezialisten" für spezifische Bereiche zugewiesen, andererseits gibt es die individuellen (Schutz)Engel, die situationsübergreifend wirken können und somit für alle Belange eines einzelnen Menschen sorgen. Im folgenden Überblick soll diese Fülle nur anklingen. Der Schwerpunkt der Betrachtung liegt auf einer Klassifikation und Beschreibung verschiedener Funktionen.

---

[5] T. Flournoy: Les principes de la psychologie religieuse, in: Archives de Psychologie, 2/1903, 33–57.
[6] E. Stubbe: Die Wirklichkeit der Engel in Literatur, Kunst und Religion, Münster 1995, 1.
[7] Einer Umfrage des Instituts für Demoskopie Allensbach zufolge stellen sich nur 4 % der bundesdeutschen Bevölkerung über 16 Jahre Engel als strafend/das Böse rächend vor, während 44 % sich vorstellen, dass Engel Menschen in gefährlichen Situationen schützen; siehe: Institut für Demoskopie Allensbach: Engel: Glaube und Erfahrung diesseits der Esoterik. Eine Umfrage von 1997, Allensbach am Bodensee 1997.

Engel schützen und behüten

Nach gängiger Auffassung ist jedem Menschen – unabhängig von Nationalität, Konfessionszugehörigkeit o.a. – ein persönlicher Schutzengel zur Seite gestellt, der ihn von Beginn seines Lebens an bis zum Ende, sogar bis hinüber in die jenseitige Welt begleitet. Es gibt eine Vielfalt an Berichten, in denen Menschen davon erzählen, wie ein Engel ihnen in der Not beigestanden oder sie vor Unglück behütet hat.[8] Die Aufgabe der Schutzengel geht jedoch über den so populären Schutz vor Unfall und Gefahren oder die Rettung in der Not hinaus. Sie schützen nicht nur vor den äußeren Gefahren, sondern ebenso vor den inneren, vor unredlichen Strebungen, Unmaß etc. Insbesondere aber behüten sie den „Wesenskern des Menschen"; in Krankheit und Not sind sie da, um das Innerste heil zu bewahren.[9] Auch über den Tod hinaus halten die Engel ihre schützende Funktion aufrecht. Nach Wolff sorgt der „Engel der Vollendung" dafür, dass das Leben nicht umsonst war, denn er „breitet seine Flügel schützend über die tausend einzelnen Erlebnisse unseres Lebens aus. Das, was wir gewesen sind, wird nicht verloren gehen."[10]

Engel helfen

Engel sind jedoch mehr als nur stille, schutzbringende Lebensbegleiter. Nicht umsonst werden sie auch als „himmlische Nothelfer" bezeichnet, ist doch eine wichtige, eng mit dem Schutz zusammenhängende Funktion die konkrete Hilfe, die sie liefern. Es gibt wohl kein menschliches Problem, für das nicht auch ein Engel zuständig ist. Sie helfen bei Lebenskrisen aller Art ebenso wie bei Alltagsproblemen von Prüfungsstress über Schlafstörungen bis hin zu Parkplatzproblemen.[11] Die Art und Weise, in der Engel helfen, kann sehr unterschiedlich sein. Einerseits greifen Engel ins weltliche Geschehen ein und regeln die Belange des Menschen, andererseits geben sie jedoch auch Hilfe für die konkrete Lebensbewältigung. Sie zeigen Strategien auf, wie mit schwierigen Situationen umzugehen ist, und sie geben konkrete Entscheidungshilfe und Antworten auf die Fragen des Lebens, beispielsweise in Form von Engel-Orakeln,[12] Engel-Tarot-Karten[13]

---

[8] Siehe z.B. R. Hauck (Hg.): Engel – Die unsichtbaren Boten, München 1995.
[9] A. Grün: 50 Engel für die Seele, Freiburg i.Br. 2001; Wolff: Engel.
[10] Den Begriff „Engel der Vollendung" zieht Wolff: Engel, 163, dem Begriff „Todesengel" vor.
[11] Z.B. D. Cooper: Der Engel-Ratgeber: In jeder Lebenslage Schutz, Beistand und Trost durch die himmlischen Wesen finden, München [10]2005; Grün: Engel; Wolff: Engel.
[12] Z.B. S. Wülfing: Das Engel-Orakel, Grafing [5]1996.
[13] Z.B. M. Gregor: Engel-Tarot. Handbuch und 29 Karten, Berlin 1998.

oder durch mediale Vermittlung.[14] Auch Seminare werden angeboten, in denen vermittelt wird, wie zu Engeln Kontakt aufgenommen und mit ihrer Hilfe der Alltag gemeistert werden kann.[15]

Engel heilen

Engel helfen zudem im Falle von Krankheit und physischer oder psychischer Beeinträchtigung. Sie heilen, entweder durch direkte Intervention oder mittels indirekter Wege, so zum Beispiel Ingrid Auers Engelsymbole, die u.a. Blockaden lösen, die Energiefrequenz erhöhen und Selbstheilungsprozesse einleiten sollen.[16] Die Engel-Behandlung kann in Eigenregie, mit Hilfe von Meditationen, Übungen und Ritualen erfolgen[17] oder aber mit Hilfe von Engeltherapeuten,[18] unter denen die Amerikanerin Doreen Virtue die wohl bekannteste ist. Heilung durch die Engel wird dabei in der Regel ganzheitlich verstanden. Sie erfolgt auf körperlicher, psychischer und geistiger Ebene. Die Heilung körperlicher Krankheiten kann unterstützt werden. Gebrochene Herzen können ebenso geheilt werden wie „seelische Wunden", traumatische Kindheitserlebnisse oder Ängste und Depressionen. Es geht um die Überwindung innerer Blockierungen, um Loslassen und die Integration von abgespaltenen und verdrängten Anteilen des Selbst.[19]

---

[14] Z.B. durch Ute Henke, siehe: http://www.engelszeitung.de/Zukunftsberatung/zukunftsberatung.html.

[15] Ein Beispiel ist das Seminar „Mit Hilfe der Engel den Alltag meistern", das vom Zentrum für Bewusstseinserweiterung am 21./22. Januar 2006 angeboten wurde. Zur Seminarbeschreibung heißt es: „Alles über Engel und Erzengel, über die Hierarchie, ihre Aufgaben und Kontakt mit Deinem Schutzengel und den Erzengel. Schulung der Intuition, Intensiver Kontakt mit Deiner Lichtfamilie. Gebete und Meditation im Alltag anwenden." (http://www.bewusstseinszentrum.de/seminare.htm). Weitere Beispiele finden sich unter http://www.engelsymbole.at/html/14_0_seminare.html.

[16] Siehe http://www.engelsymbole.at/html/01_engelsymbole.html (03.01.2006).

[17] Z.B. J. Ruland: Die lichte Kraft der Engel, Darmstadt ⁵2005.

[18] Siehe http://www.angeltherapy.com/ (03.01.2006). Andere Engeltherapeuten sind z.B. Christine Szendi: http://www.engel-licht.at/Engelpraxis_Index.htm (03.01.2006); Eva-Maria Mora: http://www.quantumangel.com/German/quantum-engel-therapie1.htm (03.01.2006). Selbst über das Internet sind Engelbehandlungen buchbar: http://www.engelbehandlung.de/ (02.01.2006).

[19] Z.B. Cooper: Engel-Ratgeber; vgl. A. Grabner-Haider: Zur Psychologie der Engel, in: W. Hutter (Hg.): Engel: Faszination und Geheimnis, Graz 2001, 75–89.

Engel geben Sinn

Engel helfen jedoch nicht nur aktiv, indem sie schützen, helfen und heilen. Sie machen zudem das Leben mit seinen Nöten und Leiden verständlich und füllen es mit Sinn. Durch ihr Eingreifen werden dem Menschen unerklärliche, unverständliche oder gar krisenhafte Situationen erklärlich und sinnvoll. Der „Engel des guten Schlafes" weckt den Menschen in der Nacht auf, um daran zu erinnern, dass es auch noch eine andere Dimension gibt,[20] Krankheiten haben eine spezielle Botschaft an den Menschen, den sie befallen,[21] das Eingreifen von Schutzengeln erklärt unerklärliche Rettung in der Not. Zudem übermitteln Engel Zukunftsvisionen und damit verbunden die Hoffnung, dass letztlich das irdische Leiden doch einen Sinn hat – ganz im Sinne eines „Am Ende wird alles gut!"[22] Durch ihre übergeordnete, transzendente Perspektive können die Engel Antworten auf die zentralen Fragen des Lebens, den größeren Zusammenhang und Sinn vermitteln. Sie weisen über das Alltägliche und Materielle hinaus, deuten dem Menschen das Leben und lassen ihm Krisen als Teil des Weges, den er beschreiten muss, sinnvoll erscheinen.[23] Durch den übergeordneten Sinn, den die Engel kennen und vermitteln, können sie auch führen und dem Menschen die Richtung weisen. Als ein geglücktes Leben wird dabei vielfach das individuell verwirklichte Leben im Sinne der inneren Berufung gesehen. Ein häufiger Inhalt ist dabei, anderen Menschen zu dienen.[24]

Engel sind Gefährten

Eine weitere wichtige Funktion, die Engel erfüllen, ist die Bezogenheit, die sie bieten. Die Engel, die den Menschen begleiten – insbesondere die Schutzengel, die ihn auch im Tod nicht verlassen – lassen ihn spüren: „Du bist nicht allein". Ihre Liebe zum Menschen ist unendlich und der Mensch kann gewiss sein, dass sein Engel ihn nie aufgeben wird. Entsprechend werden Begegnungen mit Engeln als Erfahrungen von bedingungslosem Geliebtwerden und Liebe beschrieben.[25] Zudem haben Engel eine wichtige Funktion im Herstellen und Bewahren der Beziehungen zu anderen Menschen. Die „Engel der Großmut", „Engel des Lächelns", „Engel der Nächstenliebe", „Engel der Solidarität", „Engel des Teilens" etc.[26] helfen ihrem jeweiligen Schützling seine menschlichen

---

[20] Grün: Engel.
[21] Ruland: Kraft.
[22] Wolff: Engel, 22.
[23] A. Kriele: Die Engel geben Antwort auf Fragen nach dem Sinn des Lebens, Berlin 2005.
[24] Cooper: Engel-Ratgeber; Grün: Engel; Kriele: Engel.
[25] Cooper: Engel-Ratgeber; S. Fox: Wie Engel uns lieben: Wahre Begebenheiten mit Schutzengeln, München 2000; Wolff: Engel.
[26] Grün: Engel.

Begegnungen und Beziehungen auf eine heilsame Art und Weise zu gestalten. Sie befreien zudem aus emotionalen Abhängigkeiten und schenken damit Unabhängigkeit und Freiheit.[27]

Engel sehen und spiegeln

Die individuelle Bezogenheit des Engels auf den einzelnen Menschen ist jedoch nicht nur deshalb wichtig, weil sie ihm zeigt, dass er nicht alleine ist. Ebenso wichtig sind die Botschaften, die die Engel dem Menschen damit übermitteln. Durch ihre ständige Präsenz und ihr Bemühtsein um den Einzelnen signalisieren sie: „Du wirst gesehen", „Du bist wichtig".[28] Persönliche Engel vermitteln ein Gefühl von Besonderheit, da sie eben nur für einen einzigen Menschen mit seinen spezifischen Eigenschaften da sind. Ihre damit verbundenen Botschaften, wie „Du bist richtig", „Du bist schön", „Du bist einzigartig"[29] lassen uneingeschränkte Wertschätzung erleben, wie sie im zwischenmenschlichen Bereich selten geworden ist. So wird die Existenz jedes Einzelnen bedeutsam, der Mensch ist für seinen Engel eine Bereicherung im Sinne des „Schön, dass Du da bist".

Engel trösten

Da Leid, Sorge, Krankheit und Tod auch trotz des Wirkens der Engel unausweichlich bleiben, braucht der Mensch nicht nur aktive Hilfe im Leben, sondern auch emotionalen Beistand – Trost, wenn er sich traurig, verzweifelt, ängstlich und mutlos fühlt. Der Trost, den die Engel liefern, kann sehr unterschiedliche Formen annehmen und wird durch die oben genannten Funktionen vermittelt. Tröstend ist z.B. das Wissen geliebt zu werden und nicht alleine zu sein, was auch immer geschieht. Wenn sich menschliche Beziehungen lösen, wenn alles zu Ende geht, bleiben die Engel, in Anbetracht des Lebens wie des Todes. Der „Engel der Ruhe" hilft auszuruhen, gibt das Gefühl, dass die Probleme nicht jetzt gelöst werden müssen, der „Engel des Humors" schenkt Gelassenheit und Leichtigkeit und der „Engel des Lächelns" hilft auch in schwierigen Situationen zu lächeln.[30] Negative Emotionen werden durch die „unendliche Liebe der Engel" in inneren Frieden verwandelt.[31]

---

[27] Cooper: Engel-Ratgeber.
[28] Vgl. Grün: Engel, 16: „Gott hat nicht zu klein von Dir gedacht. Er hat Dir viele Engel zur Seite gestellt, die Dich einführen wollen in das Geheimnis des Lebens."
[29] Siehe Grün: Engel.
[30] Grün: Engel.
[31] Cooper: Engel-Ratgeber, 83.

Die psychologische Bedeutsamkeit der himmlischen Dienstleistungen vor dem Hintergrund der gesellschaftlichen Situation

Was macht das breite Angebot an Dienstleistungen, das die Engel bieten, heutzutage so attraktiv? Warum wird Lebenshilfe aller Art in die Metapher der Engel verpackt? Psychologische Theorien und Befunde können vor dem Hintergrund der aktuellen gesellschaftlichen Verhältnisse einen Beitrag zur Beantwortung dieser Fragen leisten. Es wundert nicht, dass die persönlichen Schutzengel unter allen, die es im Engelreich gibt, die beliebtesten sind und vielleicht schon immer waren, wenn man bedenkt, dass sie alle drei der nach Deci und Ryan[32] grundlegenden psychologischen Bedürfnisse des Menschen, nämlich nach Beziehung, Autonomie und Kompetenz, zu erfüllen vermögen. Durch ihre (und anderer Engel) – menschenunmögliche – allgegenwärtige Präsenz und bedingungslose Liebe geben die Engel ein Gefühl von Bezogensein und die Versicherung, dass der Einzelne in einer individualistischen Gesellschaft nicht alleine ist. Ähnlich wie das Kind durch den „Glanz im Auge der Mutter"[33] bestärkt und gehalten wird, stärken die Engel den Selbstwert des Menschen. In einer Gesellschaft, in der Arbeitsplatzverluste, Scheidungen etc. signalisieren, „Du bist nur eine(r) unter vielen", „Du bist nicht so gut wie der/die andere", „Wir brauchen Dich nicht mehr", ist dieses Gesehen- und Gespiegelt-Werden sowie die Erfahrung des persönlichen Angenommen- und Bedeutsamseins eine oft dringlich benötigte Rückversicherung des eigenen Seins.

Durch ihre stille Zurückhaltung und das Respektieren der menschlichen Entscheidungen erfüllen die Engel gleichzeitig mit der Bezogenheit auf einzigartige Weise das menschliche Bedürfnis nach Autonomie, welches in der westlichen Welt zudem ein gesellschaftliches Ideal des „gesunden" Menschen darstellt. Ein Gefühl von Autonomie vermitteln sie jedoch auch, weil andere Menschen durch die Gewissheit des himmlischen Beistands nicht mehr so dringlich gebraucht werden. Eben diese Gewissheit kann darüber hinaus ein Gefühl der Kompetenz vermitteln, ist doch für den, der einen Engel an seiner Seite hat, kein Problem unlösbar. Dort, wo sich das Kompetenzerleben nicht einstellen will, bieten die Engel immerhin Schutz und Sicherheit. In einer Zeit, in der die Welt in Anbetracht persönlicher und auch globaler Probleme wie Terrorismus, Kriege und Naturkatastrophen unsicher erscheint und in der die Risikogesellschaft persönlichen Wagemut und Standfestigkeit in den Unwägbarkeiten des Alltags fordert, ist die Verunsicherung des Einzelnen so groß wie sein Bedürfnis nach Sicherheit und Schutz, das Menschen nicht ausreichend erfüllen können. Da sind die Engel, die dem Menschen immer zur Seite stehen und im Heute wie im Morgen Schutz bieten – egal was auch passieren mag –, die optimalen Begleiter. Sie

---

[32] E.L. Deci/R.M. Ryan: The „what" and „why" of goal pursuits: Human needs and the self-determination of behaviour, in: Psychological Inquiry, 11/2000, H. 4, 227–268.
[33] H. Kohut: Narzissmus: Eine Theorie der psychoanalytischen Behandlung narzisstischer Persönlichkeitsstörungen, Frankfurt a.M. 1973.

erfüllen damit ein menschliches Bedürfnis nach Sicherheit, wie es z.B. von Maslow[34] postuliert wurde.

Da, wo der Engel die Not nicht zu verhindern vermag, gibt er Trost, Weltdeutung und Sinn und damit auch eine Antwort auf existentielle Fragen des Lebens. Des Menschen „Sorge um den Sinn seiner Existenz"[35] ist eine Sorge, die in den letzten Jahrzehnten immer dringlicher geworden ist. Sinn wird nicht mehr wie in früheren Zeiten durch feste Rollen, Einbettung in Traditionen und Glaubenssysteme übermittelt, es ist mehr denn je die Aufgabe des Einzelnen Sinn zu suchen und zu finden. Vor einem gesellschaftlichen Wertevakuum und der Aufgabe, das Leben selbst zu gestalten und zu verantworten, ermöglicht der Engel nicht nur eine individuelle Lebensgestaltung, sondern vermittelt gleichzeitig auch Verbindlichkeit und Halt in der Endlichkeit und Unverbindlichkeit der Postmoderne.[36] Durch seine Führung und den Auftrag, den er dem Menschen bringt, entlastet er den Einzelnen von der Schwere der individuellen Entscheidung und Verantwortung. Mit Hilfe der Engel erlangt das Leben (auch in der Krise) Bedeutsamkeit, Verstehbarkeit und Handhabbarkeit – nach Antonovsky die grundlegenden Merkmale für das Gefühl von Kohärenz, das wiederum der entscheidende Faktor psychischer Gesundheit sei.[37]

Auch der Wunsch nach Heilung durch Engel und das damit verbundene Angebot entsprechen individuellen und gesellschaftlichen Bedürfnissen. Das Gesundheitssystem befindet sich in der Krise, Gesundheit ist fast unbezahlbar geworden, die Grenzen der Schulmedizin werden in Anbetracht von zunehmenden Krebserkrankungen, HIV, Vogelgrippe etc. immer deutlicher. Zivilisationskrankheiten wie Rückenleiden, Allergien und auch psychische Erkrankungen, allen voran Depressionen, nehmen zu und damit auch das Bedürfnis nach Heil und Heilung. Alternative Heilmethoden und Heiler sind auf dem Vormarsch und mit ihnen die Engel, die die Heilung des ganzen Menschen versprechen und deren Wirken keine Grenzen kennt.

Schluss

In einer Gesellschaft, in der Gott nicht mehr selbstverständlich ist, kommen die Engel wie gerufen. Sie übernehmen die Funktionen, die im christlichen Kontext traditionell dem göttlichen Wirken zugeschrieben werden, jedoch nun ohne einen verbindlichen theologischen Rahmen. Engel passen sich auf sensible Weise

---

[34] A. Maslow: Motivation und Persönlichkeit, Reinbek [10]2002.
[35] V.E. Frankl: Das Leiden am sinnlosen Leben: Psychotherapie für heute, Freiburg i.Br. [13]2002, 78.
[36] Vgl. I. Riedel: Dinos, Zauberer und Engel: Konstellation des kollektiven Unbewussten und/oder Modetrends?, in: Analytische Psychologie, 34/2003, H. 4, 251–265.
[37] A. Antonovsky: Salutogenese: Zur Entmystifizierung der Gesundheit (dt. erw. Ausg. von A. Franke), Tübingen 1997.

den unterschiedlichen Situationen und Bedürfnissen an und liefern somit ein besonderes Maß an Gestaltungs- und Projektionsspielraum. Da Engel individuell und exklusiv sind und somit nicht geteilt werden müssen, sind sie in besonderer Weise mit dem einzelnen Menschen verbunden. Sie schützen und helfen, sie vermitteln das Gefühl von Besonderheit und Zugehörigkeit, sie stiften Sinn, heilen und trösten. Während klassischerweise die Menschen Gott dienen, dienen die modernen Engel (unbeeindruckt von Theologien) dem Menschen.

Die psychologische Analyse zeigt, dass sie durch vielfältige Funktionen helfen können, das Leben in der Postmoderne mit seinen unterschiedlichsten Aufgaben und Anforderungen zu bewältigen.[38] Ob dabei tatsächlich alle Engel-Angebote zu einer verbesserten Lebens- und Problembewältigung beitragen, ist jedoch kritisch zu hinterfragen.[39] Die Inanspruchnahme der himmlischen Dienstleistungen entbindet den Menschen nicht, eigenverantwortlich die Herausforderungen des Lebens anzunehmen. Ein Engel an der Seite ist somit noch kein Garant für eine geglückte Lebensbewältigung.

---

[38] Siehe auch S. Murken/S. Namini: Was Engel leisten: Religionspsychologische Überlegungen zur Renaissance der Engel, in: EZW-Texte (in Vorbereitung).
[39] Kritische Anmerkungen zur Funktionalität der Engel finden sich z.B. bei Riedel: Dinos, und E. Stubbe: Engel zwischen lautem Markt und leisem Reden, Zürich 1999.

Gerhard Schmied

Soziologie der Engel als angewandte Anthropologie

Ein jeder Engel ist schrecklich.
Und so verhalt ich mich denn und verschlucke den Lockruf
dunkelen Schluchzens. Ach, wen vermögen
wir denn zu brauchen? Engel nicht, Menschen nicht,
und die findigen Tiere merken es schon,
dass wir nicht sehr verlässlich zu Haus sind
in der gedeuteten Welt

(Rainer Maria Rilke: Duineser Elegien)

Das „pro nobis" des Nicänischen Credos ist genau so eine gedankliche Voraussetzung der Religionssoziologie wie der Bergersche Methodologische Atheismus[1] beziehungsweise Agnostizismus.[2] Ja, es reicht in seiner Bedeutung darüber hinaus: Religion macht nur Sinn, wenn sie den Menschen betrifft und trifft. So gehört Religionssoziologie in den weiteren Bereich der Anthropologie oder kann als eine Dimension von ihr aufgefasst werden. Die Anthropologie, wie sie in der abendländischen Religion eine Rolle spielt, finden wir direkt, ja explizit in Psalm 8, Vers 5–9:

Was ist der Mensch, dass du an ihn denkst,
des Menschen Kind, dass du dich seiner annimmst?
Du hast ihn nur wenig geringer gemacht als Gott,
hast ihn mit Herrlichkeit und Ehre gekrönt.
Du hast ihn als Herrscher eingesetzt über das Werk deiner Hände,
hast ihm alles zu Füßen gelegt:
All die Schafe, Ziegen und Rinder
und auch die wilden Tiere,
die Vögel des Himmels und die Fische im Meer,
alles, was auf den Pfaden der Meere dahin zieht.

In den Versen wird eine transzendente Schichtung skizziert: An der Spitze Gott, dann der Menschen als das „Mittelgeschöpf", wie ihn Johann Gottfried Herder nennt,[3] und endlich die Tiere. Sie werden möglichst vollzählig aufgeführt, denn alle sind sie – heute natürlich politisch völlig unkorrekt – der Herrschaft des

---

[1] P.L. Berger: Zur Dialektik von Religion und Gesellschaft, Frankfurt/Main 1973, 98, 170.
[2] H. Knoblauch: Religionssoziologie, Berlin und New York 1999, 14.
[3] J.G. Herder, Johann Gottfried: Ideen zur Philosophie der Geschichte der Menschheit, Darmstadt 1985 (zuerst 1784), 75.

Menschen unterworfen. Für unser Thema sind aber die Wörter „wenig geringer" der Anknüpfungspunkt. In diese kleine Lücke zwischen Gott und Mensch wurde noch etwas eingeschoben: die Engel (und später die Heiligen).

Die Engel sind ein multifunktionales Konzept: Sie sind Gottes Stimme und Boten, des Menschen Begleiter und Ratgeber, auch Warner, um nur einiges zu nennen. Es dürfte wohl vor allem die Geschichte um den Erzengel Raphael, wie sie im Buch Tobit dramatisch geschildert wird, zu der Vorstellung der Schutzengel geführt haben, wobei der Begriff auch in den alltäglichen Sprachgebrauch bis in das Zeitungsdeutsch aufgenommen wurde. Hier wird eine Funktion in den Mittelpunkt gestellt, und zwar bevorzugt für Kinder, die als besonders gefährdet erscheinen. Wer kennt nicht die Wandbilder, die zwei Kinder zeigen, die auf einem schmalen Steg einen reißenden Bach überqueren und von einem großen Engel mit mächtigen Flügeln begleitet werden? Das ist eine sehr anschauliche religiöse Chiffre, mit Hilfe derer – um Niklas Luhmann zu zitieren – „Unbestimmbares in Bestimmtes oder doch Bestimmbares transformiert"[4] wird.

Zum Unbestimmbaren gehört das Schicksal und die Gestalt der Toten, ein nicht unwichtiger Aspekt in dem existenziell anrührenden Komplex „Lebensende". Ein Gang über ältere Friedhöfe zeigt, dass vor allem im 19. Jahrhundert Engelsgestalten relativ häufig Gräber schmückten. Gerade als die Religiosität nachlässt, gleichzeitig aber die Gestaltung der Grabskulpturen einen Höhepunkt erreicht, sind es auffällig viele Engel, die als marmorne oder gegossene Figuren mit den Angehörigen trauern oder auch einen Siegeskranz für den Verstorbenen emporheben. In der Regel werden sie einen Begleiter oder Schutzgeist des Toten darstellen; auch der Tote kann mit dem Engel gleichgesetzt werden. Das gilt vor allem für Kinder und Embryonen. Für letztere Vorstellung steht der Begriff „Engelmacherin", mit dem Frauen bezeichnet wurden, die verbotenerweise Abtreibungen vornahmen.

Aus diversen Materialien, die im Rahmen qualitativer Sozialforschung produziert wurden, geht hervor, dass auch erwachsene Tote als Engel aufgefasst werden. Von Personen, die wir auf Friedhöfen befragten, wird die Fähigkeit der verstorbenen Angehörigen, als Schutzgeist tätig zu werden, mit dem Schutzengel in Verbindung gebracht, wie der folgende Interviewauszug zeigt.

Interviewer: Glauben Sie, dass die Verstorbenen Sie hören können?
Befragter: Ich glaube, dass ich Kontakt habe, ja, mit lieben Verstorbenen.
Interviewer: Ja.
Befragter: Ja das, da bin ich überzeugt davon einfach, ja. Ich sag zum Beispiel immer, äh, ganz extrem, ähm, das sind natürlich Verstorbene, die mir sehr am Herzen liegen.
Interviewer: Ah, die sind ...
Befragter: Das sind meine Schutzengel sogar. [5]

---

[4] N. Luhmann: Die Funktion der Religion, Frankfurt/Main 1977, 33.
[5] G. Schmied: Friedhofsgespräche, Opladen 2002, 42.

Als weiterer Beleg für diese Vorstellung vom erwachsenen Toten als Engel soll Material herangezogen werden, das aus der Dritten Kirchenmitgliedschaftsstudie der Evangelischen Kirche Deutschlands stammt. Im Rahmen dieser Erhebung wurden Personen, die „von sich selbst behaupteten, wenig oder gar nichts mit der Kirche zu tun zu haben",[6] intensiv befragt. Eine dieser Interviewten war eine 35-jährige Frau mit dem Decknamen „Amelie". Sie erzählte vom Tode eines Freundes ihres Lebensgefährten Axel und ihrer besten Freundin Britta, der zwei Jahre zuvor an AIDS gestorben war. Amelie ist in gewisser Weise erstaunt, wie Axel und Britta mit diesem Tod – wie sie sagt – „klarkommen" und führt das – wieder ein Ausdruck von Amelie – auf die „urige" Religiosität der beiden zurück.[7] Zu dieser „urigen" Religiosität gehört des Bild des Toten als eines Engels auf einer Wolke, das nach Ansicht von Amelie den beiden hilft, den Verlust des Freundes zu bewältigen. Amelie sagt:

"..., wenn ... dann zwischendurch manchmal so sagte, so aus heiterem Himmel: ‚Ich stell' mir ja manchmal vor, dass, dass ... (der Verstorbene, G.S.) sich alles jetzt anguckt, was wir hier machen. Der sitzt tatsächlich oben und guckt, und guckt uns jetzt zu und kriegt das alles mit.' ... Äh, wo noch dieses, dieses, dieses Bild von dem Engel auf den Wolken irgendwie is, der buddelt sich da 'n Loch in die Wolken und äugt dadurch. Und ärgert sich, oder lacht sich dumm und dösig über das, was da unten so passiert. Und dass so diese, diese Hilfe oder diese Tröstung oder so die Versuche, mit diesem, mit dem Tod dieses Freundes fertigzuwerden, auch sich, dass sie also dabei jedes Strohhalms bedient haben, der ihnen geliefert wurde ..."

Und in dieser Tradition des Verstorbenen als Engel scheint auch Amelie zu stehen. Sie sagt nichts über die Realität des Bildes vom Engel. Wahrscheinlich nimmt sie es überhaupt nicht ernst, und selbst für ihre Freunde mit der „urigen" Religiosität kann es ihrer Meinung nach nur ein „Strohhalm" gewesen sein. Nach allem, was wir von ihr wissen, scheint Amelie die postmoderne Version des *homo religiosus* zu repräsentieren, der gedanklich mit vielen religiösen Versatzstücken spielt, ohne von diesen überzeugt zu sein. Sie akzeptiert wahrscheinlich nicht die religiösen Inhalte, aber ihre therapeutische Funktion. Hier können wir punktuell Einblick in die Psyche von Personen gewinnen, die in der Gegenwart von der Engelsvorstellung attrahiert sind und die Leser der inzwischen unübersehbar gewordenen Engelsliteratur kirchlicher und nichtkirchlicher Provenienz ausmachen.

· Die Kirchen, vom Katholizismus bis in Teile der Reformierten, sind mit diesem populären Traditionsgut nicht immer pfleglich umgegangen. Sie haben in der Exegese die „heidnischen" Einflüsse hervorgehoben und es auf ägyptische und babylonische Wächterfiguren zurückgeführt oder parallel zum Hofstaat mächti-

---

[6] K. Engelhardt u.a. (Hg.): Fremde Heimat Kirche, Gütersloh 1997, 51.
[7] Studien- und Planungsgruppe der EKD: Quellen religiöser Welt- und Selbstdeutung, Band I, Hannover 1998, 643.

ger orientalischer Herrscher aufgefasst. Engel werden quasi als Verdunkelung Gottes angesehen, wie es eine mir berichtete Episode zeigt: Eine Mutter, die einem katholischen Priester berichtete, sie bete jedem Morgen zum Schutzengel des Kindes, das sie gerade in den Kindergarten brachte, wurde von dem Priester gefragt, warum sie denn nicht gleich zu Gott bete.

Aber „man" ließ sich die Engel ebenso wenig nehmen, wie die Vorstellung von Geistern allgemein (übrigens eine mögliche Schnittmenge mit den Engeln). Wer dieses „man" ist, ist sicher auch ein soziologisch interessantes Phänomen. Denn hinter „man" stehen keineswegs nur Traditionalisten verschiedener konfessioneller Couleur, sondern auch Kreise, von denen gemeinhin angenommen wird, sie würden der Religion relativ fremd gegenüberstehen. Paradigmatisch soll hier das filmische Schaffen genannt werden. In der Ausstellung „Flügelschlag – Engel im Film" des Deutschen Filmmuseums in Frankfurt am Main wird eine Auswahl von 180 Engelbildern gezeigt.[8] Und in diesen zum Teil sehr erfolgreichen Filmen geht man davon aus, dass das Konzept der Engel nicht nur verstanden wird, sondern dass es auch zur Attraktivität des Gezeigten beiträgt und so Zuschauerinteresse erregt. Die Liste des Vorkommens von Engeln in verschiedenen Kontexten ließe sich beliebig verlängern.

Kehren wir zur anfangs skizzierten Anthropologie zurück. Die transzendente Schichtung mit dem Menschen in der gesicherten Mitte ist „zusammengepresst" worden. Nicht nur oben durch die Befürworter der Projektionsvorstellungen, auch durch Theologen, die eine Konzentration auf das vermeintlich Wesentliche intendieren. Nach unten wird die Grenzziehung auch immer schwieriger. Intelligenz, Werkzeuggebrauch, Kommunikation, die Gefühle ausdrückt – das sind Kennzeichen des Menschen, die ihn zumindest mit manchen Spezies verbinden und sich so als Humanum nicht halten lassen. So wird es immer einsamer um den Menschen. Und in dieser Situation erleben wir einen Engelboom. Eine für überlebt gehaltene Dimension wird – mit welcher Ernsthaftigkeit auch immer – wieder in eine transzendente Schichtung zurückgeführt. So ganz unbehütet möchte „man" (oder frau) doch nicht in einem ungesicherten Dasein existieren.

---

[8] www.engel-im-film.de

III. Zur Kommunikationstheorie von Engeln

Christel Gärtner

Der Erzengel Gabriel in der Verkündigungsszene

In der Hierachie der jüdisch-christlichen Engel stehen Erzengel und Schutzengel ziemlich weit unten und damit den Menschen am nächsten; während sich die einfachen Engel der Obhut der einzelnen Menschen widmen, ist den Erzengeln das Leben der Schöpfung anvertraut.[1] Nach katholischem Glauben steht jedem Menschen ein persönlicher Schutzengel zur Seite, der ihm im Leben beisteht und im Tod begleitet (Ps 91, Mt 4,6, Mt 18,10, Lk 16,22 Apg 12,7), wie man noch in der Bitte im Trauergottesdienst von Papst Johannes Paul II. hören konnte: „Die Engel mögen Dich hinübergeleiten!". Erzengeln dagegen kommt in biblischen Erzählungen die Funktion von Boten zu, die den Menschen Gottes Wort und Absicht mitteilen und somit zwischen Jenseits und Diesseits vermitteln. Im Neuen Testament spielen Engel eine entscheidende Rolle bei der Geburt und dem Tod Jesu: Sie verkünden die Empfängnis und Geburt des Erlösers (Mt 1,20–21, Lk 1,26–38) sowie seine Auferstehung von den Toten (Mt 28,1–8, Mk 16,1–8, Lk 24,1–8, Joh 20,11–18). Bekannt ist vor allem der „Engel des Herrn" aus der Weihnachtsbotschaft, der den Hirten im Felde die Geburt des Messias verkündet (Lk 2,8–13). Derselbe ist auch schon Josef im Traum erschienen (Mt 1,20), um ihm mitzuteilen, dass Maria ein Kind vom „Heiligen Geist" erwartet.

Am Beispiel der zentralen Figur des Verkündigungsengels soll die Funktion von Engeln als Vermittler einer göttlichen Botschaft genauer betrachtet werden. Es gibt eine Reihe von Versuchen, die Engelerscheinung im Lukasevangelium zu deuten. Eugen Drewermann vertritt z.B. die Ansicht, dass im Namen des Engels Gottes Auftrag zum Ausdruck komme: „Mein Mann (gabri) ist Gott (El)".[2] Gemäß einer alten hebräischen Tradition sei der Bote mit der Botschaft identisch, und ein Engel könne von daher nur *eine* Botschaft ausrichten. Diese These ist aber insofern unplausibel, als der Erzengel Gabriel ja auch die Geburt von Johannes dem Täufer verkündet. Außerdem erscheint er schon dem Propheten Daniel (Dan 8,16), um seine Vision als eine zu deuten, die sich auf das Ende der Zeit bezieht. Von daher gilt er auch als „Bote der Endzeit".[3] Ulrich Wilckens schließt daraus, dass es sich beim Erzengel Gabriel um einen besonderen Engel handelt, der nur dort erscheint, „wo es um eine Mitteilung unmittelbar eschatologischen Geschehens geht".[4] In der folgenden kurzen Skizze werde ich

---

[1] Vgl. A. Angenendt: Geschichte der Religiosität im Mittelalter, Darmstadt 1997, 150.
[2] E. Drewermann: Dein Name ist wie der Geschmack des Lebens. Tiefenpsychologische Deutung der Kindheitsgeschichte nach dem Lukasevangelium. Freiburg i.Br. 1986, 22.
[3] U. Wilckens: ‚Empfangen vom Heiligen Geist, geboren aus der Jungfrau Maria – Lk 1,26–38', in: R. Pesch (Hg.): Zur Theologie der Kindheitsgeschichten. Der heutige Stand der Exegese, München/Zürich 1981, 49–73, hier 55.
[4] Wilckens: Geist, 55.

zunächst die Botschaft des Erzengels Gabriel in der lukanischen Verkündigungsszene (Lk 1,26–38) sequenzanalytisch interpretieren und dann die darin verkündetet Heilsbotschaft soziologisch deuten.

Interpretation der Verkündigungsszene nach Lukas[5]

Lukas entfaltet die Verkündigung der „jungfräulichen Empfängnis" und Geburt Jesu im Dialog zwischen dem Erzengel Gabriel und Maria.

> Im sechsten Monat wurde der Engel Gabriel von Gott in eine Stadt in Galiläa namens Nazaret zu einer Jungfrau gesandt. Sie war mit einem Mann namens Josef verlobt, der aus dem Haus David stammte. Der Name der Jungfrau war Maria. (Lk 1,26–27)

Die Einleitung stellt über die Berufung auf die Schwangerschaft Elisabets („im sechsten Monat") zunächst die Verbindung zu Johannes dem Täufer her, dessen Geburt zuvor (Lk 1,5–25) – durch denselben Engel – dem Priester Zacharias verheißen worden war. Von Johannes war geweissagt worden, er werde „groß sein vor dem Herrn", und er werde „mit dem Geist und damit der Kraft des Elija dem Herrn vorangehen, um das Herz der Väter wieder den Kindern zuzuwenden und die Ungehorsamen zur Gerechtigkeit zu führen und so das Volk für den Herrn bereit zu machen" (Lk 1,17). Die Differenz beider Erzählungen liegt zunächst darin, dass der Engel nun einer Frau erscheint, deren Jungfrauenschaft mehrfach hervorgehoben wird: zweifach durch direkte Nennung und implizit durch den Status des Verlobtseins. Eine weitere Differenz liegt im Status der Personen, denen die Botschaft zukommt: dort ein alter (angesehener) Priester, hier ein junges (einfaches) Mädchen. Das damit entstandene Gefälle „vom Heiligtum im Zentrum Israels an die Peripherie, in die vollkommene Unbedeutendheit eines privaten Hauses in Galiläa ist beabsichtigt: Was unter menschlichem Aspekt sozusagen als Abstieg erscheint, wird unter dem Aspekt der göttlichen Offenbarung durch den Engel sogleich umgekehrt als Steigerung deutlich werden":[6] nämlich in der Ankündigung der Geburt des „Messias" selbst. Vermittelt über Josef, den zukünftigen Ehemann der Verlobten, wird die Genealogie zu David hergestellt, aus dessen Haus nach der alttestamentarischen Verheißung der Messias kommen soll.

> Der Engel trat bei ihr ein und sagte: Sei gegrüßt du Begnadete, der Herr ist mit dir. Sie erschrak über die Anrede und überlegte, was dieser Gruß zu bedeuten habe. Da sagte der Engel zu ihr: Fürchte dich nicht, Maria; denn du hast bei Gott Gnade gefunden. (Lk 1,28–30)

---

[5] Zur ausführlichen Interpretation des christlichen Mythos der Jungfrauengeburt siehe Ch. Gärtner: Eugen Drewermann und das gegenwärtige Problem der Sinnstiftung. Eine religionssoziologische Fallanalyse, Frankfurt/Main 2000, 219ff.
[6] Wilckens: Geist, 55.

Der Gruß des Engels leitet die Verheißung ein. Das Erschrecken verweist auf die Begegnung mit dem Göttlichen, das immer ein Erschreckendes ist (und für den praktischen Verstand ganz und gar unverständlich). Während Maria noch über den Sinn des Grußes nachdenkt, erläutert Gabriel sein Erscheinen. Wie bei Zacharias leitet der Engel seine Entgegnung mit „Fürchte dich nicht" ein, worauf jedoch eine andere Begründung folgt. Während Gott im Fall von Zacharias auf dessen Bitte hin reagiert hat: „Dein Gebet ist erhört worden" (Lk 1,13), hat er sich Maria zugewandt und sie erwählt.

> Du wirst ein Kind empfangen, einen Sohn wirst du gebären: dem sollst du den Namen Jesus geben (Lk 1,31).

Dem Schema der alttestamentarischen Geburtsverheißung folgend, erläutert der Engel, was es bedeutet, Gnade bei Gott gefunden zu haben: Er verkündet Empfängnis, Geburt und Namen eines Kindes. Anders als bei Johannes wird hier die Geburt nicht dem Vater, dem Zeugenden, sondern der Mutter, der Gebärenden, prophezeit. Auch darin, dass das Kind seinen Namen von der Mutter erhalten soll, liegt eine Steigerung.

Dann folgt die Bestimmung des Kindes:

> Er wird groß sein und Sohn des Höchsten genannt werden. Gott, der Herr, wird ihm den Thron seines Vaters David geben. Er wird über das Haus Jakob in Ewigkeit herrschen, und seine Herrschaft wird kein Ende haben. (Lk 1,32–33)

Maria soll Mutter eines herausgehobenen Kindes werden, das eine große Lebensaufgabe zu erfüllen hat. Während von Johannes geweissagt wurde, er werde „groß sein vor dem Herrn", wird Jesus als absolut „groß" bezeichnet, und er werde „Sohn des Höchsten" genannt werden. Jesus wird als Sohn und Thronnachfolger Davids bezeichnet und mit dem Verweis auf seine Herrschaft als der messianische Heilsbringer angekündigt. Damit entspricht er der Messiaserwartung der jüdischen Umwelt des Urchristentums und wird infolgedessen mit dieser Verheißung in die Kontinuität des Judentums gestellt.

Auch Maria stellt – wie Zacharias – eine Frage. Jedoch nicht prüfend und zweifelnd wie dieser: „Woran soll ich erkennen, dass das wahr ist? Ich bin ein alter Mann, und auch meine Frau ist in vorgerücktem Alter" (Lk 1,18), sondern eher erstaunt:

> Maria sagte zu dem Engel: Wie soll das geschehen, da ich keinen Mann erkenne? (Lk 1,34)

Zunächst bestätigt Maria ihre Jungfräulichkeit und benennt damit eine Bedingung, unter der eine Empfängnis nach rationalen und vernünftigen Erwägungen unmöglich ist. Die Frage Marias impliziert, dass sie eine Empfängnis für unwahrscheinlich hält. Damit hält sie dem Engel die Unmöglichkeit seiner Ankündigung entgegen: „dass *sie* zur Mutter des Messias werden könnte, wo sie, die völlig unberührte Jungfrau, doch gegenwärtig *überhaupt nicht* Mutter werden kann".⁷ Die Gemeinsamkeit mit der vorangegangenen Szene liegt darin, dass beide Male eine Schwangerschaft vorausgesagt wird, die beide, jedoch aus je unterschiedlichen Gründen, nicht im Bereich des Wahrscheinlichen liegen.

Dieser Vers über eine Empfängnis ohne Geschlechtsverkehr bereitet die meisten Schwierigkeiten bei der Interpretation der Erzählung. Von daher ist es auch nicht verwunderlich, dass es viele Versuche gab, die Widersprüche, die die so genannte „Marienfrage" aufgeworfen hat, aus der Welt zu schaffen.⁸ In der neueren exegetischen Literatur wird diese Frage als Gestaltungsmittel angesehen, das Lukas benutzt habe, um den Kerngehalt seiner Botschaft, dass Jesus von Anfang an Gottes Sohn war, darzustellen. Ein Vorschlag besteht darin, sie als Kunstgriff zu verstehen, die den Dialog weitertreiben will.

> Der Engel antwortet ihr: Der Heilige Geist wird über dich kommen, und die Kraft des Höchsten wird dich überschatten. Deshalb wird auch das Kind heilig und Sohn Gottes genannt werden. (Lk 1,35)

Hier erfolgt die eigentliche Ankündigung der „jungfräulichen Empfängnis": Jesus soll nicht körperlich, sondern geistig, durch den „Heiligen Geist", gezeugt werden: „Durch Gottes wunderbares, schöpferisches Handeln wird es geschehen".⁹ So wie Gott den ersten Menschen geschaffen habe, so werde er an Maria „schöpferisch handeln", damit der Messias in die Menschenwelt eintrete. Die neuere theologische Literatur deutet das Adverb „deshalb" als erzählimmanente Begründung für den göttlichen Ursprung Jesu: Aufgrund der überirdischen göttlichen Zeugung ist er Gottes Sohn. Dieser Vers bereitet den Übergang zum Neuen und damit auch die Diskontinuität zum antiken Judentum vor.

Als Beglaubigung für Gottes Allmacht wird sogleich die als unfruchtbar geltende Elisabet angeführt, die in ihrem (hohen) Alter noch einen Sohn empfangen habe.

> Auch Elisabet, deine Verwandte, hat noch in ihrem Alter einen Sohn empfangen; obwohl sie als unfruchtbar galt, ist sie jetzt schon im sechsten Monat. Denn für Gott ist nichts unmöglich. (Lk 1,36–37)

Die Gemeinsamkeit beider Ereignisse liegt in der Unwahrscheinlichkeit der Empfängnis, die durch Gott ermöglicht wird. Die Differenz liegt zum einen darin, dass Elisabet alt ist und bis zur Empfängnis als unfruchtbar galt, Maria ist dagegen jung, hat aber – so sagt sie – keinen Geschlechtsverkehr mit einem Mann; zum anderen in der Art der Empfängnis: Während Elisabet irdisch empfängt, wenn auch unter unwahrscheinlichen Bedingungen, ist bei Maria die ange-

---

⁷ Wilckens: Geist, 57, Hervorhebung im Original.
⁸ Vgl. J. Gewieß: Die Marienfrage LK 1,34, in: R. Laurentin (Hg.): Struktur und Theologie der lukanischen Kindheitsgeschichte, Stuttgart 1967,184–217; R.E. Brown u.a. (Hg.): Maria im Neuen Testament. Eine ökumenische Untersuchung. Stuttgart 1981, 97; W. Radl: Der Ursprung Jesu. Traditionsgeschichtliche Untersuchungen zu Lukas 1–2, Freiburg i.Br. 1997, 284ff.
⁹ Wilckens: Geist, 57.

kündigte Empfängnis eine überirdische. Nach dieser Zusicherung gibt sich Maria bedingungslos hin:

> Ich bin die Magd des Herrn; mir geschehe, wie du es gesagt hast. Danach verließ sie der Engel. (Lk 1,38)

Hierzu fehlt das Gegenstück bei der Geburtsankündigung des Täufers. Während Zacharias der Grundstruktur der alttestamentlichen Verheißungslogik entsprechend für seinen „Unglauben" mit Stummheit belegt wird, verändert sich die Verkündigungsszene in diesem Punkt: Maria unterwirft sich bedingungslos dem Gebote Gottes.

Insofern lässt sich dieser Vers als Übergang von der Forderung nach Einhaltung der Gesetze zur Forderung nach bedingungslosem Glauben verstehen, der im Christentum durch Paulus hervorgehoben wird. Indem das israelische Volk sich das Dogma gab, von Jahwe erwählt worden zu sein, erwählt es sich gleichzeitig seinen Gott. Galt diese Erwähltheit im antiken Judentum vor allem dem Volk als Ganzem – man war entsprechend auch für die Sünden der Väter und Vorväter mitverantwortlich –, so knüpft das Christentum stärker an die individuelle Verheißung (Abraham, Jakob etc.) an: Jeder Einzelne ist von Gott erwählt, aber auch seinen Zumutungen (bedingungslosem Glauben) ausgesetzt. Hierin drückt sich die Struktur der Reziprozität aus: Der Erwähltheit und Gnadenzusicherung korrespondiert der bedingungslose Glaube. Zudem zeigt sich der Übergang vom Judentum zum Christentum auch darin, dass nicht mehr das ganze Volk als erwähltes Gottes Gebote einhalten muss, sondern jeder einzelne in der bedingungslosen Hingabe im Glauben.

Soziologische Schlüsse aus der Gestaltung der Lukaserzählung

Die Erzählung arbeitet mit der Steigerung als Ausdrucksmittel, um die unterschiedlichen Aufgaben zu gestalten: Johannes wird als Vorläufer und Wegbereiter des nach ihm kommenden Messias angekündigt und ist dementsprechend mit weniger charismatischen Fähigkeiten ausgestattet als der Messias selbst. Lukas hat mit dieser Erzählung eine Möglichkeit gefunden, die doppelte Natur des Erlösers literarisch zu gestalten. Während in vergleichbaren Mythen von Religionsstiftern oder Herrschern der Zeugungsakt immer als ein konkreter vorgestellt wird – z.B. wird Buddhas Mutter von Gott in Gestalt eines Elefanten begattet, im ägyptischen Mythos tritt Gott der Königin in Gestalt ihres Gatten entgegen –, verzichtet Lukas ganz auf eine Schilderung des Zeugungsaktes. Die Empfängnis geschieht vielmehr mit und durch ihre Verkündigung selbst. Zudem übersteigt der Inhalt der Offenbarung den überlieferten Rahmen. „Hier wird die Empfängerin der Offenbarung selbst in eigener Person zur Betroffenen: Das endzeitliche Geschehen der Herrschaft des Messias wird ihr nicht nur angekündigt, so dass der himmlische Bote sie zur menschlichen Botin machte, die sein

Wort unter den Menschen weiterzuverkündigen hat; sondern das ihr verkündigte endzeitliche Geschehen wird als solches seinen Anfang nehmen in Maria selbst: Sie soll den Messias gebären; der Sohn Gottes wird in ihrem Leibe zum Leben kommen, sie selbst also zum Ort jenes endzeitlichen Schöpfungshandelns Gottes werden."[10]

Durch die Dialogform wird der Hörer bzw. Leser in das Geschehen mit einbezogen und zum Zeugen der Verkündigung. Über die Form der Erzählung wird also eine Praxis hergestellt, die Verkündigung und Vollzug zugleich ist (vergleichbar der prophetischen Rede im Alten Testament). Vermittelt über den Aufweis sich erfüllender Verheißungen stellt Lukas zum einen eine Kontinuität zum Judentum her, zum anderen schlägt er eine Brücke vom alttestamentlichen Erbe zur Theologie seines hellenistisch geprägten Milieus.[11] Der Höhepunkt der Verkündigungsszene liege in der christologisch bedeutsamen Aussage, „dass Jesus auf Grund seiner geistgewirkten Empfängnis als Sohn Gottes verkündet wird. Insofern ist das Motiv der jungfräulichen Mutter Maria für die Erzählung wesentlich. (...) Das Wort des Engels in V.35 besagt: Jesus ist Gottes Sohn, weil er nicht nur vom ersten Augenblick seines Daseins im Mutterschoß an vom Heiligen Geist erfüllt ist (wie Johannes; vgl. V.15c), sondern dieses Dasein im Mutterschoß dem Heiligen Geist verdankt, so dass später die Fülle des Gottesgeistes im Sohn Marias wohnt."[12]

Insofern begründet die „jungfräuliche Empfängnis" nicht nur Jesu außergewöhnliches Leben, sondern macht ihn von Anfang an zu Gottes Sohn. Damit wird seine Einzigartigkeit als ganzer Gott und ganzer Mensch zugleich konstruiert. Aus soziologischer Sicht stellt die Konstruktion von Lukas eine logische Möglichkeit dar, die göttliche Zeugung und irdische Geburt und damit die Doppelnatur zu gestalten. Die Jungfräulichkeit ist quasi die menschliche Kehrseite des göttlichen Wunders, der die gleiche Bedeutung zukommt wie dem leeren Grab im Verhältnis zur Auferstehung Jesu. Der Mythos der göttlichen Zeugung kann jedoch nur aus der Nachträglichkeit entstehen, nämlich aus der nachösterlichen Erfahrung. Diese setzt ein als bewährt geltendes Leben voraus. Anders ausgedrückt: Der Kreuzestod Jesu stellt aus irdischer, gerade auch aus jüdischer Sicht zunächst ein Scheitern dar, das sich durch den Glauben an die Auferstehung in eine Erfüllung transformiert. Durch den Glauben (zunächst der Gefolgschaft, also der Urgemeinde) an die Auferstehung wurde die Gottessohnschaft Jesu bestätigt, die zuvor in der Verkündigung in der Schwebe gelassen wurde. Aus diesem Glauben heraus kann Jesus dann auch als Gottes Sohn von Anfang an konzipiert werden. Diese Konstruktion ist Lukas auf geniale Weise gelungen, indem er durch einen literarischen Kunstgriff Maria die Frage nach dem Wie des Geschehens stellen lässt: So kann Lukas den bereits angekündigten Messias davi-

---

[10] Wilckens: Geist, 58.
[11] Vgl. Radl: Ursprung, 332.
[12] Radl: Ursprung, 338.

discher Herkunft nun auch durch eine geistige Empfängnis als von Gott gezeugt gestalten. Soziologisch gesprochen dient die Verkündigungsszene der Charismatisierung der Erlöserfigur. Darüber hinaus kennzeichnet die Gestaltung der doppelten Herkunft Jesu den Übergang zum Christentum: die gleichzeitige Kontinuität (Genealogie über Josef zu David) und Diskontinuität (Gottes Sohn durch göttliche Zeugung) zur jüdischen Tradition.

Johann Ev. Hafner

Die Engelssprache –
ein Beitrag zur Kommunikationstheorie

> *Wim Wenders plante große Teile des Films „Der Himmel über Berlin" auf dem Brandenburger Tor zu drehen. Beim DDR-Filmministerium, das ihm seit „Paris Texas" sehr gewogen war, trug er seine Bitte vor. Der Minister fragte, ob Engel nicht unsichtbar wären. Wenders bejahte. Dann „können die sich ja überall ... rumtreiben?" Wenders: nickte. „Dann könnten die auch durch Wände und Mauern gehen? ... auch durch die Mauer gehen?" Nach einem extremen Lachanfall beschied der Funktionär: „Völlig ausgeschlossen ... Sie werden überhaupt nirgendwo in Ost-Berlin drehen mit ihren unsichtbaren Engeln. Die kommen mir nicht über die Grenze."*[1]

Religionsgeschichtlich erfuhren Engel einen tief greifenden Gestaltwandel. Die griechische Antike hat aus den monumentalen-tierhaften Wesen Götterboten von berückender Schönheit, die christliche Antike hat aus den menschenähnlichen Gottesboten geflügelte Geistwesen gemacht.[2] Beiden Entwicklungen ist die Tendenz vom Animalisch-Vormenschlichen zum Geistig-Übermenschlichen gemeinsam. Während der ersten christlichen Jahrhunderte verlieren die Engel in der dogmatischen Spekulation – von Origenes bis Augustinus – ihren Leib, behielten aber ihre Sprache. Solche Diskussionen kann man als Spielerei führen, man kann sie auch als Beitrag zur Anthropologie sehen. Wer wissen will, was Leibsein bedeutet, sollte wissen, wie es wäre, ohne Leib zu sein.[3] Wir kennen das Verfahren aus der Soziologie, an einer unähnlichen Vergleichsgruppe die Merkmale der untersuchten Gruppe aufzuzeigen.

---

[1] K. Jaspers/N. Rother (Hg.): Flügelschlag. Katalog zur Ausstellung des Filmmuseums Berlin, Berlin 2003, 6–8.

[2] Rosenberg behauptet für den Verlauf der Kunstgeschichte „ein Gefälle von hieratisch gebundenen Formen zum immer reicheren, lockerern und ungebundenern (sic!) Formenspiel". Siehe A. Rosenberg: Engel und Dämonen. Gestaltwandel eines Urbildes, München 1986, 239.

[3] Pascal († 1662) mahnt, die Erinnerung an die Engel nicht zu verlieren, um nicht unmenschlich zu werden. „Weder soll der Mensch meinen, er sei den Tieren gleich, noch er gleiche den Engeln, er soll aber auch nicht in Unwissenheit über beides verharren, er soll um beides wissen. ... Der Mensch ist weder Engel noch Tier, und das Unheil will, dass wer den Engel spielen will, das Tier spielt." B. Pascal: Gedanken, Nr. 328/418 und 329/358.

Der Verlust der Engelleiber

Um zu erklären, weshalb es einsichtige und uneinsichtige Vernunftwesen gibt,[4] vermutet Origenes, dass der Verdienst eines Wesens *vor* seiner Inkorporation bestimme, welche Art von Körper ihm zukomme. Ob ein Wesen einen Engelleib oder einen tierischen Leib hat, hängt davon ab, in welchem Maße es in einem früheren Äon von seiner Willensfreiheit vernünftigen Gebrauch gemacht hat.[5] Der Kosmos ordnet sich so nach der moralischen Integrität der Wesen. Die Stufenleiter der Korporalität beginnt mit dem Extrem der Körperlosigkeit, die nur der Trinität zukommt. Sie läuft nach unten über Ätherleiber und Luftleiber der Engel, vernünftig steuerbare Körper der Menschen, instinktgesteuerte Körper der Tiere bis zu den Dingen, wie Pflanzen oder Steinen. Zwischen den Stufen herrscht Austauschbarkeit: Ein Mensch kann zu einem Engel werden, und Engel können sich als Mensch inkarnieren (z.B. Johannes der Täufer). Die Subtilität, die Transparenz nimmt ab, je grobstofflicher ein Wesen existiert. Körperlichkeit ist demnach keine Belohnung, sondern eine Bestrafung, weil sie die Freiheit des Handelns und vernünftige Verständigung hemmt.[6]

Aus Gründen der Systematik, dass es in der Welt eine geschöpfliche Entsprechung zum Schöpfer geben muss, nimmt tausend Jahre später Thomas nur noch körperlose Engel an. Allein unkörperliche Wesen vermögen die Eigenschaften Gottes angemessen durch ihren Wesensvollzug auszudrücken: durch reinen Verstand und reinen Willen.[7] Mit anderen Worten, die Engel sind *als unkörperliche* notwendig.[8] Aufgrund ihrer Leiblosigkeit erkennen Engel intuitiv, nicht pro-

---

[4] Origenes geht platonisch vor: Er beginnt nicht mit Wesensdefinitionen der Kreaturen, sondern fragt, warum Geist in der Materie ungleich verstreut ist.

[5] Vgl. Origenes: Vier Bücher von den Prinzipien, I,5,5; I,6,2; I,8,1. Auch I,5,3: Niemand darf so beschaffen sein, dass er nicht die Möglichkeit zur Sünde oder zur Tugend hat. Die Versuchlichkeit und die Besserbarkeit bleiben Grundoptionen, von denen auch der Schöpfer nicht entbindet.

[6] Die Vernunft selbst ist körperlos, nicht räumlich, dennoch kann sie von materiellen-körperlichen Umständen beeinträchtigt werden: z.B. Fiebertraum. Vernunft ist keine Funktion des Körperlichen, auch wenn sie körperlichen Einflüssen ausgesetzt ist. Vgl. Origenes, Bücher, I,1,6 und III,6,3.

[7] Vgl. Thomas von Aquin: Summa theologica I,50,1 (zit. nach: Die deutsche Thomas-Ausgabe). Vgl. auch Thomas von Aquin: Vom Wesen der Engel. De substantiis separatis seu de angelorum natura, übers. und erläutert v. W.-U. Klünker, Stuttgart 1989, 71–79 und 130–136.

[8] Thomas kehrt die Beweislast um: Nicht trotz ihrer Unkörperlichkeit *kann* es Engel geben, sondern wegen ihrer Unkörperlichkeit *muss* es Engel geben. Er begründet die Unkörperlichkeit *und Unstofflichkeit* der Engel mit der Unmöglichkeit mehrerer Formen als Prinzip des Körpers. „Denn es ist nicht möglich, dass eine geistige und eine körperliche Form in einem (und demselben) Teile des Stoffes aufgenommen wird ... So also bleibt übrig, dass die Materie der geistigen Wesen einer quantitativen Substanz unterworfen wäre: was unmöglich ist. [Ü.d.A.]" Thomas: Summa theologica I,50,2. Engel können in Thomas' System keine unkörperliche Stofflichkeit (wie etwa Feinstofflichkeit) besitzen, da ihre Form

zessual. Bei ihnen ist der Erkenntnisprozess auf eine augenblickliche Schau abgekürzt, weil die sinnlichen Anteile und die logischen Folgerungen übersprungen werden. Was diese Geistwesen wissen und wollen, das wissen und wollen sie im Nu und mit letzter Konsequenz. Menschen hingegen sind einander opak: Sie wollen einander nicht alles sagen, und sie werden durch ihre grobstoffliche Körperlichkeit (*per grossitiem corporis*) daran gehindert, einander zu durchschauen. Menschen bleiben einander doppelkontingent. Thomas beschreibt dies als Hindernis.

Die Beibehaltung der Engelssprache

Trotz der gänzlichen Abstraktion und Durchsichtigkeit der Engel hält Thomas an der Vorstellung fest, dass Engel miteinander sprechen. Dem ist eine ganze Quaestio (Sth I,107) gewidmet. Tatsächlich muss man sich fragen, was Kommunikation dann noch bedeutet, wenn sie zwischen einander transparenten Wesen stattfindet: Weder ist es notwendig, da die Geistwesen alles voneinander wissen, noch ist es möglich, da sie nicht durch „sinnliche Zeichen" (Wink oder Ruf) die Aufmerksamkeit der anderen auf sich lenken können.

Ein Engelsgespräch aus: J.J. Zeiller, Deckenfresko „Engelhimmel"
1756, Chor der Klosterkirche Ottobeuren

---

jeden Stoff zu einem Körper formen würde. Wären aber Stofflichkeit und Form getrennt, handelte es sich auch um zwei ontische verschiedene Wesen. Da Materie das Individuationsprinzip ist, kann sie numerisch nur *eine* Form aufnehmen.

Wenn Engel reine Geistwesen sind, deren Erkenntnis augenblicklich zustande kommt, dann müsste ihr Sprechen eine verlustfreie, raum- und zeitunabhängige Übertragung sein. Sie sind nicht auf die Verbalisierung ihrer Gedanken samt all der Fehlerquellen („Mir fehlen die Worte", „Ich habe dich akustisch nicht verstanden", „Drück dich klarer aus" ...) angewiesen. Das heißt, Engel können alles sagen, was sie wollen, und müssen sagen, was sie denken, sie können nichts vortäuschen. Das ist der subjektive Aspekt.

Hinzu kommt der objektive: Womit sprechen Engel? Verfügen sie über ein perfektes Zeichensystem,[9] bei dem das Zeichen 1:1 sein Bezeichnetes wiedergibt und die Erfahrung des Bezeichneten vollständig überflüssig macht? In dieser Sprache wäre die Erzählung einer Begebenheit vom selben Informations- und Realitätswert wie das Erleben dieser Begebenheit. Diese Sprache würde die gesamte Wirklichkeit nicht nur abbilden, sondern ersetzen. Sie bestünde zudem nur aus Semantik (reiner Bedeutung) und benötigte keine Syntax.

Was zwingt Thomas dennoch, am Begriff der Engelssprache festzuhalten? Freilich wiegt das Autoritätsargument schwer, dass Paulus angelische Sprachen in direkter Parallelität zu menschlichen Sprachen erwähnt („Und wenn ich mit Menschen- und Engelszungen spräche ..." 1Kor 13,1 *glôssais tôn aggelôn kai tôn anthropôn*) und sie durch die Offenbarung autorisiert ist. Insofern kann Thomas sie nicht einfach als bloßes Bildwort behandeln. Um Engelssprachen aber einen

---

[9] An dieser Frage haben Philosophie und Theologie die Suche nach der idealen Sprache entzündet.
– Nach 1Kor 13,1 ist die Kenntnis aller Menschen- und Engelssprachen nichts im Vergleich zum Besitz der Liebe. Paulus bringt Engelssprache und Zungenrede (unverständliche, geisterfüllte Rede) in einen engen Zusammenhang. Beides sind Ausdruck einer höheren Logik, in der man zu Gott sprechen kann, aber nicht zueinander.
– Nach jüdischer Auffassung sprechen die Engel Hebräisch. Diese Meinung hat sich in der kabbalistischen und esoterischen Tradition wiederholt. Hebräisch enthalte viele Bedeutungsschichten, wovon uns nur wenige offenbar werden. Die Engel aber benutzten diese Sprache in ihrer tiefsten Bedeutung.
– Ähnlich, aber nicht zu verwechseln ist die Spekulation über Engelssprache mit der über die Paradieses-Sprache. Diese muss vor der Sprachverwirrung nach dem Turmbau zu Babel unter den Menschen gesprochen worden sein. Eine Sprache, welche von allen verstanden wurde und die Dinge so benennt, wie sie sind. Das konnte man aus der Erzählung in Gen 2 folgern. Dort spricht Gott zum Menschen, der alles versteht, was Gott ihm sagt. Gott und Mensch kommunizieren im Paradies also nicht über Visionen, sondern über Sprache. Darüber hinaus gibt der Mensch in Gen 2 allen Tieren ihre Namen, d.h. die Artbegriffe, mit denen der Mensch seine Welt beschreibt, sind nicht von Gott vorgeschrieben, sie sind vom Menschen selber so gewählt worden. Die Paradiesessprache ist ganz auf Menschen zugeschnitten, sie gibt wieder, was sie bezeichnet, und ist daher irrtumsfrei.
– Das Ideal der verlustfreien Kommunikation scheint in der Pfingstgeschichte wieder auf, wo die Apostel zu Menschen unterschiedlicher Nationalität sprechen, von denen jeder die Predigt in seiner Sprache versteht.
– Heute wird in esoterischen Kreisen die „henochische Sprache" gesucht, von der der Mathematiker und Engelseher J. Dee (16. Jh.) die Buchstabentafel erhalten habe. Vgl. www.esotericgoldendawn.com/german/myst_enochian.htm.

theologische Funktion zu geben, muss er das einfache Modell von Sprache erweitern.

Der üblichen Zweipoligkeit „gedachtes Wort – gesprochenes Wort" (*locutio interior – locutio exterior*) fügt Thomas einen dritten Pol hinzu: Etwas Intelligibles befindet sich erstens im Gedächtnis, zweitens wird es durch Willensentschluss in den Akt gebracht, drittens wird es auf anderes bezogen (*ad aliud relatum*).[10] Bestünde Sprache nur aus den beiden ersten Polen, innerliches Denken und sprachlicher Äußerung, wären Engelssprachen sinnlos, da deren Sprecher ohne Äußerlichkeit existieren. Engel können den Wechsel von Denken zum Sprechen überspringen. Sie kommunizieren ihr Wissen direkt. Allerdings müssen auch sie ihre Worte/Gedanken adressieren. „Dadurch aber, dass der Gedanke im Geiste des Engels, durch dessen Willen zur Offenbarung an einen andern bestimmt wird (*ordinatur ad manifestum alteri*), wird das geistige Wort des einen Engels dem andern bekannt, und so spricht ein Engel zum andern."[11] Kommunikation besteht also nicht nur aus Interaktion von Ich und Du, von Sender und Empfänger, sondern auch aus der Ausrichtung der Worte/Gedanken auf einen Rezipienten. Reingeistige Wesen reden nicht einander, aber sie meinen einander. Um es in Luhmanns Theorie zu sagen: Engelssprache ist Verstehen ohne Mitteilung. Verstehen im systemtheoretischen Sinn meint nicht das Einpassen einer Information in das Vorwissen eines Subjekts (das wäre der hermeneutische Sinn), sondern das Aufnehmen von dargebotener Information und zugleich das Weiterreichen an andere. Verstanden ist etwas erst, wenn man es weitersagen kann und wenn dieses Weitersagen von anderen beobachtet wird, d.h. anschlussfähig für weitere Mitteilungen ist. Engel können – anders als Menschen – Intelligibles nicht für sich behalten, sie speisen es unmittelbar wieder in die Kommunikationsketten ein. Ihr Beitrag besteht darin, das Verstandene auszurichten, d.h. auf bestimmte und nicht alle Himmelsgenossen zu „ordinieren".

Thomas nimmt also auch bei reinen Geistern kontingente, bestimmbare Kommunikation an, und damit die Möglichkeit, den einen etwas zukommen zu lassen, den anderen etwas vorzuenthalten. Somit schließt Thomas nicht jede Kontingenz zwischen den Engeln aus. Sie sind einander nicht vollends intelligibel. Diskutiert wird die Frage der Abschirmbarkeit im fünften Artikel derselben Quaestio: „Ob alle Engel das Gespräch eines Engels mit einem anderen erkennen (*cognoscant*)". Mit anderen Worten: Können Engel unter vier Augen sprechen? Ja. Obwohl in der Engelwelt keinerlei räumliche, semantische und logische Grenzen herrschen, vermögen Dritte ein Engelgespräch nicht zu belauschen, solange nicht das Gespräch für sie adressiert ist. *Der Grund allen Verstehens liegt also in der sozialen Zurechnung, nicht in der Interaktion.*

Menschliche doppelkontingente Teilnehmer wissen weder, was der andere im nächsten Moment sagt, noch wissen sie, ob der andere sagt, was er denkt, und

---

[10] Thomas: Summa theologica I,107,1 responsio.
[11] Thomas: Summa theologica I,107,1 responsio.

deshalb müssen sie mit stabilen gegenseitigen Unterstellungen operieren. Auf diesem prekären Untergrund entstehen in der menschlich-leiblichen Welt Erwartungsstrukturen, also soziale Systeme, die den Dauerzweifel aneinander beheben. In der angelischen leiblosen Welt wird bei Thomas Doppelkontingenz nicht etwa abgeschafft, sondern erhält eine gesteigerte Bedeutung. Sie bezieht sich auf das Verstehen, nicht auf die Mitteilung. Engel haben, was sie sprechen, sozusagen immer schon ad personam verschlüsselt. Sie benutzen nicht eine prinzipiell für alle verständliche, nur faktisch unverstandene Sprache, sondern verfügen über *individuell verständliche* Sprachen. Jedes Engelsgespräch findet in seiner eigenen Codierung statt. Anders als Menschen, die Sprache als allgemeines Medium komplett übernehmen und in Kauf nehmen müssen, von allen verstanden zu werden, sobald man etwas sagt, können Engel bilateral kommunizieren. Damit ist das Ideal dialogischer mutueller Verständigung auf die Spitze getrieben: Engel verstehen einander, aber das Gespräch bleibt für Dritte unbeobachtbar. Bei Menschen ist es anders: Selbst wenn sie einander verstehen, ist das Gespräch (Konsens, Dissens oder Missverständnis) für Dritte beobachtbar. *Insofern sind Engelssprachen einfache Doppelkontingenz, Menschensprachen multiple Doppelkontingenz.*[12]

Die Konsequenz der Totalzurechnung

Warum aber hat Thomas seine reinen Geister nicht in pure Anschlussfähigkeit aufgelöst? Warum hält er an der Engelssprache als adressierbarer, bestimmbarer Kommunikation fest? Der Grund liegt in den harten Konsequenzen, die sich aus nicht-kontingenter Kommunikation ergäben. Thomas hat sie im Bereich der Sittlichkeit gezogen. Hierfür müssen wir noch einmal kurz auf Origenes als Negativfolie zurückgreifen: Seine körperhaften Engel haben gezeigt: Je weniger ein Wesen in einem Körper verortet ist, desto mehr ist es der eigenen Freiheit ausgesetzt. Leiblichkeit ist mehr als eine veränderliche Beimischung von Materie, sondern garantiert Identität, auf die wir uns und auf die sich andere beziehen können. Bestünde Identität rein aus reflexiver geistiger Selbstbestimmung, träfen solche Wesen in einem infiniten Regress immer nur auf ein Verhältnis ohne Verhaltenden, eine Referenz ohne Referent. „Ich denke, dass ich denke, dass ich

---

[12] Vgl. N. Luhmann: Soziale Systeme, Frankfurt a.M. 1984, 151f. und die kurzen Andeutungen zur Ausweitungen des Modells durch M. Welker: Einfache oder multiple doppelte Kontingenz? Minimalbedingungen der Beschreibung von Religion und emergenten Strukturen sozialer Systeme, in: W. Krawietz/M. Welker (Hg.): Kritik der Theorie sozialer Systeme. Auseinandersetzung mit Luhmanns Hauptwerk, Frankfurt a.M. 1992, 355–370, bes. 361–364.

denke ..."¹³ Wir können erst dann „ich" sagen, wenn wir auf uns selber *zeigen* können (nicht nur denken), und wir können erst dann „ich bin" sagen, wenn andere auf uns, d.h. auf einen lokalisierbaren Leib zeigen.¹⁴ Ein reingeistiger Engel kann im Vollsinn des Wortes nicht „ich" sagen. Alles, was unser sozialanthropologisches Verständnis von „Ich" ausmacht, fehlt ihm: Geschlechtlichkeit, Wachstum, Gebrechen. ... Daher hat Thomas dem Engel Individualität abgesprochen; jeder Engel ist eine, nämlich seine eigene Art.¹⁵

Im Bereich des Praktischen ergibt sich: Weil im ontologischen Sinne jeder Engel einmalig ist – da es nur ein Exemplar seiner Art zu geben braucht, die durch es vollkommen und von Materie ungehindert ausgedrückt wird – ist im ethischen Sinne jeder Akt eindeutig und irreversibel anrechenbar.¹⁶ Mit ihrem von leiblichen Retardationen verschonten Intellekt und Willen haben die Engel im ersten Augenblick nach ihrer Erschaffung ihre erste Entscheidung getroffen. Diese Entscheidung (die sog. Engelprüfung) führte zur Selbstdeterminierung ihrer Freiheit: Wer im Anfang gegen Gott entscheidet, wird ein Teufel und bleibt es bis zum Ende der Tage. Wer sich für das Gute entscheidet, bleibt ein Engel. Die Stabilisierung im Bösen bzw. im Guten ist keine Strafe Gottes, sondern eine Folge der leiblosen Natur.¹⁷ Reingeistige Wesen sind deshalb nur zu *einer* moralisch relevanten Tat fähig, und das ist die erste. Von ihr aus gabelt sich die „Biographie" eines Engels. Seine Entscheidung ist deshalb so folgenreich, weil er seine Ziele derart unmittelbar erfasst, dass er ihnen unwiderruflich anhängt. „*Sed postquam iam adhaesit, immobiliter adhaeret.*"¹⁸ Die Verstandesgewissheit zieht

---

[13] Dies lässt erstens offen, ob hier „es denkt" oder ob jemand „ich denke" sagen darf. Dies lässt zweitens offen, inwiefern man vom „ich denke" je auf ein „ich bin" kommt. Erst wo jemand anderer von außen auf uns zeigt, entscheiden sich die Subjekts- und die Seinsfrage.

[14] Wir halten uns erst für seiend, wenn wir nicht nur für uns sind. Der Leib fungiert dabei als äußerliche Projektionsfläche für Zurechnungen, darüber hinaus verwischt er die Grenze von Innen (subjektiver Absolutheit) und Außen (absoluter Intersubjektivität), weil er die Innenseite (samt ihrer Verbergung) exponiert, darbietet, verwundbar macht. Der Leib verwischt auch die Grenze zwischen dem biologischen Menschen, der nicht zurechnungsfähig ist, und dem voll zurechnungsfähigen intelligenten Selbstbewusstsein. „Das empirische Subjekt kann nur naturalistisch interpretiert werden. Ihm braucht nicht verziehen zu werden. Dem intelligiblen aber kann, weil es schlechthin weiß, was es tut, gar nicht verziehen werden," so R. Spaemann: Glück und Wohlwollen. Versuch über Ethik, Stuttgart 1989, 243.

[15] Vgl. Thomas: Summa theologica I,50,4. Wo nur ein Exemplar da ist, ist die ganze Art ihn ihm vollkommen verwirklicht. Immaterielles kann sich nur über die Form unterscheiden, weil ihm das Invidiuationsprinzip der Materie fehlt. Hierüber entfaltete sich eine Kontroverse zwischen Thomisten und Skotisten. Vgl. hierzu Thomas: Summa contra gentiles, lib. III, cap. 20.

[16] Vgl. Thomas: Summa theologica I,47,2.

[17] Vgl. Thomas: Summa theologica I,63,5.

[18] Thomas: Summa theologica I,64,2.

die Willensbeharrlichkeit nach sich.[19] Leiblosigkeit hat zur Folge, dass Wissen und Handeln irreversibel und unverzeihlich sind. Der Teufel wird deshalb imperfektibel (damit auch unerlösbar), die Engel bleiben indefektibel.

Im Umkehrschluss ergibt sich: Leiblichkeit entlastet davon, mit einer Tat das ganze Leben und die eigene Identität bestimmen zu müssen. Leibliche Wesen dürfen in einer gewissen Unzurechnungsfähigkeit handeln. Unser Leib verhindert aufgrund seiner Endlichkeit, dass wir unsere Vorhaben so durchsetzen, wie wir sie „eigentlich" geplant hatten. Wir reduzieren unsere Vorhaben deshalb immer schon auf die leiblichen Möglichkeiten. Und alle anderen Leiblichen wissen das, so dass kein Mensch mit seinem Handeln identisch gesehen wird. Menschen dürfen sich nicht als Summe ihrer Taten und Untaten identifizieren (so Origenes' Engel). Hierfür ist weder der eigene noch der Leib des anderen durchsichtig genug. Daher erscheint uns der andere nie nur als Subjekt, sondern immer auch als Objekt. Das birgt die Möglichkeit des Missbrauchs und der Instrumentalisierung. Das verhütet aber auch die Notwendigkeit, alle Äußerungen definitiv ernst nehmen zu müssen. Wir werden dadurch dispensiert vom Zwang, Richter zu sein über alle Interaktionen, in denen wir stehen. Engel interagieren nicht, da sie keinen Artgenossen haben. Wir Menschen aber dürfen einander als leibliche Wesen dispensieren. Ohne die Entschuldigungsmöglichkeit eines vorgegebenen Leibes wäre das Leben unerträglich. Man müsste sich und die anderen total ernst nehmen, so ernst wie nur Gott jemand nehmen kann. Es wäre in jedem Moment Gericht.

Nun deutet sich an, weshalb Thomas diese harten Konsequenzen aus der Totalzurechnung im Sittlichen nicht auf die Totalbeobachtung im Kommunikativen ausgeweitet hat. Engel mögen zwar auf der Ebene des Handelns (ihre Erstentscheidung) gegenüber Gott festgelegt sein, auf der zwischenangelischen Ebene hingegen haben sie noch Spielraum.

Ausgeschlossen werden damit Spekulationen über eine Engelssprache ganz ohne Begrenzung, bei der jeder immer alles versteht. In gnostischen und platonischen Entwürfen (z.B. Ptolemäus und Pseudo-Dionysius, später bei Swedenborg[20]) reichen die Engel das Verstandene allseitig an die anderen, v. a. die niedri-

---

[19] Die Bosheit der Teufel besteht gerade darin, dass sie Gott wissen, aber ihn nicht wollen. Und selbst wenn sie ihn wollten, dann nur im Vertrauen auf die eigene Willensleistung: *„per suam virtutem"*. Es ist das Vermögen des Reingeistigen, Letztgültiges rein zu erkennen, aber es ist die Versuchung des Reingeistigen, dieses auch als Eigenes zu erstreben, d.h. das Absolute relativ zu wollen.

[20] Der Visionär E. Swedenborg hielt sich ab Juni 1744 angeblich einige Monate im Engelhimmel auf und berichtete, die Engelssprache ähnele dem Hebräischen. Sie enthalte kaum Konsonanten, sondern klinge vornehmlich in Vokalen, wobei im niederen Himmel die Vokale „E" und „I" benutzt würden, in den höheren Himmeln eher die volltönenden Vokale „A" und „O". Ein Wort genüge für lange Zusammenhänge. Weil ihr Befinden gleich ihrem Äußeren und ihren Äußerungen sei, sprächen die Engel in „tönenden Gefühlen" miteinander. Jeder Gedanke verbreite sich wie Kreise im Wasser von selbst und berüh-

geren Äonen bzw. Chöre weiter, so dass sich Erkenntnis kaskadenartig ausbreitet. Engel bildeten gleichsam vernetzte Neuronen, in denen die Gotteserkenntnis unbegrenzt feuert. Diese Engelwelt wäre gar nicht im strengen Sinne Schöpfung, sondern Emanation des göttlichen Wissens. So total ihre Entscheidung im Sittlichen war, wäre nun ihre Erkenntnis auch im Kognitiven. Mit der ungefilterten Weitergabe des göttlichen Wissens wären sie Aussprossungen (*probole*, so der grafische Terminus für Emanation) des göttlichen Wesens. Ihre Sprache wäre eigentlich Denken, die Selektionen von Mitteilung und Verstehen wären weder nötig noch möglich. Die Situation von Kontingenz allen Kommunizierens wäre aufgehoben und damit der Anlass von Systembildung überhaupt. Die Engel wären zwar eins (*unitas*), aber nicht einig (*communio*). Damit verlöre der Himmel, die Engelwelt, seine geschöpfliche Eigenständigkeit als Kommunikationsgemeinschaft aller, die Gott unmittelbar nahe sind; er wäre nur noch das figürlich ausgemalte Selbstbewusstsein Gottes.

---

re alle anderen. Je höher man in den Engelhimmel gelange, desto einfacher werde die Sprache. Vgl. E. Swedenborg: Himmel Hölle Geisterwelt, Berlin 1925, 162–165.

Thomas Ruster

Swedenborgs Gesellschaft der Engel

Eine Soziologie der Engel kann schlecht an Emanuel Swedenborg (1688–1772) vorbeigehen, dem schwedischen Naturforscher und Erfinder, der 1647, nach einer Art Bekehrungserlebnis, seinen Beruf als Bergwerksassessor aufgab und sich fortan der Beschreibung der Engelwelt widmete. Von Swedenborg liegt eine umfangreiche und detaillierte Beschreibung der himmlischen Gesellschaft zusammen mit ihrem Gegenbild, der Gesellschaft der Hölle, vor. Vor allem seine immer wieder aufgelegte Schrift „De Coelo et ejus Mirabilibus et de Inferno ex Auditis et Visis" von 1758 gibt Aufschluss über die Welt der Engel.[1] Die Frage ist nur, ob man diesen Mann ernst nehmen kann. Es müsste geklärt werden, woher er seine Erkenntnisse über die Engel hat und welchen Status seine Aussagen über den Himmel haben, um sie für eine Soziologie der Engel verwerten zu können. Zu dieser Klärung will ich an dieser Stelle einen kleinen Beitrag leisten.

Kant hatte in seiner Schrift über die „Träume eines Geistersehers" (1766) Swedenborg in ganz Europa zum Narren gemacht.[2] Er hielt ihn für einen „Kandidaten des Hospitals", dessen Werke nichts als Unsinn enthielten[3] – was ihn aber nicht davon abhielt, sich lebenslang immer wieder mit ihm auseinanderzusetzen und immer wieder auch eine gewisse Hingezogenheit zu Swedenborg zu bekennen. Kants Geisterseher-Schrift ist zutiefst ambivalent, sie ist Ausdruck für die Ambivalenz der Aufklärung gegenüber dem Bereich des Übersinnlichen und Spirituellen überhaupt. Dass sich Kant in seiner kritischen Phase schließlich entschlossen von Swedenborg losriss und gegen ihn definierte, dass als Erkenntnis nur gelten könne, was aus der sinnlichen Erfahrung gewonnen sei, macht Swedenborg gewissermaßen zum Urheber ex negativo für den neuzeitlichen Vernunftbegriff.[4] Kant hielt Swedenborg für einen Vertreter des Okkulten bzw. der übersinnlichen, rein geistigen Erkenntnis – und war dann überrascht, wie vernünftig dessen Ausführungen über weite Strecken auf ihn wirkten. Gibt es doch ein „Anderes der Vernunft" jenseits ihrer empirisch-transzendentalen Beschrän-

---

[1] E. Swedenborg: Himmel und Hölle. Visionen und Auditionen, aus dem Lateinischen von F. Horn, Zürich 1992. Vielfach ist noch die als „klassisch" geltende ältere deutsche Übersetzung von I. Tafel von 1854 im Umlauf.
[2] I. Kant: Träume eines Geistersehers, erläutert durch die Träume der Metaphysik, in: Werke, hg. von W. Weischedel, Band 2, Darmstadt 1983, 923–989.
[3] Kant: Träume, 959.
[4] Dazu G. Florschütz: Swedenborgs verborgene Wirkung auf Kant, Würzburg 1992.

kung?⁵ Aber die Frage ist ja schon, ob die Unterscheidung sinnlich/übersinnlich bzw. irdisch/himmlisch auf Swedenborg überhaupt zutrifft.

Die große, verdienstvolle Swedenborg-Studie von Ernst Benz⁶ hat diesem gegenüber Kants entehrenden Verzeichnungen Gerechtigkeit widerfahren lassen und ihn insbesondere aus dem Dunstkreis des Irrenhauses herausgelöst. Bei religiösen Genies wie Swedenborg greife die psychiatrische Erklärung grundsätzlich zu kurz. Sowenig wie bei Paulus, Bernhard von Clairvaux oder Luther sei es angemessen, die Frage nach der Normalität zu stellen. Benz hielt Swedenborg für einen großen Visionär und verstand sein Werk als eine rationale Rekonstruktion außergewöhnlicher seelischer Erlebnisse.⁷ Doch fällt es, trotz einzelner ihm zugeschriebener visionärer Bekundungen, schwer, sich Swedenborg als seelisch bewegten Seher vorzustellen. Seit seiner Bekehrung, die allerdings auf ein Erlebnis zurückgegangen zu sein scheint, verfasste er in seinem kleinen Gartenhaus in der Nähe von Stockholm mit der peniblen Ordentlichkeit eines Buchhalters seine zahlreichen Werke, in denen viel weniger von phantastischen Schilderungen des Jenseits denn von endlosen Disputationen zwischen himmlischen Gelehrten die Rede ist. Wie auch Benz feststellt, überwiegt in seinen Werken das Lehrhafte; er ist ein Kind der Aufklärung.⁸ Seine umfänglichen Bücher sind durch ein System von Verweisungen miteinander verbunden und wollen wohl insgesamt als systematische Lehre gelesen werden. Und dies alles soll auf Visionen zurückgehen, auf Geheimoffenbarungen verborgenen Sinns? Meines Wissens gibt es noch keine plausible Erklärung für das Phänomen Swedenborg. Und doch wäre eine solche nötig, will man von seinen Erkenntnissen profitieren. Für eine Soziologie der Engel sind sie zu wertvoll, als dass man sie Esoterikern und Okkultisten überlassen könnte.

Der Schlüssel zur Erklärung des Phänomens Swedenborg liegt nach meiner Auffassung in seinem Umgang mit der Bibel. Nicht nur hatte er vor Beginn seines geistlichen Schrifttums extra hebräisch gelernt, um den Text des Alten Testaments besser verstehen zu können, sein ganzes Werk ist auf intensivste Weise mit biblischen Versen und Hinweisen durchsetzt.⁹ Er versteht seine Himmelslehre ausdrücklich als geistige Schriftauslegung.¹⁰ Die Offenbarungen, die ihm zukommen, stammen aus der Schrift, nicht vom Himmel oder aus dem Jenseits! Die Schrift selbst spricht bereits von himmlischen Dingen, und Swedenborg hielt

---

5   Vgl. H. und G. Böhme: Das Andere der Vernunft. Zur Entwicklung von Rationalitätsstrukturen am Beispiel Kants, Frankfurt a.M. 1985, 245–273, die sich für die Einseitigkeit des Kantischen Vernunftbegriffs auf seine Auseinandersetzung mit Swedenborg berufen.
6   E. Benz: Emanuel Swedenborg. Naturforscher und Seher, München 1948.
7   Benz: Emanuel, 303ff.
8   Benz: Emanuel, 350–358.
9   Schon deswegen konnte ihn Kant: Träume, 973, der den biblischen Bezug Swedenborgs nur in einem Halbsatz erwähnt, nicht verstehen.
10 Swedenborg: Himmel, 15f.

es für seine Aufgabe, die dort enthaltenen Hinweise zusammenzutragen und zu systematisieren.

Was ist nun das Besondere an Swedenborgs Schriftauslegung? Dies ist eben das Soziologische. Swedenborg gewinnt aus der Schrift die Beschreibung einer Gesellschaft, die ganz und gar auf dem Gesetz Gottes beruht. Dies ist ganz einfach die Gesellschaft des Reiches Gottes, des Reiches also, in dem Gott der Herr ist und sein Gesetz gehalten wird. Die in der Schrift verstreuten Hinweise auf die Art von Gottes Herrschaft und auf sein Gesetz werden von Swedenborg auf eine ideale Situation projiziert, in der dieses Gesetz gehalten wird – der Himmel – und zugleich auf das Gegenbild dieser Gesellschaft, in der Gottes Gesetz in allem nicht gehalten wird – die Hölle. Der Himmel, von dem Swedenborg spricht, ist demgemäß *nicht* der Himmel, in den die Menschen nach dem Tode kommen (so versteht es noch Benz, und einige Aussagen Swedenborgs lassen sich tatsächlich in dieser Richtung deuten, man muss aber genauer zusehen[11]), und die Hölle ist *nicht* der ewige Strafort der Verdammten. Vielmehr ist der Himmel das Reich Gottes, wie es jederzeit entstehen könnte, wenn die Menschen Gottes Willen tun, und die Hölle der Zustand, der eintritt, wenn sie ihn nicht tun (daraus erklären sich die ins Auge springenden Ähnlichkeiten von Swedenborgs Höllenschilderung mit unserer Zeit). Die Engel, von denen er spricht, sind *nicht* die in der Bibel und in der kirchlichen Tradition gemeinten besonderen Geschöpfe Gottes neben Mensch und Tier, sondern Menschen, insofern sie den Willen Gottes tun oder nicht tun (gute/böse Engel).

Swedenborgs Himmelslehre ist also als soziologische Beschreibung des Reiches Gottes zu lesen. Für heute ist daran von besonderem Interesse, dass Swedenborg die himmlische Gesellschaft nach dem Modell der neuzeitlichen Gesellschaft beschreibt. Offenbar hat er, der übrigens auch als Abgeordneter im schwedischen Parlament wirkte, die in seiner Zeit bereits sich andeutenden Entwicklungen hin zu einer neuen Form der Gesellschaft aufmerksam wahrgenommen und sie seiner himmlischen Soziologie zugrunde gelegt. Gott herrscht in Swedenborgs Himmel nicht nach Art eines Königs. Vielmehr ist diese Gesellschaft in vielerlei Systeme und Subsysteme aufgeteilt, die jeweils nach einer bestimmten Unterscheidung operieren. Es handelt sich, so will mir scheinen, um die Beschreibung der funktional differenzierten neuzeitlichen Gesellschaft, wie sie am ehesten in der Theorie von Niklas Luhmann zu erfassen ist. Mit Swedenborg hätten wir also die Beschreibung des Reiches Gottes in der Form der neuzeitlichen Gesellschaft. Er entwickelt aus der Schrift ein Modell, wie das Reich Gottes unter den Bedingungen der modernen Gesellschaftsform aussehen könnte. Sollte das nicht interessant sein?

---

[11] Vgl. die Ausführungen in Swedenborg: Himmel, 297–385, über den Zustand nach dem Tod, 297–385. Die Menschen sind nach dem Tod genauso wie vor dem Tod, nur ohne Leib bzw. Fleischlichkeit. Sie wissen oft gar nicht, dass sie gestorben sind. Wenn Swedenborg von Tod und Auferstehung spricht, dann im Sinne von Röm 6: mit Christus begraben/mit ihm auferweckt werden. Der Zustand nach dem Tod ist der Zustand nach der Taufe.

Es ist an dieser Stelle nicht möglich, die weittragende These zur Swedenborg-Hermeneutik umfassend an seinen Werken zu belegen. Ich begnüge mich mit wenigen Hinweisen, die Interesse an der Sache wecken wollen und vielleicht einmal eine vertiefte theologische Auseinandersetzung mit Swedenborg auslösen, von der ich mir wichtige Aufschlüsse über die Frage nach dem Christsein in der Moderne verspreche.[12]

Binäre Codierung

Himmel und Hölle sind sich genau entgegengesetzt, schreibt Swedenborg, sie sind zwei Kräfte, die sich gegenseitig aufheben. Jeder Gesellschaft im Himmel entspricht exakt eine Gesellschaft in der Hölle. Wegen dieses auch zahlenmäßigen Gleichgewichts zwischen Himmel und Hölle kann sich der Mensch jederzeit in Freiheit entscheiden (88; 403–408; 445–456). Schon diese Ausführungen über Himmel und Hölle zeigen, dass es sich dabei nicht um die traditionellen Jenseitsorte handelt, in denen die Menschen Lohn oder Strafe für ihr irdisches Leben erhalten. Denn dann wäre die Behauptung von dem Gleichgewicht der Kräfte absurd. Es müssten dann genau so viele Menschen gut wie böse gehandelt haben. Im Übrigen macht es keinen Sinn, im Hinblick auf die Jenseitsorte noch von der Entscheidungsfreiheit des Menschen zu reden. Swedenborg beschreibt hier vielmehr eine Gesellschaft, d.h. ein soziales System, das, wie alle Systeme, nach einer binären, zweiwertigen Codierung operiert. Die Operationen des Himmels und der Hölle schließen jeweils an eine Seite der Unterscheidung an; beide Seiten müssen aber immer gegeben sein. Swedenborg hebt zu Recht hervor, dass „der Herr" selbst die Hölle regiert, der Aufenthalt in der Hölle jedoch nicht auf göttliche Strafe oder Zorn zurückgeht (418–422): Gott setzt die Grundunterscheidung dieser Gesellschaft, die sich dann nach ihren zwei Seiten entwickelt.

Die Leitunterscheidung Gottes Wille/nicht Gottes Wille

Die Kundigen wissen, dass „das Leben des Himmels bei den Menschen so viel sei als nach den göttlichen Geboten leben" (61f.). Hauptsächlich das will Swedenborg hervorheben: Im Himmel sein heißt nichts anderes als nach Gottes Willen leben. In der Gesellschaft des Himmels lebt man, wenn man nach dem lebt, „was im Worte steht" (129); an dieser Stelle meint Swedenborg zweifellos das Wort des göttlichen Gesetzes, die Tora. Im Himmel kommt alles aus der Liebe zum Herrn, die dann, im Sinne des biblischen Doppelgebots, unmittelbar zur Nächstenliebe führt (23–26). Die Bindung an Gottes Gesetz ist der himmlischen

---

[12] Die Seitenangaben im Text beziehen sich auf Swedenborg: Himmel.

Gesellschaft nicht äußerlich. Die Liebe zum Herrn ist die Sonne des Himmels, sie ermöglicht und erhält alles Leben (85f.). Die Engel werden durch die Kraft dieser Sonne von „ihrem Eigenen", d.h. von der Selbstliebe „abgehalten", und daraus kommt, so Swedenborg, die im Himmel herrschende Fröhlichkeit. Dagegen ist das Feurige der Hölle die Selbstliebe (88). Immer wieder hebt Swedenborg das hervor: In Himmel und Hölle herrschen verschiedene Gesetze – im Himmel das göttliche Gesetz, in der Hölle das Gesetz der Selbst- und Weltliebe (417). Aus diesen zwei Gesetzen folgen zwei Arten von Herrschaft, die eine, die den Menschen dient, die andere, die bedient werden will (423f.). Dass es in der Hölle so schrecklich zugeht,[13] kommt wie gesagt nicht aus der Strafe des Herrn, sondern ist Konsequenz eines Lebens nach dem Gesetz der Selbstliebe und des Eigennutzes. Die Ähnlichkeiten zwischen Swedenborgs Höllenschilderung und den Zuständen unserer ökonomisierten Gesellschaft, in der der Eigennutz als die eigentliche Antriebskraft gilt, sind also alles andere als zufällig.

Der Himmel als soziales System

Die Himmel bestehen aus unzähligen Gesellschaften, die nach dem Grad des Guten (= Angleichung an Gottes Gesetz) und der Ähnlichkeit geordnet sind (37–41). Wer diese Ähnlichkeit nicht aufweist, kann zu einer solchen Einzelgesellschaft nicht gehören (Hinweis auf die unterschiedliche Codierung der Einzelsysteme). Jede einzelne Gesellschaft, ja jeder Engel selbst ist ein Himmel, und doch bilden sie alle zusammen einen Himmel. In spürbar notvoller Ermangelung einer entsprechenden Theorie („das kann nur schwer der Fassungskraft nahegebracht werden", 44) sucht Swedenborg zu zeigen, dass in der himmlischen Gesellschaft nicht das Verhältnis „das Ganze und seine Teile" herrscht. Am ehesten kann er an der Kirche verdeutlichen, wie jede der vielen Kirchen Kirche ist und es doch nur eine Kirche gibt (45). Der schwedische Engelssoziologe tendiert deutlich in Richtung der Beschreibung des Himmels als einem sozialen Kommunikationssystem, das zahlreiche, jeweils selbstständige Subsysteme aus sich herausdifferenziert, die in vielfältiger Weise miteinander vernetzt und gekoppelt sind (46–56). Sein Bild für das Systemische ist die Gestalt des Menschen. Er sagt: Jede einzelne Gesellschaft in den Himmeln stellt einen Menschen dar, jeder Engel hat vollkommene Menschengestalt, aber auch der Himmel im Ganzen ist

---

[13] Swedenborg: Himmel, 413–425, sieht dort: Verachtung, Drohen, Hass, Rachgier, Grausamkeit; nur beim Lob durch andere empfinden die in der Hölle ein gewisse Befriedigung. Alle Beziehungen sind Zweckbeziehungen, auch wenn sie sich einen freundschaftlichen Charakter geben (421). Die Hölle erscheint zunächst angenehm, weil sie sich als Objekt der Begierde darstellt; dann aber stellen sich Machtkämpfe, Unterjochungen, wechselnde, rein taktische Koalitionen ein (428–433). Sehr einlässlich schildert Swedenborg die Kunstgriffe, die Lügen und missbräuchlichen Verwendungen der Liebe zum Guten in der Hölle (434–438).

ein Mensch.[14] Dass aber nun der Himmel im Ganzen wie in allen seinen Teilen einen Menschen darstellt, „rührt von dem Göttlich-Menschlichen des Herrn her" (57). Will sagen: dass die systemisch ausdifferenzierte himmlische Gesellschaft zuletzt nicht auseinander fällt, sondern im gegenseitigen Nutzen der Einzelgesellschaften zu einem lebensförderlichen Ganzen zusammenwächst, ist Konsequenz des Lebens nach den göttlichen Geboten bzw. der Liebe zum Herrn. Während in der Hölle allerdings dieser gegenseitige Nutzzweck der Einzelgesellschaften nicht gegeben ist, so dass Swedenborg seine Behauptung der Menschenförmigkeit der Gesamtgesellschaft in Bezug auf die Hölle nicht wiederholt.

Swedenborg schließt seine Ausführungen über den Himmel mit der Aussage: „Dass es nicht so schwer sei, als man glaubt, ein Leben zu führen, das in den Himmel bringt" (391). Denn es genügt ja dazu, aus Liebe zu Gott den göttlichen Geboten zu folgen, dann ist man bereits „mit den Engeln des Himmels in Gemeinschaft" (394). Ich nehme das als Ermutigung, es auch heute wieder mit den Geboten der Bibel versuchen, auf dass die himmlische Gesellschaft denn Wirklichkeit werden kann. Dabei sieht Swedenborg zu Recht, dass man die Gebote nicht recht halten kann, wenn man die ersten drei Gebote des Dekalogs nicht hält (395). Wie eine Gesellschaft aussieht, die Gott den Herrn sein lässt, ihn von anderen Göttern unterscheidet, sich kein Bild von Gott macht und seinem Namen die Ehre gibt, hat er in seinen Schriften gezeigt.[15]

---

[14] Benz: Swedenborg, 422, liegt deshalb vielleicht nicht ganz richtig, wenn er Swedenborgs Rede von dem „großen Menschen" humanistisch deutet und von der „höchsten Verherrlichung des Menschen in der europäischen Geistesgeschichte" spricht.

[15] Theologische Kritik an Swedenborg müsste an seiner Theologie ansetzen. Er hat eine unklare, letztlich modalistische Vorstellung von Trinität, und er neigt in Überreaktion gegen den formalisierten lutherischen Rechtfertigungsglauben der schwedischen Kirche seiner Tage zu einer fast schon gnadenfreien Werkfrömmigkeit. Aus beiden Gründen hat sein Himmelssystem eine ganz unbiblische Statik und Berechenbarkeit.

Olaf Briese

„Auge an Großhirn, Auge an Großhirn".
Über die Farbkommunikation von Engeln[1]

1. Naturwissenschaftliche Ketzerei

Als 1825 eine Broschüre „Vergleichende Anatomie der Engel" eines gewissen Dr. Mises erschien, eines Autors, über den sich nichts weiter ermitteln ließ, und als diese frühe Abhandlung 1875 in einem Sammelband erneut herausgegeben wurde – mittlerweile hatte Gustav Theodor Fechner sein Pseudonym gelüftet –, dürfte diese Schrift dem Leser als eine der vielen damals üblichen aufklärerisch gemeinten Pamphlete gegen Glaube und Religion vorgekommen sein. Eine Untersuchung der Gestalt, der Sinnesorgane und der Sprache der Engel, noch dazu von einem mittlerweile prominenten Fachgelehrten und als Entdecker des sogenannten „Weber-Fechnerschen Gesetzes" bekannten Physikers und Physiologen, kann nur wie eine Satire auf vermeintlichen Mystizismus und Aberglaube gewirkt haben.

Nur wer wusste, dass derselbe Autor, dessen Liste physikalischer und physiologischer Fachveröffentlichungen fast dreihundert Titel umfasste, auch mit umfangreichen philosophischen Buchpublikationen wie „Nanna oder über das Seelenleben der Pflanzen" (1848) und „Zend-Avesta oder über die Dinge des Himmels und des Jenseits" (1851) hervorgetreten war, konnte vielleicht ahnen, dass Fechner (1801–1887) in dieser Schrift unter dem Gewand des Komischen sehr eindringlich mit bestimmten überlieferten Fragestellungen rang. Wie konnte einer der bekanntesten deutschen Naturwissenschaftler des 19. Jahrhunderts solche spekulativen Fragestellungen aufgreifen? Wie kam Fechner zu seiner „Anatomie der Engel", insbesondere zu der Analyse ihrer Sprache?

2. Farbsprache der Engel

Kurz gesagt: Fechners naturphilosophische Ansichten sind aus der Opposition gegen eine Mechanisierung der Naturwissenschaften zu verstehen, die sich seit dem 18. Jahrhundert immer mehr abzeichnete, und er griff dabei auf romantisch-naturphilosophische Denkmuster zurück. Geradezu spekulativ-naturalistisch versuchte er, mystische sowie metaphysische Traditionen und Ansätze der

---

[1] Der Text ist eine gekürzte und überarbeitete Fassung des Kapitels: „Von der Physik zur Metaphysik. Gustav Theodor Fechners naturphilosophische Gratwanderung" in: O. Briese: Konkurrenzen. Zur philosophischen Kultur in Deutschland 1830–1850. Porträts und Profile, Würzburg 1998, 147–159.

modernen Naturwissenschaft miteinander in Einklang zu bringen. In „Zend-Avesta" entwickelte er 1851 eine umfassende Stufentheorie der Welt von Anorganik über Organik und Mensch bis hin zu Unsterblichen und zu Engeln und Gott. In merkwürdiger Verquickung naturalistisch-monistischer und christlich-mystischer Vorlagen schuf er ein Modell, das alle Seinsformen in Entwicklung erfasste und in werthaftem Aufstieg von der Sphäre der Dunkelheit bis hin zum Licht verstand.

Kennzeichnend für dieses Programm war eine zunehmende Perfektibilisierung und Sublimierung der natürlichen Gegebenheiten, bis schließlich der Mensch, die vorläufige Krone der Schöpfung, im Tod seinen Leib, die banale stoffliche Hülle verliert und in die kosmische Lichtsphäre der reinen Seelen aufsteigt. Dort, den Engeln, vollkommenen Wesen nahe, wird er unsterblich weiterleben. Diese Engel sind reine Lichtwesen. Ihr Geistleib ist vollendete Kugelform, die Form, auf welche – wie Fechner offenbar in Anschluss an andere romantische Naturspekulationen, z.B. Lorenz Okens ausführte – das ganze Sein teleologisch hindrängt. Sie sind ideale geistige Gebilde, etwa Leibniz' metaphysischen Punkten oder den späteren Gestalten aus Fechners Atomlehre vergleichbar, nur, dass sie greifbare Ausdehnung besitzen, allerdings ohne deshalb eines materiell-stofflichen Substrats zu bedürfen.

Ein wichtiger Bestandteil dieser zunehmenden Perfektibilität ist eine sich vervollkommnende Art der Kommunikation. In diesen unorthodoxen Engelgestalten, die weder den biblischen, noch den Gebilden aus Renaissance und Barock gleichen, sondern eher denen neuplatonisch-kabbalistisch-mystischer Spekulationen, ist auf vollkommene Art und Weise präsent, was das ganze Sein von den Stufen der Anorganik an durchwirkt: die Suche nach dem idealen Ausdruck, nach der idealen Repräsentation Gottes. Denn sein Wesen zeigt sich nicht nur retrospektiv und progressiv und ist nicht nur bei seinem anfänglichen „Es werde Licht" (Gen I, 3–4) und den schließlich vollendeten Lichtwesen offenbar, sondern es ist aktuell in jeder der denkbaren Seinssphären präsent. Alle diese Sphären sind Signaturen, Hieroglyphen, sind Symbole göttlichen Wirkens. Fechner nimmt eine göttliche Weltseele an, die sich in allen Seinsformen spiegelt. In diesem Kontext entwickelt er in Analogie zur Existenz der fünf äußerlichen Sinnesorgane für jede ontische Ebene spezifische Ausdrucks- und Austauschformen: mechanischer Druck im anorganischen Bereich, Geschmack im Flüssigkeitsbereich, Pflanzen teilen über Geruch einander mit, die Medien tierischer Verständigung sind Laut und Gehör. Befindet sich der Mensch nur erst in Annäherung an die vollkommene Lichtsphäre, ist dort die höchste Art von Seelenverbindung schließlich die „Augensprache der Liebe"[2].

Denn die menschliche Lautsprache ist keinesfalls das ideale Medium der Selbstverständigung oder der Verständigung der Menschen untereinander bzw. mit Gott. Diese Sprache ist „nicht reich genug, alle in Betracht kommenden

---

[2] Dr. Mises: Vergleichende Anatomie der Engel. Eine Skizze, Leipzig 1825, 24ff.

sächlichen Verhältnisse scharf zugleich zu bezeichnen und zu unterscheiden"[3]. Sie müsse stets noch auf äußere Worte als Hilfsmittel zurückgreifen, auf starr fixierte konventionelle Lautmarken. Als Alternative entwirft Fechner einen künftigen Geisteszustand der Unsterblichkeit, in welchem der Mensch – nun schwerlich noch als Mensch zu bezeichnen, sondern aufgerückt in die Sphäre der Engel bzw. ihnen zumindest sehr nahe – enthoben aller materiellen Bindungen, ein ideales Band zur umgebenden Welt und zu anderen Unsterblichen knüpft. Er „wird sich nicht mehr abmühen, durch Worte und Geberde einen Gedanken in Andern zu erzeugen". Vielmehr komme es in der unmittelbaren Einwirkung der Geister auf einander, „die nicht mehr durch die Körper getrennt, sondern durch die Körper verbunden werden"[4], zum unverstellten Austausch von Empfindungen, Gefühlen und Gedanken. Getreu des Stufenmodells des Aufsteigens vom Tastsinn bis zum Lichtsinn schreibt Fechner: „Es wird kein Sehen, Hören im Sinne des Diesseits mehr für sie geben. [...] Einzelne Sinnesorgane für uns werden wir jenseits gar nicht mehr haben"[5]. Dieser Zustand des „Schlafwachens" wäre „nur uneigentlich Sehen, Hören zu nennen, und doch die Leistungen davon in höherm Sinn vollziehend"[6]. Der Mensch „nimmt ins Jenseits seine bisherige Leibesgestalt mit hinüber, ohne die Last seiner bisherigen Leibesmaterie"[7]. Für die Art der Seelenverbindung hat das die Folge, dass auch eine Sprache „dort wird gesprochen werden können ohne Mund und gehört werden ohne Ohr"[8]. Es kommt zu einem „Wechselleben", zu einem „Ineinandergreifen" der Geister[9] mittels sublimer tonaler oder visueller Kontakte.

Die Engel schließlich, für die der Leib-Seele-Dualismus vollends hinfällig geworden ist, verkehren mittels einer Gestaltsprache miteinander, die im Grunde eine Gestaltschrift ist. Hielt Fechner den sterblichen Menschen zugute: „so ist das Leibliche oder Körperliche gleich einer Schrift, das Geistige, Psychische [...] wie der zugehörige Sinn der Schrift"[10], so befinden sich bei den Engeln Ausdruck und Ausgedrücktes restlos in Identität. Schrift, Sprache und Sinn sind ineinander übergegangen und vollendet deckungsgleich: „Den Engeln ist das Licht das Element. [...] An sich sind die Engel durchsichtig, aber sie können sich willkürlich Sprachen ertheilen; sie sprechen durch farbige Lichtstrahlen mit einander, wie wir durch verschieden modificirte Schallstrahlen. Was ein Engel dem Andern

---

[3] G.Th. Fechner: Zend-Avesta oder über die Dinge des Himmels und des Jenseits. Vom Standpunkt der Naturbetrachtung, 3 Bände, Leipzig 1851, Band 3, 133.
[4] Dr. Mises: Das Büchlein vom Leben nach dem Tode, Dresden 1836, 4.
[5] Fechner: Zend-Avesta, Band 3, 85.
[6] Fechner: Zend-Avesta, Band 3, 87.
[7] Fechner: Zend-Avesta, Band 3, 145.
[8] Fechner: Zend-Avesta, Band 3, 143.
[9] Mises: Büchlein, 27, 17.
[10] Fechner: Zend-Avesta, Band 2, 313.

sagen will, das malt er auf seiner Oberfläche; der andre sieht das Bild und weiß, was in jenes Seele vorgeht"¹¹.

Diese Annahme einer Farbensprache war, obwohl ohne ausführliche Begründung vorgetragen, ein bemerkenswerter Neuansatz gegenüber den bisherigen Theorien physiognomischer, musikalischer oder Lichtkommunikation. Diese Neuerung ergab sich offenbar aus Fechners Anschluss an Johann Wolfgang Goethes Farbenlehre und deren spekulativer Interpretation durch die Romantiker Philipp Otto Runge und Henrik Steffens¹². Diese Ansätze führte Fechner bewusst weiter, und er verwob sie mit seinem Modell ontischer und sprachlicher Vervollkommnung in der Sphäre der Engel. Indem er davon ausging: es lässt „der Engel sein Element, das Licht, im gewöhnlichen Zustande unmodificirt durch sich ein- und austreten, was eben die klare Durchsichtigkeit bedingt, aber wenn er mit dem andern sprechen will, nöthigt er es farbig zu werden indem er es nach seiner Willkür zerstreut"¹³, band Fechner Seele und Geist eng an Licht und Farbe, und ebenso beseelte und durchgeistigte er letztere gezielt. *Farbliches* Licht (und nicht lediglich Licht): das ist Fechners originärer Beitrag innerhalb einer langen theologisch-philosophisch-mystischen Traditionslinie, die mit dem Phänomen der Kommunikation der Engel rang.

3. Zurück in die Zukunft

Neben Romantikern wie Wilhelm Heinrich Wackenroder, Novalis und Lorenz Oken dürfte es vor allem Gotthilf Heinrich Schubert gewesen sein, auf den Fechner Bezug nahm. Entwickelte Fechner bereits in seiner Jugend eine Vorliebe für Wunder des Hellgesichts und für übersinnliche Erscheinungen, verstärkte sich im Laufe der Jahre dieses Interesse noch. Er nahm an spiritistischen Sitzungen teil und versuchte, Phänomenen von Magnetismus und Somnambulismus experimentell auf die Spur zu kommen¹⁴. Er verfasste 1879 sogar eine Schrift „Die Tagesansicht gegenüber der Nachtansicht", die allein schon vom Titel Bezüge auf Schuberts „Ansichten von der Nachtseite der Naturwissenschaft" (1808) enthielt und die ein naturwissenschaftlich fundiertes Modell weißer Magie unterbreitete. Zitierte Schubert als eine seiner Leitgestalten am ausführlichsten Emanuel Swedenborg und auch dessen Gedanken von „zu Engeln gewordenen" Geistern einer „höheren Ordnung"¹⁵, ist damit der Hinweis auf ein weiteres Vorfeld von Fechners Überlegungen gegeben. Denn nicht nur auf ver-

---

¹¹ Mises: Anatomie, 28ff.
¹² Zu Runge vgl. u.a.: F. Apel: Himmelssehnsucht. Die Sichtbarkeit der Engel, Frankfurt a.M./Leipzig 2001, 42ff.
¹³ Mises: Anatomie, 30f.
¹⁴ Vgl.: J[ohann] E[mil] Kuntze: Gustav Theodor Fechner. Ein deutsches Gelehrtenleben, Leipzig 1892, 272ff.
¹⁵ G.H. Schubert: Die Symbolik des Traumes, Bamberg 1814, 94.

schiedene Natur- und Sprachphilosophien der Romantik griff Fechner bei seinen Ausführungen zurück, sondern auch auf eine lange, in der Aufklärung weitergeführte Tradition, in der bestimmte Verklammerungen von Unsterblichkeit, Engelssphäre und idealer Sprache vorgenommen wurden. Führte Fechner in „Zend-Avesta" über viele Seiten Auszüge aus Swedenborgs „Himmel und Hölle" an, vor allem die entsprechenden Passagen über die Art und Weise der Offenbarung von Engeln an die in der Regel mit stumpfen Sinnen ausgestatteten irdischen Menschen[16], gab es auch in Deutschland, was Fechner offenbar nicht bekannt war, ein entsprechendes Pendant. Johann Kasper Lavaters „Aussichten in die Ewigkeit", in vieler Hinsicht von Swedenborg beeinflusst – zu denken wäre auch an entsprechende Einflüsse von Johann Georg Hamann und Johann Gottfried Herder[17] –, entwarfen 1773 angesichts der Frage nach dem sprachlichen Verkehr der unsterblich gewordenen Seelen die Idee einer „allgemeinen Sprache". Mittels dieser verkehrten die Seelen untereinander, aber darüber hinaus auch mit den Engeln und mit Gott. Ausgehend von einer verlorenen Ursprache, von der nur noch „Abarten, Verdrehungen, Verstümmelungen"[18] existieren würden, wird es nach Lavater in den himmlischen Sphären eine universelle physiognomische Gebärdensprache geben: „Die unmittelbare Sprache ist physiognomisch, pantomimisch – musikalisch"[19].

Ist hier auf Fechners Bezug auf bestimmte romantische und aufklärerische Vorlagen zumindest hingewiesen worden, wäre noch ein dritter Kreis von Quellen in Betracht zu ziehen. Es muss hier bei dem kurzen Hinweis bleiben, dass Fechners „Vier Paradoxa" (1846), eine Sammlung nicht auflösbarer und paradoxer Sachverhalte, nicht nur vom Titel auf die „Paradoxa" des deutschen Mystikers Sebastian Franck verweisen. Typische in der Traditionslinie negativer Theologie stehende Denkmuster Francks finden sich auch in Fechners Sprachtheorie wieder, und überhaupt sind hier, in Mystik und Kabbala des 11. bis 17. Jahrhunderts, Ursprünge romantischer Sprach- und Engeltheorien zu finden; erwähnt sei aus dieser langen Linie Agrippa von Nettesheim („De occulta philosophia", 1533). Und längst vor Agrippa waren Engel auch naturphilosophisch konzipierte Wesen geworden, und von den Scholastikern ließe sich ein betreffender Bogen

---

[16] Fechner: Zend-Avesta, Band 3, 79ff.
[17] Vgl. X. Tilliette: Hamann und die Engelsprache, in: Johann Georg Hamann. Acta des Internationalen Hamann-Colloquiums in Lüneburg 1976, hg. v. Bernhard Gajek, Frankfurt a.M. 1979, 66–77.
[18] J.K. Lavater: Aussichten in die Ewigkeit, in Briefen an Joh. George Zimmermann, Band 3, Zürich 1773, 102. Zu dieser Verklammerung von Ursprachenhypothese und Engelsproblematik vgl.: W.P. Klein: Am Anfang war das Wort. Theorie- und wissenschaftsgeschichtliche Elemente frühneuzeitlichen Sprachbewußtseins, Berlin 1992, 185–202; U. Eco: Die Suche nach der vollkommenen Sprache (1993), München 1994, 191–199.
[19] Lavater: Aussichten, 108.

zurück bis zu den frühen sog. Kirchenvätern ziehen[20]. Wer Ursprungsmythen liebt, wird dort einhalten können; wer davon ausgeht, dass religiöse Gehalte sich in einem permanenten Prozess interkultureller und interreligiöser Transformation befinden, wird Brücken in das religiöse Unruhefeld Mittelmeerraum bzw. in andere antike Religionen schlagen[21].

Nicht nur angesichts dieser vielgestaltigen Transformationen sollte klar sein: die Zukunft der Engel ist offen. Ist die Hölle inzwischen zu einem fashionablen Spukkabinett und der Teufel (ein gefallener Engel wohlgemerkt) ein kommoder Kamerad geworden, wird nicht auszuschließen sein, dass auch Engel, die zarten „himmlischen Geflügel" (Macho[22]), dereinst wieder harpyienartig für Bedrohungen stehen, von denen Menschen sich entlastet sehen wollen.

---

[20] Vgl. W. Breidert: Naturphilosophische Argumente in der Engelslehre, in: Mensch und Natur im Mittelalter. 1. Halbband, hg. v. Albert Zimmermann/Andreas Speer, Berlin/New York 1991, 468–477.

[21] Vgl. H. Bietenhard: Die himmlische Welt im Urchristentum und Spätjudentum, Tübingen 1951.

[22] Vgl. Th. Macho: Himmlisches Geflügel – Beobachtungen zu einer Motivgeschichte der Engel, in: Engel, Engel. Legenden der Gegenwart, hg. v. Cathrin Pichler, Wien/New York 1997, 83–100.

IV. Satanologie in Geschichte und Gegenwart

Thomas Ruster

Es gibt Systeme. Es gibt Engel

Ohne ihren „satanologisch-dämonologischen Kontext", so Klaus Berger[1], ist Jesu Botschaft vom kommenden Gottesreich gar nicht zu verstehen. Nach der Taufe durch Johannes geht Jesus in die Wüste, er begegnet dort aber nicht Gott, sondern dem Teufel, der ihn mit den üblichen Mitteln (Verheißung von Wohlstand, Sicherheit und Herrschaft) in Versuchung führt. Jesus besteht die Versuchung, weiß also, dass die Macht des Satans begrenzt und gebrochen ist, und verkündet *daraufhin* das Kommen des Gottesreiches. Sein Initial- oder Bekehrungserlebnis ist in den Worten ausgedrückt: „Ich sah den Satan wie einen Blitz vom Himmel fallen" (Lk 10,18). Im Himmel ist der Satan bereits gestürzt, damit sind auch auf Erden die Tage seiner Herrschaft gezählt. Es kann mit Grund darum gebetet werden, dass nun Gottes Wille geschehen möge „wie [bereits] im Himmel so auf Erden". Offb 12 fasst das gesamte Geschehen in die Geschichte vom Teufelssturz und erklärt daraus ebenso die Erlösungsgewissheit wie das in dieser Weltzeit besonders heftige Wüten der satanischen Gewalten. Der Erste Petrusbrief bringt es auf die Formel: „Er, Christus, ist in den Himmel gegangen; dort ist er zur Rechten Gottes, und Engel, Gewalten und Mächte sind ihm unterworfen" (1 Petr 3,22).

Die Theologie müsste also vom Himmel und von den Engeln, den Mächten und Gewalten und vom Satan zu reden wissen, wenn sie die Botschaft vom Gottesreich recht auslegen will. Sie hätte zu zeigen, dass die Mächte und Gewalten, die uns heute bedrängen, bereits entmachtet sind, so dass Christen ihnen gegenüber frei zu stehen kommen. Sie müsste den Ruf des Sanctus verständlich machen können: Herr aller Mächte und Gewalten; müsste folglich überhaupt erst wieder erschließen, was Gottesdienst ist und welchen Göttern Christen nicht zu dienen brauchen.

Sie befindet sich aber bezüglich der Rede über den Himmel in arger Not. Der Himmel, nach biblischem Weltbild der den Menschen relativ unzugängliche Teil der Schöpfung, ist durch die neuzeitliche Wissenschaft abgeschafft worden[2], denn als Welt sollte nur noch gelten, was der menschlichen Erkenntnis prinzipiell zugänglich ist. Der Himmel (im Sinne von »heaven«) ist nicht wissenschaftsfähig[3]; die Rede von Himmel und seinen Bewohnern wird der Mythologie und

---

[1] K. Berger: Theologiegeschichte des Urchristentums. Theologie des Neuen Testaments, Tübingen/Basel ²1995, 613.
[2] Nach Brechts *Leben des Galilei* am 10. Januar 1610: „Die Menschheit trägt in ihr Datum ein: Himmel ist abgeschafft."
[3] Kants Verständnis wissenschaftlicher Rationalität hat sich wesentlich in seiner lebenslangen Auseinandersetzung mit dem Himmelskundler und „Geisterseher" Swedenborg her-

dem vorwissenschaftlichen Weltbild zugerechnet. Die umfangreichen angelologischen Traktate in den älteren dogmatischen Handbüchern bieten wenig Hilfe, denn sie sind im Theorierahmen der platonischen und aristotelischen Metaphysik formuliert, die heute nicht mehr wiederholt werden kann. Wenn Thomas von Aquin die Annahme der Existenz reiner Geistwesen im Sinne der Vollkommenheit des Universums für notwendig hält[4], dann liegt dem eine an der ständischen Gesellschaft abgelesene Ordnungsvorstellung zugrunde, die in der Gesamtunordnung der funktional differenzierten Gesellschaft unerschwinglich geworden ist. Wie also noch von Engeln reden? Während die Buchläden von esoterischer und spiritueller Engelliteratur überquellen, während die Welt der Medien die Figur des teuflischen Monsters vielfältig bemüht, sieht sich die wissenschaftliche Theologie, wenn es um Himmelswesen und Teufel geht, weitgehend zum Schweigen verurteilt.

Warum sollte aber eine neue Engellehre nicht möglich sein? Der Himmel als Teil der Welt steht grundsätzlich der Erforschung offen, wenn es eben auch stimmt, dass er der relativ unzugängliche und damit schwer erkennbare Teil der Schöpfung ist. Die Religionen, aber auch Gnostiker, Platoniker und Aristoteliker wussten viel vom Himmel zu sagen; sie konnten der Theologie dienlich sein. Ich meine nun, dass für heute die Theorie der sozialen Systeme, so wie sie Niklas Luhmann vorgelegt hat, als Theorierahmen für eine Engellehre heranzuziehen ist. Die Systemtheorie spricht von unsichtbaren, gleichwohl realen Wesen, die über die Menschen einige Macht ausüben. Sie führt uns zu der Einsicht, dass „wir nicht allein sind", dass es außer den Menschen noch andere Wesen mit Verstand und Wille in der Welt gibt. Damit sind die wesentlichen Elemente der traditionellen Rede von den Engeln eingeholt. Im Übrigen ist die Systemtheorie eine kritische Theorie der modernen Gesellschaft. Sie erklärt, warum diese Gesellschaft in vielem so irrational ist, obwohl alle Akteure je für sich rational handeln; sie erklärt, warum diese Gesellschaft so zahlreiche negative Effekte hervorbringt, obwohl doch nur geschieht, was alle wollen. Somit reicht sie auch noch so weit, die Wirkung von dämonischen oder satanischen Mächten in Rechnung zu stellen.

An einem einfachen Beispiel, dem sozialen Interaktionssystem Gespräch, kann man sich das klarmachen.[5] Damit ein Gespräch zustande kommt, muss eine Unterscheidung zwischen System und Umwelt gegeben sein, bzw. diese Unterscheidung kommt zustande, indem das Gespräch zustande kommt, sie wird vom

---

ausgebildet, vgl. G. Florschütz: Swedenborgs verborgene Wirkung auf Kant, Würzburg 1992.

[4] Thomas von Aquin: Summa theologiae I, 50,1: „Ad perfectionem universi requiritur quod sint aliquae creaturae intellectuales."

[5] Für die Theorie sozialer Systeme verweise ich allgemein auf N. Luhmann: Soziale Systeme. Grundriss einer allgemeinen Theorie, Frankfurt a.M. 1984; N. Luhmann: Die Gesellschaft der Gesellschaft, Frankfurt a.M. 1997; als Einführung: M. Berghaus: Luhmann leicht gemacht, Köln/Weimar/ Wien ²2004.

System selbst hergestellt. Ist das System einmal etabliert, sind nur noch Operationen im Innern möglich. Das System agiert operational geschlossen. Die Umwelt ist dem System fern, sie tritt nur als „Rauschen" oder als Störung auf, die Operationen im Innern auslösen kann. Die Elemente des Systems Gespräch sind die Gesprächsbeiträge der Teilnehmer, also das, was das System selbst herstellt. Das System handelt „autopoietisch". Über das Bewusstsein der Teilnehmer ist das Gespräch mit der Umwelt verbunden. Über sie erhält es Informationen aus der Umwelt. Aber die Gedanken der Teilnehmer sind nicht selbst die Elemente des Gesprächs. Man kann sich vieles denken, aber was man sagt, bestimmt sich nach der Logik des Systems Gesprächs. Dieses achtet darauf, dass alle Teilnehmer nur anschlussfähige Äußerungen machen. Das Gespräch bewirkt eine Selektion der möglichen Äußerungen unter dem Gesichtspunkt ihrer Anschlussfähigkeit, d.h. ihrer Eignung zur Fortsetzung des Gesprächs. Die „Macht" des Gesprächs wird hier bereits erkennbar: Man weiß nicht, was man alles sagen wird; niemand weiß und kann bestimmen, wohin sich das Gespräch bewegt. Um sich auszutauschen, sind die Teilnehmer auf das Funktionieren des Systems Gespräch angewiesen und damit gezwungen, sich auf seine Vorgaben einzulassen. Wie alle Lebewesen, wie alle Systeme tut ein Gespräch alles, um sich zu erhalten. Pausen werden als peinlich empfunden. Unpassende Äußerungen werden als Scherz hingestellt oder auf andere Weise übergangen, damit sie den Fortgang des Gesprächs nicht stören. Störungen aus der Umwelt, z.B. laute Geräusche, führen zu Veränderungen im Inneren: Man spricht lauter. Es muss schon einiges geschehen, um ein in Gang befindliches Gespräch zu Ende zu bringen, in der Regel eine starke Störung aus der Umwelt. Wie nachhaltig der Wille des Systems Gespräch zu seiner Bestandserhaltung ist, wird dann deutlich, wenn es weitergeht, ohne noch den Interessen der Teilnehmer wirklich zu dienen. Man redet dummes Zeug, das Gespräch wird niveaulos, und will doch kein Ende finden. Hier findet eine „Autonomisierung" des Systems statt. Es operiert weiter, obwohl es seine Funktionen für die Umwelt (hier: die beteiligten Menschen) nicht mehr erfüllt.

Die Eigenständigkeit des sozialen Systems gegenüber dem menschlichen Bewusstsein und seine Macht über Menschen werden also schon bei einem so schwachen Interaktionssystem wie dem Gespräch deutlich. Um wie viel mehr bei stabileren sozialen Systemen wie Firmen, Vereinen, Institutionen, Bürokratien, Parteien, Nationen, Ideologien usw.! Seitdem ich an der Universität Dortmund tätig bin, finde ich mich damit beschäftigt, zu deren Erhaltung beizutragen. Es ist selbstverständlich, dass bei anstehenden Mittelkürzungen die Mitarbeiter der Uni Dortmund nach Kräften versuchen, die Lasten auf andere Universitäten abzuwälzen. Und dies geht so weiter auf allen Ebenen bis hinunter bei der Mittelverteilung im Fach. Die sozialen Systeme verstehen es, die Menschen für ihre Erhaltung einzusetzen. Ob die Mittel nicht woanders besser eingesetzt wären, ist keine Frage, die man im System stellt. Hier herrscht einfach der Grundsatz der Selbsterhaltung. William Stringfellow, ein amerikanischer Theologe, der solche systemischen Phänomene in der Gesellschaft beobachtet hatte, stellte fest, dass der Vietnamkrieg irgendwann nur noch geführt wurde, um das Pentagon nicht ins Unrecht zu setzen.[6]

Damit haben wir über die Theorie der autopoietischen Selbsterhaltung der sozialen Systeme auch eine Erklärung für das, was in der Theologie der Sündenfall der Engel genannt wird. Aus Selbstliebe und Hochmut verweigerten sich einige Engel dem Dienst an Gott und dem Dienst an den Menschen, wofür Gott sie geschaffen hatte, sie suchten ihre Unabhängigkeit und wollten selber wie Götter sein. Soziale Systeme, die ihre Funktion nicht mehr erfüllen und ohne Rücksicht auf die Umwelt weiteroperieren, entsprechen genau den Bestimmungen, von denen in der Theologie die Rede ist. Nun ist Luhmanns Theorie in spezifischer Weise eine Theorie der modernen Gesellschaft. Sie beschreibt, dass die Grundfunktionen der Gesellschaft – Recht, Wirtschaft, Wissenschaft, Politik usw. – auf Funktionssysteme verteilt sind, von denen jedes nur für eine Funktion zuständig ist („Redundanzverzicht") und dafür im Blick auf diese seine Funktion eine höhere Komplexität ausbilden kann („Komplexitätsgewinn"). In dieser Gesellschaft gibt es keine zentrale Steuerungsinstanz. Es ist nicht sichergestellt, dass im Zueinander der Funktionssysteme eine für Natur und Menschen zuträgliche Ordnung entsteht bzw. bestehen bleibt. Die Gesellschaft ist von der Evolution der Teilsysteme abhängig. Jede Veränderung eines Teilsystems verändert die Umwelt der übrigen Systeme und veranlasst diese ihrerseits zu Veränderungen. Der „Sündenfall" eines Systems hat unter diesen Umständen Auswirkungen auf alle Systeme. Die nach Funktionssystemen, also funktional differenzierte Gesellschaft ist ständig von Politisierung, Verrechtlichung, Ökonomisierung oder der Autonomisierung eines anderen Teilsystems bedroht. In ihr herrscht tatsächlich nur der „Wille zur Macht" (Nietzsche, der schon wesentliche Überlegungen der Systemtheorie vorweg genommen hat) bzw. „eine Menge von autonomen Funktionssystemen, die einander keine Rücksicht schulden, sondern den Reproduktionszwängen ihrer eigenen Autopoiesis folgen".[7] Damit ist noch einmal deutlich, wie nah die theologische Angelologie an den Problemen der modernen Gesellschaft dran ist.

Tatsächlich scheint es so zu sein, dass die theologische Rede von den Wesen des Himmels bereits um die Wirklichkeit der Systeme wusste. Im Rahmen der hergebrachten Ontologie ist dies jedoch nicht deutlich geworden. Gleichsam in einem fremden Gewand hat sie biblische Erkenntnisse aufbewahrt, die sich heute systemtheoretisch rekonstruieren lassen. Ich bin einmal an dem umfangreichen angelologischen Traktat eines traditionellen dogmatischen Handbuchs – der Dogmatischen Theologie von Joh. Baptist Heinrich aus dem Jahr 1884 – entlanggegangen und habe gefunden, dass sich fast alle Aussagen der klassischen

---

[6] Dazu Th. Zeilinger: Zwischen-Räume. Theologie der Mächte und Gewalten, Stuttgart 1999, 49.
[7] Luhmann: Gesellschaft, 776.

Theologie über die Engel auf soziale Systeme beziehen lassen und sie dann ganz neu Sinn ergeben.[8] An dieser Stelle soll ein einziger Hinweis genügen. Die oft karikierte Frage der scholastischen Theologie, wie viele Engel auf eine Nadelspitze passen, ist zu beziehen auf die Frage der Systemtheorie, wie viele unterschiedliche soziale Systeme an einem Ort bzw. bei einem Ereignis zugegen sein können.[9] Die Theologie hatte erklärt: Engel sind wirklich an einem Ort gegenwärtig, aber „nicht in der Weise eines Körpers circumscriptive, sondern in der Weise eines Geistes nur definitive" (J.B. Heinrich). Verstehen wir „definitive" als: hinsichtlich der sie konstituierenden System-Umwelt-Differenz, dann stimmt diese Aussage völlig mit der Systemtheorie überein, nach der „bestimmte Ereignisse in mehreren Systemen zugleich als Operationen identifiziert werden"[10] – ein- und dasselbe Ereignis, z.B. ein Vortrag in einer Bildungsinstitution, gehört sowohl dem Rechts- wie dem Wirtschafts- wie dem Bildungssystem an: „definitive" sind hier mehrere Engel beteiligt.

Doch reichen solche Entsprechungen auch noch dorthin, wo in der Theologie vom *Sünden*fall der Engel gesprochen wird? Können Systeme sündigen? Oder kommt nicht die Möglichkeit des Sündigens nur dem Menschen in seiner Freiheit zu? Hier führt es weiter, wenn man die Beziehungen zwischen Menschen und sozialen Systemen näher ins Auge fasst.[11] Beim Beispiel des Gesprächs haben wir gesehen, dass Systeme auf Menschen angewiesen sind, in diesem Fall auf das Bedürfnis zum Austausch und die Gedanken und Informationen im Bewusstsein der Gesprächsteilnehmer. In derselben Weise sind auch die Funktionssysteme der Gesellschaft mit den Bedürfnissen und Wünschen von Menschen gekoppelt. Das Wirtschaftssystem zehrt vom Bedürfnis zur materiellen Daseinssicherung, das Politiksystem vom Willen zur Macht, das Wissenschaftssystem von Erkenntnisdrang und Neugier usw. Die sozialen Systeme leben von den Bedürfnissen der Menschen wie biologische Systeme von der Nahrung aus ihrer Umwelt. Sie müssen nehmen, was sie kriegen können, und sie tun alles, um die realen Bedürfnisse, auf die sie treffen, zu erfüllen, hängt doch ihre Bestandserhaltung daran, dass die Menschen sich mit ihren Bedürfnisse an sie wenden. An dieser Stelle ist von dem Einfluss zu reden, den Menschen auf die Entwicklung sozialer Systeme haben. Treffen nun die sozialen Systeme auf Sünder oder Sünderinnen, auf Menschen also, die (kurz gesagt) rücksichtslose Selbstbehauptung auf Kosten anderer betreiben, so werden sich diese Systeme beeilen, deren sündige Bedürfnisse zu erfüllen. In dem Augenblick aber, in dem Menschen die Erfüllung ihrer Bedürfnisse an das System abgegeben haben, sind sie gezwungen, sich an die Vorgaben des Systems zu halten. Das System ist aber nunmehr auf die

---

[8] Vgl. Th. Ruster: Von Menschen, Mächten und Gewalten. Eine Himmelslehre, Mainz 2005, 117–158.
[9] Vgl. Ruster: Menschen, 131f.
[10] Luhmann: Gesellschaft, 753.
[11] Zum Folgenden R. Dziewas: Die Sünde der Menschen und die Sündhaftigkeit sozialer Systeme, Münster 1995, 210ff.

Erfüllung sündiger Bedürfnisse programmiert, und die Folge ist, dass Menschen nicht mehr nur sündigen können sondern sündigen müssen. Zum Beispiel haben sie das grenzenlose Bedürfnis nach Mobilität und Geschwindigkeit an das Verkehrssystem übertragen. Sie wollten gerne eilen – nun aber müssen sie es und müssen zugleich mitwirken an der Evolution dieses Systems, dessen negative Effekte sie doch keinesfalls billigen. Oder, um gleich das wichtigste Beispiel zu nennen: Das grenzenlose Bedürfnis nach Wohlstand, Reichtum und Daseinssicherung wird vom Wirtschaftssystem bearbeitet, mit der Folge, dass grenzenloses Wachstum zum Funktionieren der Wirtschaft dazugehört und Menschen nunmehr gezwungen sind, bei der Befriedigung elementarer Bedürfnisse auf eine Wirtschaft zurückzugreifen, die zum Wachstum verdammt ist und deswegen unseren Planeten in einen unbewohnbaren Ort zu verwandeln im Begriff steht. Das augustinische *non posse non peccare* ist erreicht: entstanden aus der Sünde des Menschen, die über die Mächte und Gewalten zu einer Sündenmacht geworden ist. Die Selbsterhaltung der Systeme ist an die Selbsterhaltungsinteressen der Menschen gebunden, und sind diese sündig, dann werden sie es auch. Soziale Systeme sündigen nicht, aber sie können sündhaft werden und dann mit all ihrer Macht zum Sündigen verführen. Man sieht, wie treffend die Figur des Teufels als Verführer ist![12] Und wie willenlos unsere weiter auf Wirtschaftswachstum setzende, in den Taumel ökonomisch induzierter Beschleunigung geratene Gesellschaft dieser teuflischen Versuchung erlegen ist.

Unter diesen Umständen kann es nicht damit sein Bewenden haben, auf die Koinzidenz zwischen Systemtheorie und Angelologie hinzuweisen. Die Theologie sieht noch anderes als die Systemtheorie. Sie versteht sich auf das Thema Sünde bzw. auf die Erlösung von den Sünden. Insofern müsste sie auch anzugeben wissen, wie den Mächten und Gewalten beizukommen ist, die sich von der Sünde der Menschen nähren. Die Erklärung der Doxologie aus dem Sanctus müsste in dieser Richtung zu suchen. Oder es müsste einfach verstanden werden, wie es Jesus gelingen konnte, der Versuchung des Teufels zu widerstehen.[13]

---

[12] Dies hat auch, von einem ganz anderen Standpunkt kommend, gesehen: D. de Rougemont: Der Anteil des Teufels, München 1999 (geschrieben im Exil während der 1940er Jahre).
[13] In Ruster: Menschen, habe ich die Lösung in der Erfüllung des Willens Gottes, also im Tun der Tora, gesucht. Die Tora als Ganze ist ja gegen die Götter, oder, neutestamentlich, gegen die Mächte und Gewalten gerichtet. Bei der Frage, wie der Wille Gottes heute zu tun ist, scheint es mir wenig aussichtsreich, auf Vernunft und Selbstbestimmung zu rekurrieren, denn die Vernunft hat sich, so lässt sich aus dem Ausgang des Zeitalters der Vernunft entnehmen, gegenüber den Versuchungen des Teufels als machtlos erwiesen. In der rabbinischen Tradition der Toraauslegung treffe ich hingegen auf eine Art von Rationalität (Spr 1,7!), die sich den Mächten und Gewalten gewachsen zeigt.

Stefan Huber

Die dunkle Seite der Macht –
Aspekte einer Soziologie des Teufels

Laut einer repräsentativen FORSA-Umfrage vom Dezember 2005 stehen die Engel hoch im Kurs. 66 % der Menschen in Deutschland glauben an Schutzengel. Das sind sogar zwei Prozent mehr als an Gott glauben, der zumindest gemäß traditioneller Theologie als Schöpfer der Engel und ihrer Welt gilt. An Engel zu glauben ist anscheinend nicht besonders schwer. Dem empirischen Befund entspricht die theoretische Annahme, dass sich in den Boten des Lichts leicht das Bedürfnis nach Geborgenheit und Schutz sowie die Sehnsucht nach einer heilen oder zumindest einer besseren Welt spiegeln könne.

Doch wie sieht es aus mit der dunklen Seite der Macht? Auch Engel können bekanntlich fallen, so zumindest die Lehre traditioneller Theologie, und vom Helfer zum Verderber mutieren. In der erwähnten FORSA-Umfrage gaben 27 % an, dass sie an die Existenz des Teufels glauben. Dieser Befund erscheint valide, denn er entspricht den Daten der ebenfalls repräsentativen ALLBUS-Umfrage von 2002. Danach glauben 28 % an die Hölle. Der Glaube an den Teufel und die dunkle Seite der (höheren) Macht fällt offensichtlich viel schwerer als der Glaube an die Boten des Lichts. Möglicherweise liegt das daran, dass dieses religiöse Deutungsmuster wesentlich sperriger ist und nicht so leicht den Bedürfnissen einer „Wellness-Kultur" angepasst werden kann. Gleichwohl gibt es eine qualifizierte Minderheit, die diesen sperrigen religiösen Inhalt in ihre Weltdeutung integriert. Wer sind diese Menschen? Handelt es sich bei ihnen nur um „Ewig-Gestrige", die sowieso bald aussterben und mit ihnen auch dieses religiöse Deutungsmuster? Oder wirken in dieser Gruppe auch dynamische Faktoren, die dem Glauben an die Existenz des Teufels auch in Zukunft zu einer nachhaltigen Vitalität verhelfen dürften?

Für die Diskussion dieser Fragen greife ich auf ein konstruktivistisches Modell der Religiosität zurück.[1] Religiosität wird darin als eine konstruktive Kompetenz thematisiert, d.h. als Fähigkeit, Wirklichkeit durch die Brille religiöser Konstrukte wahrzunehmen und darauf aufbauend religiöse Handlungsstrategien zu entwerfen sowie religiöse Erfahrungen zu machen. Die Summe der religiösen Konstrukte, über die ein Individuum verfügt, konstituiert sein persönliches religiöses Konstruktsystem. In dieser theoretischen Perspektive hängt die konkrete Gestalt und Dynamik der Religiosität eines Menschen – und damit

---

[1] S. Huber: Zentralität und Inhalt. Ein neues multidimensionales Messmodell der Religiosität, Opladen 2003.

auch der Glaube an die Existenz des Teufels – von seinem religiösen Konstruktsystem ab. Es wird vor allem durch drei Faktoren näher bestimmt:

1. Das religiöse Milieu, in das ein individuelles religiöses Konstruktsystem eingebettet ist: In Bezug auf diesen Faktor kann angenommen werden, dass religiöse Milieus, in denen die Figur des Teufels als relevantes religiöses Deutungsmuster thematisiert wird, den Glauben an seine Existenz begünstigen.
2. Theologische Basisstrukturen, die ein individuelles religiöses Konstruktsystem organisieren: Als eine derartige Basisstruktur kann beispielsweise der Glaube an eine personale Struktur der Transzendenz angesehen werden. Es ist zu vermuten, dass eine personale Strukturierung des transzendenten Raums den Glauben an die Existenz des Teufels erleichtert.
3. Zentralität des individuellen religiösen Konstruktsystems in der Persönlichkeit: Schließlich ist zu vermuten, dass der Glaube an die Existenz des Teufels mit der Zentralität der Religiosität in der Persönlichkeit zunimmt. Mit der Zentralität des religiösen Konstruktsystems nimmt seine Eigendynamik zu. Damit steigt auch die Wahrscheinlichkeit, dass gesellschaftlich unerwünschte bzw. zumindest minoritäre Deutungsmuster zur Geltung kommen können.

Zusammen konstituieren diese drei Faktoren eine allgemeine Formel der Religiosität: $R = f \{(Z_{rK} \times I_{rK}) \times M_{rK}\}$ Danach ist religiöses Erleben und Verhalten eine Funktion der Interaktionen der Zentralität und des Inhalts des religiösen Konstruktsystems, sowie des religiösen Milieus, in das dieses Konstruktsystem eingebettet ist. Die empirische Fruchtbarkeit dieser Formel kann anhand der Daten von ALLBUS 1991 diskutiert werden. In dieser Studie wurde nicht nur nach dem Glauben an die Existenz des Teufels gefragt (was selten vorkommt), sondern es wurden auch Daten zu den drei allgemeinen Einflussfaktoren von individuellen religiösen Konstruktsystemen erhoben.[2]

Die Frage nach dem Teufel hatte folgenden Wortlaut: „Glauben Sie, dass es den Teufel gibt?" Dazu standen den Respondenten 5 Antwortkategorien zur Verfügung: „Nein, sicher nicht" „Nein, wahrscheinlich nicht", „Ja, wahrscheinlich", „Ja, ganz sicher" und „Kann ich nicht sagen". Zur Vereinfachung fasse ich in den folgenden Darstellungen der Ergebnisse die beiden zustimmenden und die beiden ablehnenden Kategorien zu jeweils einer Kategorie zusammen und lasse die Unentschiedenen weg.

Tabelle 1 zeigt den Glauben an den Teufel nach konfessioneller Zugehörigkeit. Diese Ergebnisse zeigen, dass die Zugehörigkeit zu einer religiösen Gemeinschaft und damit die zumindest formale Einbindung in ein religiöses Milieu fast eine notwendige Bedingung für den Glauben an den Teufel ist. Nur 1 % der Religionslosen glaubt an den Teufel. Von den beiden großen Religionsgemeinschaf-

---

[2] Die Daten sind unter www.gesis.org/Dauerbeobachtung/Allbus/ frei zugänglich.

ten sind es vor allem die Katholiken, die den Gebrauch dieses Deutungsmuster stimulieren. Die „Anderen Christen", die sich aus vielen kleinen christlichen Gemeinschaften zusammensetzen, stimmen diesem Deutungsmuster mit 59 % zwar am stärksten zu. Da diese Gruppen jedoch sehr klein sind, haben sie gesamtgesellschaftlich nur einen sehr geringen Einfluss auf die Verbreitung des Glaubens an die Existenz des Teufels.

Tabelle 1: Glaube an den Teufel nach konfessioneller Zugehörigkeit (N = 2349)

Konfession	Glaube an den Teufel		N
	Ja	Nein	
Katholiken	33 %	67 %	511
Protestanten	16 %	84 %	791
Andere Christen	59 %	41 %	64
Ohne Religion	1 %	99 %	983

Tabelle 2 stellt den Glauben an den Teufel in Abhängigkeit vom Glauben an einen personalen Gott dar. Als Indikator für ein personales Transzendenzkonzept dienten die Antworten auf die Aussage „Es gibt einen Gott, der sich persönlich mit jedem Menschen befasst". Die Ergebnisse in Tabelle 2 zeigen, dass der Glaube an die Existenz des Teufels erst bei einer Zustimmung zu dieser Aussage in nennenswerter Größe auftritt. Sowohl bei einer Ablehnung dieser Aussage als auch bei einer indifferenten Haltung („weder noch") ist dieser Glaube kaum vorhanden. Dies deutet darauf hin, dass der Glaube an die transzendente Figur des Teufels in der Regel eine personale theologische Basisstruktur in persönlichen religiösen Konstruktsystemen voraussetzt.

Tabelle 2: Glaube an den Teufel nach dem Glauben an einen personalen Gott (N = 2351)

Glaube an personalen Gott	Glaube an den Teufel		N
	Ja	Nein	
Ja	54 %	46 %	480
??? („weder noch")	10 %	90 %	539
Nein	3 %	97 %	1332

Als dritter Einflussfaktor für den Glauben an die Existenz des Teufels wurde bereits oben die Zentralität des religiösen Konstruktsystems ins Spiel gebracht. Als ein grober Indikator dafür können die siebenstufigen Antworten (von

1 = unwichtig bis 7 = sehr wichtig) auf die Frage nach der Wichtigkeit des Lebensbereichs „Religion und Kirche" dienen. Bei Antworten auf Stufe 1 (= unwichtig) und 2 dürfte Religiosität keine oder höchstens eine marginale Rolle in der Persönlichkeit eines Menschen spielen. Auf der anderen Seite ist bei den Antwortstufen 7 (= sehr wichtig) und 6 die Wahrscheinlichkeit hoch, dass Religiosität ein zentrales Persönlichkeitssystem darstellt. Im Zwischenbereich (Antwortstufen 3–5) kommt Religiosität zwar vor, sie dürfte insgesamt jedoch nur eine untergeordnete Rolle im Leben spielen. Die Ergebnisse in Tabelle 3 zeigen, dass der Glaube an die Existenz des Teufels erst bei einer zentralen Position des religiösen Konstruktsystems in größerem Umfang eine Rolle zu spielen beginnt. Möglicherweise liegt dies daran, dass ein „sperriges" und sozial minoritäres religiöses Deutungsmuster wie der Glaube an die Existenz des Teufels erst bei einer großen Eigendynamik individueller religiöser Konstruktionsprozesse eine Chance bekommt.

Tabelle 3: Glaube an den Teufel nach der Zentralität des religiösen Konstruktsystems in der Persönlichkeit (N = 2356)

Zentralität des religiösen Konstruktsystems (Wichtigkeit von „Religion und Kirche")	Glaube an den Teufel		N
	Ja	Nein	
Zentral	50 %	50 %	413
Untergeordnet	14 %	86 %	797
Marginal	3 %	97 %	1146

Bisher wurden die Zusammenhänge zwischen dem Glauben an die Existenz des Teufels und der „Konfession", dem „Glauben an einen personalen Gott" und der „Zentralität des religiösen Konstruktsystems" getrennt betrachtet. Im letzten Analyseschritt sollen diese Zusammenhänge nun auf der Basis einer Varianzanalyse simultan betrachtet werden. In dieser Analyse ist der Glaube an die Existenz des Teufels als abhängige Variable definiert. Die drei potentiellen Einflussfaktoren fungieren als unabhängige Variablen. Es wurde ein Modell zu den Haupteffekten der drei Faktoren und dem Interaktionseffekt der Faktoren „Zentralität des religiösen Konstruktsystems" und „Glaube an einen personalen Gott" berechnet. In Tabelle 4 sind dazu das R^2 des Gesamtmodells und die partiellen Eta^2-Koeffizienten der drei Einflussfaktoren dokumentiert.

Tabelle 4: Partielle Eta²-Koeffizienten der varianzanalytischen Zusammenhänge zwischen dem Glauben an die Existenz des Teufels und drei Faktoren (N = 2339; R^2 = .439)

Faktoren	Partielle Eta²-Koeffizienten
Konfession	.037***
Glaube an einen personalen Gott	.118***
Zentralität des religiösen Konstruktsystems	.028***
Interaktion von Zentralität und personalem Gott	.015***

***: $p < .001$

Von den Ergebnissen in Tabelle 4 kann zunächst das sehr hohe R^2 von .439 hervorgehoben werden. Dies bedeutet, dass die drei Faktoren zusammen fast 44 % der Varianz des Glaubens an die Existenz des Teufels erklären. Dieser sehr hohe Wert spricht für den heuristischen Wert des der Analyse zugrundgelegten Modells der Religiosität. Ein zweites wichtiges Ergebnis ist, dass alle drei Faktoren signifikante Haupteffekte haben. Dies bedeutet, dass jeder Faktor einen eigenständigen Beitrag zur Erklärung des Glaubens an die Existenz des Teufels leistet. Dabei erweist sich der Glaube an einen personalen Gott als der mit Abstand wichtigste Einzelprädiktor des Glaubens an die Existenz des Teufels. Die inhaltliche Grundstruktur des individuellen religiösen Konstruktsystems erklärt allein 11,8 % der Varianz des Glaubens an die Existenz des Teufels. Es folgen die konfessionelle Zugehörigkeit und die Zentralität des religiösen Konstruktsystems, die allein 3,7 % bzw. 2,8 % der Varianz aufklären. Als letztes Teilergebnis ist die signifikante Interaktion der Zentralität und des Inhalts (= Glaube an einen personalen Gott) des religiösen Konstruktsystems hervorzuheben (vgl. Abb. 1).

Abb. 1 zeigt, wie der Glaube an die Existenz des Teufels bei 9 verschiedenen Typen von religiösen Konstruktsystemen, die sich aus der Kombination der Faktoren Zentralität und inhaltliche Basisstruktur bilden lassen, im Durchschnitt ausgeprägt sind. Die Skala reicht von 1 (= „Nein, sicher nicht") bis 4 („Ja, ganz sicher"). Bei religiösen Konstruktsystemen, die inhaltlich durch eine ablehnende und unentschiedene Haltung zu der Vorstellung eines personalen Gottes geprägt sind, ist die Bereitschaft an die Existenz des Teufels zu glauben, durchgängig sehr gering. Die unterschiedlichen Positionen des religiösen Konstruktsystems in der Persönlichkeit führen hier kaum zu einer Zunahme dieser Bereitschaft. Demgegenüber ist der Glaube an die Existenz des Teufels bei religiösen Konstruktsystemen, deren inhaltliche Basisstruktur durch den Glauben an einen personalen Gott geprägt ist, deutlich höher. Insbesondere zeigt sich hier auch ein deutlicher Effekt der Position des religiösen Konstruktsystems.

Abbildung 1: Interaktion von Zentralität und Inhalt (Glaube an einen personalen Gott) des religiösen Konstruktsystems

Glaube an die Existenz des Teufels

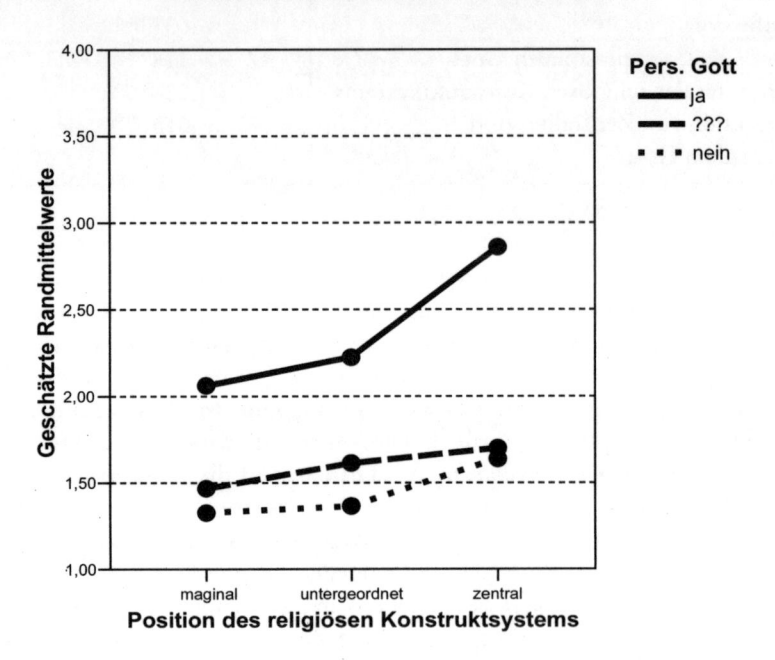

Bei einer zentralen Position steigt dieser Glaube sprunghaft an und nähert sich im Durchschnitt der Antwortkategorie „Ja, wahrscheinlich". Dieser Typ eines religiösen Konstruktsystems ist allein für 51 % aller Individuen verantwortlich, die an die Existenz des Teufels glauben. Nun kann bei dieser Gruppe allein schon wegen der zentralen Position der Religiosität eine hohe religiöse Produktivität und Dynamik postuliert werden. Daher ist zu erwarten, dass sich der Glaube an die Existenz des Teufels auch in Zukunft einer nachhaltigen Vitalität erfreuen wird.

Levent Tezcan

Wo selbst Engel zittern, kann nur ein Narr helfen! Aber wie?

Von den Engeln erzählt man so mancherlei. Meist dies, dass sie Mittler zwischen Gott und den Menschen sind; dass sie aus reinem Licht, oder aus reinem Geist beschaffen sind; dass sie fürs Gute stehen; auch wird mal für sie die Bezeichnung „Automaten" gebraucht. Ein persischer Dichter, Faridaddin Attar aus dem 12. Jh. erzählte in einer detailreichen Geschichte, genannt Musibatname[1], die zu den Klassikern islamischer Kulturgeschichte gehört, wie die berühmten Engel der abrahamitischen Überlieferung freimütig ihr furchtbares Zittern vor dem Allmächtigen gestehen. Warum fürchtet aber Gabriel, der „Adoptivbruder der Propheten", derjenige Erzengel also, „dem die Offenbarung ganz vertraut ist und der Tora, Koran und Evangelium gebracht hat"?[2] Er weigerte sich ja seinerzeit Muhammad auf dessen Himmelfahrt weiter zu begleiten als bis zum „Lotusbaum der äußersten Grenze", weil es ihm nicht erlaubt war; er stieg also vor der Endstation (Gottes Angesicht) aus. So kann Gabriel dem Wanderer, der in Attars Geschichte von einer Tür zur nächsten schreitet, bei seiner Reise nicht weiter helfen als das eigene Leiden zu enthüllen.

> „Wenn ich um Fingerbreite näher ginge,
> der Gottesglanz versengte meine Schwinge!
> Ich bin aus Furcht vor Ihm ja niemals froh
> Und wag' nicht, Seinen Namen zu erwähnen." (246)

Viel anders verhält sich nicht mit Israfil, Michael und Azrail. Israfil der Reine, „Strahl des Schaffens, Künder der Vernichtung" (des Jüngsten Gerichts), selbst dieser harrt angstvoll seinem Schicksal. An jenem Tag wird er aus Furcht kleiner als Sperling (248). Michael, „in dessen Hand die Schüssel für die Schätze der Welt sind; aus dessen Ozean Wolke und Regen nur Tropfen sind und von dessen Tisch alle Nahrung, aller Unterhalt kommt" (250), verrät, dass sein Donner im Grunde nichts sei als ein Schrei des leidenden Herzens, Schnee und Regen nichts als seine Tränen; er will dem Wanderer klar machen, dass auch er nur ein Durchgangsort zum wahren Geber ist. Der Todesengel Azrail, „der dafür sorgt, dass die Seele zum Geliebten kommt" (251), vergießt Blut aus seinem Herzen ob der Seelen, die er „seit vielhunderttausend Jahren beständig den Leibern (wegreißt)"

---

[1] Auszüge erschienen in H. Ritter: Das Meer der Seele. Mensch, Welt und Gott in den Geschichten des Fariduddin Attar, Leiden 1978, in F. Attar: Vogelgespräche und andere klassische Texte. Vorgestellt von Annemarie Schimmel. München 1999 und in N. Kermani: Der Schrecken Gottes. Attar, Hiob und die metaphysische Revolte, München 2005.
[2] Attar: Vogelgespräche, 245. – Die Seitenangaben im Text beziehen sich auf Attar, Vogelgespräche.

(251). Wie groß muss wohl die Verzweiflung des Wanderers sein, der im irdischen Gerangel keine Antwort fand auf die letzten Fragen, wenn selbst die „freien Diener" Gottes, als welche die Engel genannt sind, nichts anderes berichten können als die Kontingenz der Existenz, die pure Willkür Gottes, vor der niemand sicher ist?[3] So erzählt einer der acht Engel, die Gottes Thron tragen, wie furchtbar schwindelig es ihm wird, wenn er mal nach unten schaut:

> *„Ich trage doch die große Last*
> *und mein Schmerz gleicht dem Schmerze, den du hast!*
> *Thron auf der Schulter, Fuß im leeren Raum –*
> *wer in der Welt, ach, könnte das ertragen?"* (253)

So sehr sich auch der Schmerz der Last für den Menschen wie die Engel gleich anhören mag, so ist der Mensch jedoch den Engeln überlegen, da diese nur Sehnsucht kennen, aber keine Gottesliebe, die nur dem Menschen eignet, worum willen er aber auch als Wanderer auf die Reise gehen kann und zu gehen hat. Es ist ihr Glück oder Pech (wie man es nimmt), dass die Engel immer im Gehorsam Gottes stehen und so vor dem versengenden Strahl der Liebe Gottes verschont bleiben. Jedenfalls scheinen sie dafür geschaffen zu sein, um die Paradoxie der menschlichen Existenz kontrastreicher hervortreten zu lassen. Gottesliebe enthält in der Geisteswelt der Mystiker den Drang nach Göttlichem, eben dieser Trieb, der auch die Quelle der Hybris ist, fehlt den Engeln. Engel kennen ihre Grenzen, sie gehen nicht auf Wanderschaft. Als reine Geisteswesen üben sie sich stets in Gottes Gedenken.

Ganz rein dürften sie allerdings auch nicht sein, gibt uns doch der fromme Dichter einen Wink, wenn er von der *Sehnsucht* der Engel spricht. Wo das Bewusstsein der Grenzen vorliegt, das die Sehnsucht erzeugt, da ist doch immer schon die Möglichkeit ihrer Übertretung mit gegeben. Jedenfalls gibt es einen Engel, der aus eben Gottesliebe ungehorsam Gott gegenüber wurde.

Die altbekannte Tragik des gefallenen Engels, der sich nach der offiziellen Lehre (also auch des Korans) aus Hochmut weigerte, sich vor Adam niederzuwerfen, hatte die frühen islamischen Mystiker überaus fasziniert.[4] Gemeint ist vor allem die Satan-Deutung des Martyrers Halladsch (hingerichtet 922), der großen Einfluss auf Generationen der Mystiker, religiöser Kritiker, aber auch

---

[3] Später, wo der Wanderer an der Höllenpforte klopft, weist Annemarie Schimmel (in Attar: Vogelgespräche, 267) in diesem Zusammenhang auf eine Koranstelle hin: „Alles ist vergänglich außer dem Angesicht Gottes", (Sure 28/88). Selbst die Hölle fürchtet sich vor dem Tode.

[4] Im Koran Sure 2 steht: „(30) Und als dein Herr zu den Engeln sprach: ‚Wahrlich, Ich werde auf der Erde einen Nachfolger einsetzen', sagten sie: ‚Willst Du auf ihr jemanden einsetzen, der auf ihr Unheil anrichtet und Blut vergießt, wo wir doch Dein Lob preisen und Deine Herrlichkeit rühmen?' Er sagte: „Wahrlich, Ich weiß, was ihr nicht wisset. (34) Und als Wir zu den Engeln sprachen: ‚Werft euch vor Adam nieder', da warfen sie sich nieder bis auf Iblis; er weigerte sich und war hochmütig. Und damit wurde er einer der Ungläubigen." (http://gutenberg.spiegel.de/anonymus/koran/sure2.htm)

gegenwärtige Agnostiker und Atheisten gehabt hat. Orientalist Helmut Ritter, der das deutsprachige Publikum mit Attars Werk bekannt machte,[5] berichtet, dass „Satan gleichsam monotheistischer als Gott selbst (wird), es sei denn, dass Gott etwas anderes gewollt, als er befohlen hat."[6] Satan klagt zu Recht, denn „für Tausende von Jahren/trank" er „den vollen Liebesbecher nur" (304). Er war ja Lehrer von „siebenhunderttausend von den Engeln, die standen still einst unter jener Kanzel", von der aus er pflegte von Gott zu sprechen (307). Die Paradoxie, in der der gefallene Engel verfangen ist, kommt in einem Dialog zwischen ihm und Gott zur Sprache:

> *Satan: Begehrst du nicht mehr der prosternation, sodass ich vor ihm niederfallen soll? Wenn du mir das geboten hast, so hast du es doch (früher) verboten! Gott sprach zu ihm: Ich werde dich quälen (strafen) mit ewiger qual. Satan: Wirst du mich nicht ansehen, während Du mich quälst? Gott: Ja. Satan: Dann wird Dein auf mich gerichteter blick mich den anblick der qual (der strafe) ertragen lassen; tu mit mir was Du willst! Gott: Ich werde dich zum gesteinigten machen. Satan: Ist es nicht so, dass mein inneres nie etwas anderes durchdrungen hat als Du? Tue mit mir was Du willst!".*[7]

So spricht nun kein Beamter. Sind denn Engel eigentlich nicht Bürokraten/Techniker, die Vorschriften/Anleitungen befolgen – auch aus Angst vor Entlassung? Vielleicht repräsentieren ja Engel die Urform des Beamtentums, das in rudimentärer Form für jede soziale Ordnung unabdingbar ist? Das Engelhafte muss der Mensch aufbringen, damit es funktioniert. Da ist aber auch Satan, die Verführung, die Übertretung des Engelhaften durch einen Engel, der Ungehorsam aus Liebe/Gehorsam. Satans Tragik findet sich auch auf der Seite der Menschen wieder – schließlich durfte Satan nicht als das Kulturideal vorschweben. Die kulturelle Gestalt, auf die in den Grenzregionen der islamischen Geistesgeschichte zurückgegriffen wird, ist der Narr, für den das (religiöse) Gesetz aufgehoben ist und bei dessen Hadern mit Gott selbst die Schreibeengel, welche die guten und schlechten Taten der Menschen registrieren, ein Auge zudrücken. Denn die Narren zeichnen sich durch das Privileg aus, dass sie gegebenenfalls Gott selbst anklagen dürfen, wobei dieses Privileg nicht immer von den Mitmenschen entsprechend gewürdigt wird.[8] Sie sind quasi menschlicher Gegenpart des Satans. Sie rebellieren aus Gottesliebe gegen Gottes Willkür, welche Willkür nun diese Liebe erst recht zu entfachen scheint. Satan und Narr bringen etwas zur Sprache, was den gewöhnlichen Menschen und Engeln (Dienern) nicht gestattet ist.

---

[5] Wieder aufgegriffen von Kermani: Schrecken.
[6] Ritter: Meer, 538.
[7] Zit. n. Ritter: Meer, 539.
[8] Siehe Al-Halladsch: „O Leute, rettet mich vor Gott". Worte verzehrender Gottessehnsucht. Ausgewählt, übersetzt und eingeleitet von Annemarie Schimmel, Freiburg i.Br. 1985.

Man könnte natürlich dem Begehren des Satans genauer nachgehen. Es ist die Liebe Gottes, Seine Nähe, um die Satan gegen den Menschen buhlt. Nach der Lacanschen Psychoanalyse ist das Begehren immer das Begehren des Anderen, also geht es nicht vornehmlich um das begehrte Objekt, auf das sich das Begehren vermeintlich richtet. Ohne das Begehren des Anderen zu begehren, wäre das Objekt nicht begehrenswert, das zeichnet wohl den menschlichen Wunsch aus (aus der Einsicht in diesen Mechanismus schöpft doch die ganze Werbekultur). Für den Sozialanthropologen René Girard heißt dieses Begehren, das „mimetische Begehren",[9] das eine Gewalteskalation auslöst, die gar bis zur Zerstörung der Gemeinschaft führen kann, nichts anderes als Satan. Es ist nun derselbe gewiefte Engel, der das Mittel, nämlich den Sündenbock zur Vertreibung der Gewalt aus der Gemeinschaft liefert (Spiel zwischen Teufel und Belzebub). Mit dem Opfer, dem Sündenbock, wird nun die Gemeinschaft versöhnt. Vielleicht könnte man die Gottesliebe Satans muslimischer Mystiker und Dichter als mimetisches Begehren verstehen, das jeder menschlichen Gemeinschaft innewohnt und nicht auszutreiben ist. Nach Girard hat jedenfalls das Christentum in Jesu Opferung diesen Opfermechanismus bloßgelegt, die Unschuld des Opfers betont, und sich damit auf die Seite des Opfers geschlagen. Das Kreuz ist demnach eine programmatische Absage an die Gewalt. In der Sprache muslimischer Mystiker scheint aber selbst der Satan, der arme Teufel, ein Opfer zu sein, auf dessen Seite sich die Narren, Gottes Freunde zu stellen nicht scheuen.

Opfer aber von Was? Wohl von Gott, von Gottes purer Willkür! Navid Kermani hat den herausragenden Stellenwert dieser Idee in der islamischen Theodizee (jedenfalls in der mystischen Variante) in Anlehnung an Attars Werk in seinem aktuellen Buch dargestellt. Satan als Opfer Gottes, *weil* er Gott liebt.[10] Ist etwa selbst Gott nicht frei vom mimetischen Begehren oder gar dessen Quell? Mit solchen Fragen könnte man das leidenschaftliche Gedankenspiel der Mystiker anthropologisch fortsetzen. Der Gedanke liegt nahe, bedeutet doch Gottes Willkür, gegen die Hiob, die Narren und Satan klagen, das Fehlen eines sicheren Fundaments, von dem aus man auf Barmherzigkeit Gottes hoffen dürfte. Der Dichter verwirft selbst die Idee der Barmherzigkeit angesichts der Willkür der Gewalt in der Welt – zu kühn gerade für unsere Zeit, in der die Idee der Liebe so selbstverständlich, so konkurrenzlos zu sein scheint. Während das Christentum Barmherzigkeit noch an das Kreuz binden konnte, ist es exakt die Negation göttlicher Barmherzigkeit, aus der Attar (im Gefolge radikaler Mystiker) „die einzige Hoffnung auf Erbarmen" zieht:[11]

---

[9] R. Girard: Ich sah den Satan vom Himmel fallen wie ein Blitz. Eine kritische Apologie des Christentums, München 2002.
[10] Kermani: Schrecken, 276.
[11] Kermani: Schrecken, 280.

> „Weil ohne Grund ist alles, was Du tust,
> Erbarm Dich ohne Grund, o Weltenlenker.
> Mögen Unglaube und Sünden schwer auf mir wiegen,
> Ein Wort Deines Vergebens, und ich bin frei.
> Wenn Du mir auch nur ein Atom Glück geben kannst,
> Gib's mir doch, gibst Du nicht immer ohne Grund?"[12]

Aus dem gleichen Grunde mag es wohl sein, dass der einfache Muslim, dem Attars Häresie der Frömmigkeit nicht eigens bekannt sein dürfte, keinen einzigen Vorsatz ausspricht, ohne daran anzuhängen: Inscha Allah (so Gott es will). Ob hier ein Moment polytheistischer Vorstellung von launenhaften Göttern zur Sprache kommt, die es aus irgendwelchen Gründen mit den Menschen arg treiben?! Jedenfalls trauen Muslime letztlich Gott nicht, *weil* sie ihm alles zutrauen.[13] Vernünftig ist die Vorsicht schon, wo doch nicht einmal die Engel, die ständig Seiner gedenken, sich in Sicherheit wähnen dürfen. Die Erinnerung an die Kontingenz der Existenz, an die Vergänglichkeit wach zu halten, das ist Satans Job für alle Zeiten. Darum steckt er überall (nicht nur in Details). Selbst in dem Eröffnungssatz, der jeder Koranrezitation vorangeht, muss der Gläubige zunächst sagen: „Ich suche Zuflucht vor dem gesteinigten Satan". Erst dann kann er auf Erbarmen hoffen: „Im Namen Gottes des Barmherzigen des Erbarmers."[14] Der gefallene Engel wollte vor seinem Fall denn auch nichts anderes als dies: Gottes Nähe.

René Girard will in seiner erklärten „kritischen Apologie des Christentums" Gott und Barmherzigkeit im Gegensatz zu heidnischen, mythischen Erzählungen, die alle das Gewaltmoment verklärten, frei von Satan halten, um einen Standpunkt gegen die Gewalt zu behalten. Damit sei dem mimetischen Spiel (alias Satan) programmatisch ein Ende gesetzt worden. Der persische Dichter (und seine mystischen Referenzen) platziert hingegen Satan selbst in Gottes Gesellschaft hinein. Damit verwickeln sich die Figuren des Guten und Schlechten ineinander. Das rivalisierende mimetische Spiel wird nicht abgeschafft, der Rivalität wird aber (zumindest programmatisch) die Feindseligkeit genommen. Man liebt nicht unbedingt seinen Feind; selbst der größte Feind kann aber etwas von Freundschaft aufweisen. So begibt sich am Ende, dass es Satan ist, der in der Geschichte Attars Muhammad freundlich mahnt:

> „Bist du auch der Gesandte, der getreue,
> sieh meine Fessel und sei nicht so sicher,
> denn elend und nichtswürdig wie ich bin:
> seh' deine Krone ich, hab ich noch Hoffnung.

---

[12] Zit. n. Kermani: Schrecken, 280.
[13] In der türkischen Volksfrömmigkeit hilft hier noch die (eventuell vorislamische) Figur *felek*, die man wegen harter Schicksalsschläge verantwortlich macht und beschimpft, was mit der monotheistischen Gottesvorstellung nicht ganz kompatibel sein dürfte.
[14] Annemarie Schimmel in Attar: Vogelgespräche, 305.

Ich bin nicht hoffnungslos; du sei nicht sicher!
Sieh meine Unbedürftigkeit! Pass' auf!" (307)

V. Populare und populäre Engelbilder

Christel Köhle-Hezinger

Engels-Bilder, Engels-Memoria

"Abends, wenn ich schlafen geh', 14 Englein um mich stehn ..." Dieses Gutenacht-Lied faszinierte meine kindliche Vorstellungswelt, führte sie in phantastische Weiten – weit mehr als jenes erste Abendgebet, das an Engel adressiert, vorgesprochen und nachgeplappert wurde. Dieser englische Gruß war kurz, diesseitig und merkwürdig: *"Engele komm, mach mich fromm, dass ich zu dir ins Himmele komm!"*. Die scheinbar kindgerechten Verniedlichungsformen von Engel und Himmel brachten mir beide nicht näher. Sie waren nicht geeignet, nicht wirkmächtig genug, vorhandene Bilder zu beflügeln oder sie ins Licht meiner Wünsche und Fantasien zu rücken. „Fromm" stand zu sehr in der Nähe von „Bravsein", und das In-den-Himmel-Kommen war Fernziel – weniger von uns, eher die propagierte Botschaft von Schwester Auguste im Kindergarten.

Faszinosum hingegen waren die Realien im Umfeld von Himmel und Engeln: Auf dem Friedhof gab es ein für Kindergräber reserviertes Feld mit Gräbern en miniature, die Grabsteine waren meist schön verziert, auf einem thronte ein Engel. Einmal, per Zufall erspähten wir im Sarglager einer Schreinerei weiße Kindersärglein. Wir bestaunten sie, fanden sie, der Miniatur und Farbe wegen, niedlich und anmutend schön. Von einem kleinen Vetter, der gerade an Typhus gestorben war, hieß es, er sei nun ein Engel und käme in den Himmel. Darüber hinaus aber war der Himmel weder Traumstation noch Ort der Sehnsucht. Das änderte sich auch nicht, als das Kleinkindergebet durch ein anderes, längeres ersetzt wurde: *"Breit aus die Flügel beide, o Jesu, meine Freude, und nimm dein Küchlein ein. Will Satan mich verschlingen, so lass die Englein singen: ‚Dies Kind soll unverletzt sein'."* Aus dem Engele waren Helden geworden: große, starke Gestalten. Doch auch sie waren fern.

Engel sein und Engel werden war utopisch – und hatte Zeit.

Engel um sich haben – 14 zumal – faszinierte dennoch. Ihre emsige Geschäftigkeit, das heinzelmännische Gewusel gefiel mir und ließ sich traumhaft und schön ausmalen. *"Zwei, die mich decken, zwei die mich wecken, zwei zu meinen Füßen, zwei zu meinen Häupten..."*. Diese Bilder waren katholisch schön, sie dufteten nach Rosen, entführten die Gedanken. So weit und schön wie „Engele flieg", das Kinder-Traumspiel der frühesten Erinnerung. Es verband Kinder und Erwachsene auf wundersame Weise. An den Armen von Großen – zur Linken und zur Rechten – war man an den Händen umklammert und gehalten, nach vorne fliegend und wieder zurück, ohne Gefahr. Oder, die Variante: Losrennen und Fliegen in ausgebreitet wartende Arme von Großen, von ihnen aufgefangen, gebremst, geborgen, ein Gefühl von Sicherheit und Freiheit in einem.

Spätere Engel waren aktiver, und sie waren – vor allem – selbst bestimmt. Kinderspiele wie „Himmel und Hölle" (woanders hieß es „Hickelhäuschen", es gab viele Namen) oder „Vierzehn Engel tragen ..." waren von der Kenntnis christlicher Bilderwelten und Bildertraditionen, von „14 Nothelfern" und von „Engeln im Rosenkranz" noch ganz (oder vielleicht doch nicht) unbelastet. Der Himmel war hier Gegenpol zur Hölle, erreichbar auf Zeit und in Bewegung. Er war Ziel, er war transitorisch – aber nie, auf dieses Glück konnte man hoffen, unausweichliche Endstation. Bei anderen Spielen war der Himmel nicht wählbar – er war scheinbar Zufall wie beim Ostereierschälen. Denn die große Spannung galt hier jenem Moment, in dem beim Verzehr der hartgekochte Eidotter erreicht wurde. Kurz vor dem entscheidenden Biss kam die Frage: „Engele oder Teufele?" Zeigte sich der Dotter goldgelb, war man Engel, zierte das Gold des Dotters ein dunkler Rand, ein Schatten, eine Art Trauerflor, so war man Teufel.

Engelsein, weiblich-leibhaftig: Das war dennoch große Sehnsucht. Es blieb, in meiner evangelischen Lebenswelt der 1950er Jahre, den katholischen Mädchen vorbehalten. Wir beneideten sie von Herzen um ihre weißen Kommunionskleider, die aus ihnen kleine Engelchen machten. Einmal nur durfte ich ins ganz große Engelsgewand schlüpfen. Es war die Weihnachtsfeier unserer Kinderkirche, in der ich – nach jahrelangem Warten, das heißt nach der Teilnahme im Chor der himmlischen Heerscharen – endlich unsere Truppe von sieben Mädchen anführen durfte. Wir mussten, auf den Treppen der Kanzel gestaffelt stehend, den Kanon singen „Ehre sei Gott in der Höhe". Wir waren in weiße, von den Müttern zusammengenähte Leintücher gewandet, um den Kopf einen goldenen Reif und auf der Stirn einen Stern aus Goldpapier. Unter dem Reif die Haare mit großmütterlichen Lockenscheren gewellt, engelsgleich fließend. Mit dieser Engels-Leibhaftigkeit, gleichsam auf dem Zenit ihrer Annäherung, endet die Kette meiner kindlichen Engelsbilder.

Später, im kulturwissenschaftlichen Studium der Realien begegneten mir Papp-Engelsflügel, wie sie Heidemarie Schade im Katalog „Das ABC des Luxuspapiers"[1] beschreibt: *„Engelsflügel aus geprägter Pappe zählen bis heute zu den gängigen Theaterkostümartikeln. Bis in die 30er Jahre (des 20.) Jahrhunderts gehörten sie zum Sortiment der großen Prägeanstalten. Heute werden sie noch von der Firma A. Kunze & Co., Amberg, früher Buchholz/Sachsen, hergestellt und inzwischen auch in Kunststoff angeboten.*

Zu den aus gold- und silberfarbenem Karton geprägten, mit Bindebändern versehenen Engelsflügeln gehörte stets ein sterngeschmückter Stirnreif. Beide waren unerlässliche Attribute der Engelsgestalten, die die vorweihnachtlichen Aufführungen und Veranstaltungen der Theater, Vereine und Schulen, aber auch die häuslichen Feiern mit dem Vortragen von Gedichten und Liedern begleiteten. Engelsflügel gab

---

[1] H. Schade: Das ABC des Luxuspapiers, Berlin 1983, 113 f.

aus: Das ABC des Luxuspapiers, Museum f. Dt. Volkskunde Berlin 1984

es in verschiedenen Ausführungen: abwärts- und aufwärts stehend, einfach und hochgeprägt, letzteres mit besonders schöner Wirkung der Federn, bedruckt oder bemalt, ‚beglimmert oder glitzernd bestreut' (Katalog E. Neumann, S. 125). In ähnlicher Ausführung wurden angeboten: Amor-, Puck- und Elfenflügel, Schmetterlingsflügel in verschiedenen Mustern, Bienen-, Libellen- und Goldfliegenflügel." Im Bild daneben gezeigt sind „Engelsflügel, Krone und Stirnreif, Pappe, geprägt, Fa. Kunze, Amberg, um 1982 (Entwurf nach 1945, Vorbild um 1900.)"

Engel überlebten Zeiten und Systeme: Sie überwanden auch in unserer Zeit Grenzen und Mauern, Zeit- und Kultur-Wenden. Meine Engel-Feldforschungen, seit 1998 von Jena ausgehend, zeigen längst auch das Überfliegen von Mauern, die für Engelsflügel bis dahin scheinbar fraglos gültig waren. In meinen Studien zum Weihnachtsbären[2] begegneten mir im Weihnachtsfelde Engel alter und neuer Art – erzgebirgische, aus Sachsen und Fernost; Tier-Engel aller Art wie jener beflügelte, kuschlig-weiße „Duftbär", den mir – als Bärenforscherin – jemand zum Geburtstag schenkte; oder wie jener „Lesebär", geschnitzt, ein dickes Buch haltend (ist es das Buch der Bücher?), der an Weihnachten im Schweizer Skiort in einem Schaufenster saß; oder jener „Engelhund" auf dem Titel eines Buches mit dem Titel „Kriegt ein Hund im Himmel Flügel?"[3] Engelhafte Boten im eng-

---

[2] Ch. Köhle-Hezinger: Verbärung der Weihnacht – Verbärung der Welt?, in: Volkskultur und Moderne. Europäische Ethnologie zur Jahrtausendwende. Festschrift für Konrad Köstlin, Wien 2000, 379–398.
[3] H. und J. Zink: Kriegt ein Hund im Himmel Flügel? Religiöse Erziehung in den ersten sechs Lebensjahren, Stuttgart 2003.

lischen Bestiarium, so der Befund, kommen auch heute – ob traditionell, ob als Duftbär, Engelhund oder Engelbär – noch immer in „Heerscharen".[4]

Foto: privat

---

[4] Englischen Bild- und Realien-Inspirationen hilfreich sind das „Deutsche Schutzengelmuseum" in Bad Wimpfen (jetzt Bretten; Anm. der Hg.), das „Schutzengel-Museum" in Kreuth, zum „Zentrum für Außergewöhnliche Museen" gehörig. Ferner der Aufsatz von C. Pecher: Abends, wenn ich schlafen geh', vierzehn Englein um mich steh'n – zwei zu meinen Häupten, zwei zu meinen Füßen … Ein Beitrag zur Kulturgeschichte des Abendsegens, in: Literatur in Bayern, hg. von Dietz–Rüdiger Moser und Waldemar Fromm, München 2003, 46–57.

Johannes Twardella

Engelbilder von Schülern

I.

Als mir der Vorschlag gemacht wurde, ich könne über Bilder, die Schulkinder von Engeln gemalt haben, schreiben, war ich zunächst skeptisch: Was ließe sich zeigen, welcher Erkenntnisgewinn könnte damit verbunden sein? Würde ich nicht nur landläufige Vorstellungen bzw. Reproduktionen dessen präsentiert bekommen, was den Kindern von ihren Eltern, Lehrern oder den Medien vermittelt wurde? Dennoch ließ ich im Sommer 2005 von zwei Klassen der Jahrgangsstufe 5 des Gymnasiums, an dem ich damals arbeitete, Engelbilder malen. Danach blieben sie monatelang unberührt in meinem Arbeitszimmer liegen, bis ich an einem verschneiten Abend Ende November plötzlich Lust bekam sie mir genauer anzusehen. In der einen Klasse, deren Klassenlehrer ich war, hatte ich auf meinen gerade zurückliegenden Geburtstag verwiesen und den Kindern erklärt, sie würden mir mit den Bildern einen Geburtstagswunsch erfüllen: In der anderen Klasse wurde ich zufällig als Vertretung eingesetzt und da ich darauf nicht vorbereitet war, ließ ich dort ebenfalls Engelbilder malen. In beiden Klassen forderte ich die Kinder auch dazu auf, ihr Bild zu beschreiben und zu erklären, was sie sich bei ihrem Bild gedacht haben. Was ist bei diesem Versuch herausgekommen?

II.

Die überwiegende Mehrzahl der Bilder der Klasse, die mich schon seit einiger Zeit kannte (und die größtenteils aus Mädchen bestand), ist überaus liebevoll gestaltet. Durchweg alle Engel haben Flügel (mit einer Ausnahme, einem fliegenden Wesen, das einen Propeller am Rücken trägt – in Anlehnung an Karlson vom Dach), über die Hälfte der Engel hat einen Heiligenschein, ungefähr die Hälfte von ihnen ist weiblich und circa ein Drittel der Engel wird als „Schutzengel" bezeichnet. Auf einem anderen Drittel befinden sich die Engel irgendwie „im Himmel" – stehend auf einer Wolke, neben einer Wolke fliegend oder aus einer Wolke hervorgehend. Die meisten Engel wirken sehr freundlich, dem Betrachter zugewandt, auf einigen Bildern befinden sich sogar Herzchen. Nur ein Engel wirkt so, als sei er gerade dabei in einen Kampf zu ziehen. (Die Enden der Buchstaben des Wortes „Angel", mit dem dieses Bild überschrieben ist, laufen in spitze Pfeile aus.)

III.

Deutlich anders sind die Bilder jener Klasse ausgefallen, die mich kaum kannte, da ich kein Lehrer für sie war, der sie regulär unterrichtete. Ohne Frage sind sie wesentlich heterogener ausgefallen: Auf den ersten Blick fällt auf, dass in dieser Klasse nicht nur Engel, sondern auch Teufel gemalt wurden. Der Teufel erscheint hier als das Gegenteil, der Widerpart bzw. Gegenspieler der Engel. Als teilnehmender Beobachter kann ich sagen, dass in der Klasse ein „Schneeballeffekt" einsetzte: Ein Schüler hatte damit angefangen, Teufel zu malen, andere haben diese Idee daraufhin sofort aufgegriffen.

Auch hier lässt sich feststellen, dass viele Engel Flügel sowie einen Heiligenschein besitzen und meistens weiblich sind. Zwei der Engel sind deutlich „cool" gemalt – einer mit langen blonden Haaren, freiem Bauch, kurzem Rock und hohen Stiefeln, der andere mit Lippenpiercing, einer Kette mit einem Kreuz um den Hals und einem ausgefransten Rock. In beiden Fällen wird auch in dem unter dem Bild befindlichen Text hervorgehoben, diese Engel seien „cool". Dann gibt es einige Bilder, in denen Teufel und Engel nebeneinander gezeichnet sind. Bei einem von ihnen werden die beiden durch eine dritte Figur ergänzt, zu der es heißt: „Dieser Engel ist wie ein Mensch, er hat eine böse und eine liebe Seite."

Eine weitere Gruppe zeigt Bilder von Figuren, die Teufel und Engel zugleich sind: Ein Engel, der vor Flammen steht, mit wildem Haar, Teufelshörnern auf dem Kopf und mit einer Gabel mit drei Zinken in der Hand. Zu einem anderen Engel, der zwar wie ein braves Mädchen aussieht, der aber Teufelshörner besitzt sowie spitze Zähne, die aus dem Mund hervorragen, und der ebenfalls eine Gabel mit drei Zinken in der Hand hält, heißt es: „Ich habe einen Engel der Teufel gemalt, weil es auch Engel geben muss, die Teufel beschützen." Und ein drittes Bild aus dieser Gruppe wird folgendermaßen kommentiert: „Ich glaube nicht an Engel, aber an Gott. Ich kann mir Engel nicht vorstellen, daher habe ich einen ‚teuflischen Engel' gemalt."

Schließlich gibt es einige Bilder, auf denen nur ein Teufel abgebildet ist. Zu einem von ihnen heißt es, abgebildet sei ein „böser Kerl, sehr böser Kerl."

IV.

Auf der Rückseite eines der Bilder befindet sich eine relativ ausführliche und erstaunlich systematische Erklärung für die Ikonographie, die typischen Merkmale der Engel. Auf sie möchte ich etwas genauer eingehen. Der Text ist in vier Abschnitte gegliedert, die jeweils mit einer Frage überschrieben sind. Die erste Frage (bzw. Feststellung) lautet: „Der Engel steht auf einer Wolke?" Darauf folgt als Antwort:

> „Weil ich meine Das Engel im Himmel leben!"

Auffällig ist die subjektivierende Rahmung der Auffassung, dass Engel „im Himmel leben": Das Kind macht mit „ich meine" deutlich, dass ihm klar ist, dass Engel nicht so existieren wie andere Dinge und Wesen und es sich mit seiner Aussage in den Bereich der Fiktion bzw. der Spekulation begibt, eben in den Bereich des Glaubens (im Gegensatz zu dem des Wissens.) Dennoch trifft es eine klare Aussage über den Aufenthaltsort der Engel, es lokalisiert sie „im Himmel". Dies lässt sich im Zusammenhang mit dem Bewusstsein von der Differenz zwischen Empirie und Spekulation sehen: Da man nicht im Sinne von Wissen über Engel sprechen kann, können sie sich nur außerhalb jenes Bereichs befinden, der aus der kindlichen Perspektive der Bereich des Erkennbaren ist, also im „Himmel".

Erstaunlich (und erklärungsbedürftig) ist auch die Form, die Systematik, der das Kind in seinen Darlegungen folgt. Diese erklärt sich freilich aus der schulischen Situation: Die Problematik wird in der Form schulischer Aufgaben behandelt. Wie der Lehrer – in mündlicher oder schriftlicher Form – Fragen stellt, die die Schüler zu beantworten haben, so wird hier die Ikonographie der Engel erklärt. Der Schüler hat offensichtlich die Form der Bearbeitung von Problemen, wie sie in der Schule üblich ist, so sehr internalisiert und sich zu eigen gemacht, dass er auch das Thema, vor das er mit dem Auftrag Engel zu malen und zu erklären gestellt ist, in dieser Form bearbeitet.

Die zweite Frage lautet: „Warum hat der Engel einen Heiligenschein?" Und geantwortet wird folgendermaßen:

> „Weil ich meine, gute Engel haben einen Heiligenschein und wenn sie was böses machen haben sie keinen Heiligenschein mehr und wenn sie noch etwas schlimmes machen sind sie ein Teufel!"

Die Rahmung, auf welche oben bereits eingegangen wurde, taucht auch in dieser Antwort wieder auf. Überraschend an ihr ist, dass hier etwas ausgesagt wird nicht über die Ikonographie, sondern über das „Wesen" der Engel. Das Erstaunliche liegt darin, dass das Kind Engel nicht per se als „gute" Wesen betrachtet, die immer gut sind und Gutes tun, sondern dass es gute und böse Engel gibt und die Frage, welcher Kategorie ein Engel angehört, abhängig ist von seinen Taten. Das Kind hat offensichtlich kein substantialistisches, sondern eine handlungsbezogenes Verständnis von Engeln. Die Handlungen der Engel können so stark variieren, können so „böse" sein, dass der Engel sein Sein als Engel verliert und zu einem Teufel mutiert. Man könnte daraus den Schluss ziehen, dass für das Kind auf der Ebene der Vorstellungen die Handlungen das Primäre sind, genauer gesagt, die moralische Qualität der Handlungen, die Polarität von Gut und Böse. In dem durch diese beiden Pole eröffneten Spektrum können sich als im Himmel befindlich vorgestellte Wesen mit ihren Handlungen bewegen. Und der kindlichen Vorstellung nach sind das in erster Linie gute Wesen. Doch dieses Gutsein wird, wie gesagt, nicht substantialistisch gedacht, vielmehr kann es – eben in Abhängigkeit von den Taten der himmlischen Wesen – sich auch in sein Gegenteil wandeln – und dann werden diese Wesen zur Verkörperung des Bösen, zu einem Teufel, der folglich auch nicht als das ganz Andere eines Engels gedacht wird, ein grundsätzlich, essentiell von ihm unterschiedenes Wesen, sondern auch als ein Engel, als ein „böse" gewordener Engel.

Hinzu kommt schließlich, dass die moralische Qualität der Engel sich in ihrem Äußeren, ihrer äußeren Erscheinung niederschlägt: Wie man sich einen Teufel vorzustellen hat, bleibt offen, doch das „Gutsein" bzw. gute Handeln zeigt sich der kindlichen Vorstellung nach in dem Vorhandensein eines „Heiligenscheines".

„Warum die Flügel?" heißt die nächste Frage. Und die Antwort lautet:

> „Weil sonds kommen die Engel garnichts auf die Wolken und können nicht den Toten im Himmel essen geben!"

Das Vorhandensein der Flügel ist in mehrfacher Hinsicht wichtig: Zum einen dienen sie, so die Vorstellung des Kindes, wie die Flügel von Vögeln als Fortbewegungsmittel. Und es wird offensichtlich davon ausgegangen, dass die Engel sich nicht immer auf Wolken befinden, sondern von woanders her dorthin gelangen müssen. Von wo sie aber kommen, das bleibt offen.

Zum anderen wird der Besitz der Flügel funktional angebunden an eine Aufgabe, die die Engel im Himmel zu erfüllen haben: Das Kind ist der Meinung, sie würden „den Toten im Himmel essen geben." Die Vorstellungen von Engeln werden hier verknüpft mit konkretistischen Vorstellungen von einem Leben nach dem Tod. Interessant wäre es an dieser Stelle freilich zu fragen, woher diese Vorstellungen stammen, aus welchen Quellen sie sich speisen. Dieser Frage kann hier jedoch nicht nachgegangen werden. Es genügt festzustellen, dass das Kind offensichtlich an ein Leben nach dem Tod glaubt und dass es dieses Leben – im Gegensatz zu dem irdischen – im Himmel verortet. (Der Himmel erweist sich als der Ort der Imagination, der spekulativen Möglichkeiten.) Und es wird an eine körperliche Fortexistenz gedacht. Das Leben nach dem Tod ist kein rein geistiges, spirituelles. Die Angewiesenheit auf Nahrung weist darauf hin, dass in der Vorstellung des Kindes der Mensch nach dem Tod körperlich weiterlebt. Ein Entwicklungspsychologe würde dies eventuell als Ausdruck eines bestimmten kognitiven Niveaus interpretieren – das Kind hat die Stufe abstrakten Denkens noch nicht erreicht –, ein Religionswissenschaftler würde darin den Einfluss bestimmter religiöse Überzeugungen erkennen. Wir ergänzen an dieser Stelle allein, dass die Toten im Himmel im Gegensatz zu den Lebenden auf der Erde nicht selbstständig für sich sorgen können. Ihr Totsein zeigt sich wohl gerade darin, dass sie ihre Selbstständigkeit verloren haben und wie Kinder oder Kranke mit Essen versorgt werden müssen. Sie führen – diese Lesart ist möglich, jedoch nicht zwingend – ein auf bloßes körperliches Vegetieren reduziertes Dasein, in dem sie angewiesen sind auf die Hilfe der Engel.

Zuletzt stellt das Kind die Frage: „Wie entstehen Engel?" Wie wird diese Frage beantwortet?

„Wenn Menschen nur gutes tuen und dann sterben werden sie zu Engeln mit Heiligenschein wenn sie schon mal was böses getan haben werden sie ein Engel ohne Heiligenschein wenn sie wieder was böses machen werden sie Engel ohne Heiligenschein und ohne Flügel Wenn sie wieder was Böses machen werden sie zu Teufel in der Hölle. Die Teufel greifen gans oft Die Engel an aber die Engel sind viel schlauer des wegen gewinnen sie immer."

Dass Engel nicht per se gut sind, wurde oben bereits deutlich. Nun erfahren wir zudem, dass sie der kindlichen Vorstellung nach aus Menschen hervorgegangen sind – und in Abhängigkeit von der Frage, ob diese in ihrem Leben Gutes getan haben oder nicht, haben die Engel einen Heiligenschein oder nicht. Verschiedene Dinge fallen nun weiter auf: Zum einen geht das Kind hier offensichtlich davon aus, dass Menschen dazu in der Lage sind „nur Gutes" zu tun. Zu vermuten ist, dass diese Vorstellung als „Rückwirkung" zu verstehen ist: Da es Engel gibt, die „nur gut" sind und Engel aus Menschen entstanden sind, muss es folglich auch Menschen geben, die nur Gutes tun. Zum anderen wird nicht nur unterschieden zwischen Engeln mit und ohne Heiligenschein, vielmehr wird erklärt, es gebe vier Kategorien von Engeln: 1. mit Heiligenschein, 2. ohne Heiligenschein, 3. ohne Heiligenschein und ohne Flügel und 4. die Teufel. Diese Klassifikation scheint insofern wenig einleuchtend zu sein, als Engel ohne Flügel nicht vorgesehen sein dürften – es würde ja bedeuten, dass diese Engel völlig überflüssig sind, da sie die Aufgabe, die Engel eigentlich zu erfüllen haben – die Versorgung der Toten – nicht erfüllen können. Die Klassifikation verdankt sich wohl der Stufung der moralischen Taten bzw. der Unterschiede im moralischen Handeln der Menschen. Diese können 1. nur Gutes tun, 2. einmal, 3. zweimal oder 4. dreimal Böses tun. Auch diese Unterscheidung ist wenig plausibel, weil sie rein quantitativ und nicht qualitativ ausfällt und zudem wohl die meisten Menschen mehr als nur drei böse Taten in ihrem Leben vollbringen. Qualitativ würde sie dann, wenn man annehmen würde, dass die erste böse Tat noch unbeabsichtigt war, die zweite bereits mit Wissen davon, dass sie böse ist, geschah und beim dritten Mal der Mensch sich zum Prinzip gemacht hat böse zu sein.

Die Erklärung endet mit der Vorstellung eines Kampfes zwischen den Engeln und den Teufeln: Die Teufel sind diejenigen, die stets beginnen. Sie verkörpern gewissermaßen das Prinzip der Aggressivität. Die Engel aber gewinnen immer und zwar, weil sie schlauer sind. Sind die Teufel so dumm, dass sie noch nicht einmal begreifen, dass sie den Kampf aufgrund ihrer intellektuellen Unterlegenheit nicht gewinnen können? Stattdessen nehmen sie ihn immer wieder auf – obwohl das Ende absehbar ist. Im Hintergrund steht hier wohl der kindliche Glaube daran, dass das Gute letztlich immer siegt.

V.

Was lässt sich zusammenfassend zu diesem kleinen Versuch sagen? Als erstes kann festgehalten werden, dass in der ersten Gruppe die pragmatische Rahmung entscheidend gewesen ist: Weil die Mehrheit der Klasse eine gewisse Bindung an ihren Lehrer hatte und dieser sie zudem um ein Geschenk gebeten hatte, haben die Schüler sich darum bemüht, ihm einen Gefallen zu tun, ihm eine Freude zu bereiten. Für die zweite Gruppe spielte jedoch die Bindung an den Lehrer keine Rolle – und so konnte es in einem deutlich stärkeren Maße zu einer Auseinandersetzung mit dem Thema selbst kommen. Freilich kann insofern die Beziehung zu dem Lehrer ein Rolle gespielt haben, als einige Schüler zunächst sich gegen den Arbeitsauftrag sperrten. Da sie aber sich nicht grundsätzlich dem Lehrer verweigern wollten, haben sie ihren Protest dergestalt zum Ausdruck gebracht, dass sie die Aufgabenstellung abgewandelt, also etwas anderes gemalt haben, als der Lehrer von ihnen erwartete. Eventuell vermittelt über diesen Protest, geriet die Beschäftigung mit dem Arbeitsauftrag zu einer Auseinandersetzung mit grundsätzlichen Fragen und zwar 1. mit der Frage nach dem Guten: Engel stehen für das Gute, und deshalb kommt in der Auseinandersetzung mit ihnen die Frage auf, woher das Gute stammt, ob es das Gute alleine geben kann und wie das Verhältnis zwischen dem Guten und dem Bösen zu sehen ist. 2. Außerdem stellte sich im Zusammenhang der Auseinandersetzung mit dem Thema „Engel" den Schülern die Frage nach dem Tod bzw. nach dem Leben, das auf ihn folgt – wie soll man sich dieses vorstellen? Darüber hinaus hat sich gezeigt, dass die Kinder grobe Versatzstücke der religiösen Traditionen mit Vorstellungen und Bildern aus anderen Zusammenhängen – wohl vor allem aus der Werbung und den Massenmedien – kombinieren. Insofern kann das Ergebnis des kleinen Versuchs als ein weiterer Beleg für die Erosion der Verbindlichkeit der religiösen Traditionen, für Individualisierungsprozesse sowie für eine „patchwork-Religiosität" in der jungen Generation gesehen werden.

Kornelia Sammet

Harry Potter und die Engel.
Eine religionssoziologische Analyse

Die Bücher der Reihe „Harry Potter" sind die erfolgreichsten Jugendbücher der letzten Jahre. Die neuen Bände werden von den (nicht nur jugendlichen) Leserinnen und Lesern sehnlich erwartet, ihr Erscheinen mit Begeisterung begrüßt. Auch die Verfilmungen sind immer große Kassenerfolge. Die Autorin Joanne K. Rowling entwirft in ihrem Werk eine eigene Welt, in der es neben den Zauberern und Hexen sowie den „Muggeln", den gewöhnlichen Menschen, eine Vielzahl weiterer Wesen, „magische Geschöpfe" und auch Geister, gibt. Dieses Universum wird von Band zu Band weiter ausgebaut und erläutert. Es ist von einem erstaunlichen Eklektizismus geprägt. Die Frage, welche Bedeutung Engel darin haben, drängt sich zunächst nicht auf, sie ermöglicht jedoch, die Besonderheiten des Rowling'schen Universums zu erhellen und einige Strukturen des Romans herauszuarbeiten.

Nicht zuletzt aufgrund der weltweiten Begeisterung für die Romane haben sich Literaturwissenschaftler und Publizisten, Psychologen und Theologen mit dem Phänomen Harry Potter beschäftigt. Insbesondere die Bedeutung der Zauberei für die jugendliche Leserschaft regte Veröffentlichungen und Diskussionen an. In einer psychoanalytischen Perspektive wird als ein zentrales Moment des Romans die „Regression auf die magische Denkweise", verbunden mit der „Phantasie von den idealen Eltern"[1] im Sinne eines geheimen Familienromans, herausgearbeitet. Theologen machen sich Gedanken über die religiösen Gehalte der Erzählung,[2] während Vertreter evangelikaler Kreise mögliche mit den Büchern verbundene Gefahren thematisieren. In einem Beitrag im „Evangeliumsnetz" wird die mit Bezug auf Paulus kritisierte Zauberei dem Glauben an Engel gegenübergestellt. Dort heißt es:

> „Harry, in deiner Welt der Muggles und Zauberer, da ist Gott verloren gegangen. Ihr alle, so wie euch J.K. Rowling beschreibt, ihr habt den Schöpfer aus den Augen verloren. Kennt ihr die Geschichte von Jesus Christus? Habt ihr schon einmal von den Wundern Gottes gehört – dem

---

[1] S. Zwettler-Otte: Harry Potter und die Bausteine eines Welterfolgs, in: S. Zwettler-Otte (Hg.): Von Robinson bis Harry Potter. Kinderbuch-Klassiker psychoanalytisch, München 2002, 155–167, hier 167, 159.

[2] M. Morgenroth: Der Harry-Potter-Zauber. Ein Bestseller als Spiegel der gegenwärtigen Privatreligiosität, in: Pastoraltheologie 90/2001, 66–77; C. Dahlgrün: Harry Potters Trivialreligiosität. Kritische religionspädagogische Anmerkungen zu einem Bestseller, in: Pastoraltheologie 90/2001, 78–87.

tieferen und weitergehenden Zauber des Schöpfers, der ein Wort spricht und es geschieht? (...) Kennst du die Engel Gottes, Boten des Lichts?"[3]

Mit dem Verweis auf Gott und die Engel wird hier implizit die Unterscheidung von Immanenz und Transzendenz eingeführt, und diese Unterscheidung weist im Rowling'schen Universum eine spezifische Struktur auf, die ich am Beispiel einer Prophezeiung, die das Schicksal und die Aufgabe Harry Potters zum Thema hat, herausarbeiten möchte.

Zunächst jedoch möchte ich zum einen die Rolle von Engeln in den Büchern und zum anderen die Art und Weise der Erfüllung von ihnen häufig zugeschriebenen Funktionen erläutern.[4]

Engel und Geister

Bei allem Eklektizismus zeigen sich in Rowlings Mythologie der Zaubererwelt keine Spuren der christlichen Überlieferung. Die großen christlichen Feste werden ebenso wie das für die Zauberer bedeutsame Halloween im Jahresverlauf zwar gefeiert, sie sind jedoch in erster Linie Anlässe für Geschenke, Ferien und eine entsprechende Raumdekoration (z.B. Weihnachtsbäume, Eier, Kürbisse). Auch Engelgestalten kommen in den Geschichten immer mal wieder vor, sie haben jedoch eine rein dekorative Funktion; teilweise sind sie nur als Engel verkleidet: So wird ein Gartengnom (ein maulwurfartiger Gartenschädling) „stupefied, painted gold, stuffed into a miniature tutu and with small wings glued to his back" (HP VI, 309)[5] als Engel für den Weihnachtsbaum missbraucht: „the ugliest angel Harry ever saw" (HP VI, 309). Und Zwerge werden „mit goldenen Flügeln und Harfen ausstaffiert" (HP II, 246ff.) als Überbringer von Liebesbotschaften am Valentinstag eingesetzt. Schließlich gibt es auf dem Friedhof in Little Hangleton, dem Ort einer dramatischen Szene, in der Lord Voldemort als Verkörperung des Bösen wieder ersteht, einen Marmorengel, hinter dem Harry Potter in Todesgefahr Schutz sucht (HP IV, 698).

---

[3] R. Potthast: Harry Potter, in: evangeliumsnetz: http://www.evangelium.de/filmfernsehen.0.html (29.07. 2005).

[4] Die Seitenangaben im Text beziehen sich alle auf Rowling, Joanne K.:
Harry Potter und der Stein der Weisen, Hamburg 1998 (= HP I);
Harry Potter und die Kammer des Schreckens, Hamburg 1999 (= HP II);
Harry Potter and the Prisoner of Azkaban, London 1999 (deutsch: Harry Potter und der Gefangene von Askaban, Hamburg 1999 (= HP III);
Harry Potter und der Feuerkelch, Hamburg 2000 (= HP IV);
Harry Potter und der Orden des Phönix, Hamburg 2003 (= HP V);
Harry Potter an the Half-Blood Prince, London 2005 (deutsch: Harry Potter und der Halbblutprinz, Hamburg 2005) (= HP VI).

[5] Er ist in der deutschen Übersetzung von „einem Schockzauber gebannt, golden angemalt, in ein winziges Ballettröckchen gezwängt und mit angeklebten Flügelchen auf dem Rücken" (HP VI, 332)

Diese Engelgestalten sind ästhetische bzw. schon karikierende Verweise auf Themen bzw. Anlässe, die in der kulturellen Tradition (bzw. in der Kulturindustrie) mit Engeln verbunden werden: der Friedhof und damit der Tod, die romantische Liebe und das Weihnachtsfest. Die genannten Engelgestalten sind in keiner Weise übermenschliche nicht-göttliche Wesen, die im Dienst bzw. Auftrag Gottes[6] zwischen Immanenz und Transzendenz vermitteln. Dass sie diese Funktion gar nicht übernehmen können, ist im Verhältnis von Immanenz und Transzendenz, wie es Rowling konzipiert, begründet. Diese These möchte ich im Weiteren näher ausführen.

In der Transzendenz sind in dieser Konzeption weder Gott noch Götter zu finden; das Jenseits ist vielmehr Ort der Toten, die keine Boten schicken können. Sie können jedoch Spuren ihres Lebens im Diesseits hinterlassen und dadurch Lebenden Schutz bieten oder Aufträge für sie erledigen. Dies ist z.B. der Fall bei den Porträts früherer Schulleiter, die sich lebhaft an Gesprächen beteiligen, zwischen verschiedenen Gemälden hin und her wandern und Botschaften überbringen können. Beim „Umkehrzauber" („Priori Incantatem", vgl. HP IV, 693–698; 728ff.) erscheinen die durch Voldemort getöteten Opfer, unter ihnen Harrys Eltern, als „schattenhafte Gestalten" (HP IV, 697f.), als „eine Art Echo des Vergangenen" (HP IV, 729) aus seinem Zauberstab und können in einen Kampf eingreifen.

Das Verhältnis von Immanenz und Transzendenz wird besonders deutlich am Schicksal der Geister. Sie bevölkern die Zauberschule, und einer von ihnen, „Nearly Headless Nick", gibt Auskunft darüber, was es mit der Geisterexistenz auf sich hat:

> „Ich hatte Angst vor dem Tod (…) Ich entschied mich dafür, zurückzubleiben. Manchmal frage ich mich, ob ich nicht doch … nun, es ist weder hier noch dort … tatsächlich bin ich weder hier noch dort … (…) Ich weiß nichts von den Geheimnissen des Todes, Harry, denn ich habe mich stattdessen für mein schwächliches Nachbild des Lebens entschieden." (HP V, 1011)

Wie für die Geister gilt für alle Menschen, Zauberer und magischen Wesen: Es gibt nur eine Existenz im Diesseits oder im Jenseits, und vor allem gibt es aus dem Jenseits keine Rückkehr und auch keine Kommunikationsmöglichkeit ins Diesseits. Das Überschreiten der Grenze zum Jenseits – dies wird in der Thematisierung des Todes bis zum sechsten Band deutlich – ist unumkehrbar. Die Welt der Zauberer ist zwar den „Muggeln" größtenteils verborgen und damit ihrem Alltag entzogen, jedoch leben auch die Zauberer einen Alltag und sie teilen das menschliche Schicksal der Sterblichkeit, auch wenn Tom Riddle alias Lord Vol-

---

[6] J. Ev. Hafner: Engel, in: H. Baer u.a. (Hg.): Lexikon neureligiöser Gruppen, Szenen und Weltanschauungen. Orientierungen im religiösen Pluralismus, Freiburg 2005, 279–286, hier 279f.

demort versucht, diesem Schicksal zu entrinnen – dies ist der Grund für seine Greueltaten und zugleich laut Albus Dumbledore[7] seine größte Schwäche.

Die Entwicklung des Helden

In der auf sieben Bände angelegten Romanreihe werden die sieben Schuljahre Harry Potters im Zauberer-Internat Hogwarts berichtet. Thema ist seine Adoleszenz und die damit verbundenen pubertären Verwirrungen und Konflikte. Die mit der Adoleszenz auch anstehende Ablösung aus der Herkunftsfamilie[8] gestaltet sich kompliziert, da Harry seine Eltern, die er früh verloren hat, überhaupt nicht kennt; vielmehr erschließt sich ihm im Fortgang der Romanreihe immer mehr deren Geschichte und die sich für ihn daraus ergebenden Konsequenzen. Schließlich erleben die Leser sein Ringen um die Erkenntnis und die Anerkennung seiner Erwählung und ihre Bewährung mit, die ihm nicht zuletzt mit Hilfe seiner Freunde und – wie Dumbledore immer wieder betont – seiner besonderen Fähigkeit zur Liebe[9] gelingt.

Im Kern handelt es sich bei der Erzählung um einen Heldenroman. Harry Potter zeichnet sich im Kampf gegen das Böse durch seinen Mut aus, doch es wird auch deutlich, dass er mit seinem Heldentum immer wieder hadert. Auch wenn er unter seiner Auserwählung leidet, nimmt er seine Aufgabe im Finale des sechsten Bandes aus eigener Entscheidung an. Hilfreich ist ihm dabei einerseits der durch die Liebe seiner Mutter, die ihr Leben für ihn opferte, magisch erzeugte Schutz[10], andererseits seine Intuition und die Kenntnis magischer Formeln. Im Kampf gegen das Böse ist nicht die Hilfe transzendenter Mächte entscheidend, sondern die eigene Fähigkeit, durch Magie schützende Kräfte mobilisieren zu können. Diese Fähigkeiten erwirbt er im Laufe seiner Lehrjahre in Hogwarts.

---

[7] Der charismatische Schulleiter Albus Dumbledore bezeichnet den Tod als „das nächste große Abenteuer" „für den gut vorbereiteten Geist" (HP I, 323).

[8] Die Ablösung von den Eltern ist eine doppelte, da Harry zwei Herkunftsfamilien hat. Mit dem Eintritt in die Zauberschule löst er sich von seiner Stieffamilie, den Dursleys, ab, in der er nicht gut gelitten ist und schlecht behandelt wird. Dies stützt die Lesart des Familienromans: Er verlässt die Welt der Dursleys und allgemein die der Muggel und kann sich über sie erhöhen. Andererseits lernt er im Laufe der Zeit auch schlechte Eigenschaften seines zunächst idealisierten, ihm unbekannten toten Vaters kennen und entwickelt eigene Maßstäbe für sein Handeln (vgl. HP V, 753–762; 787ff.).

[9] Im sechsten Band weist Dumbledore zum wiederholten Mal Harry, der selbst seine Möglichkeiten im Kampf gegen Voldemort anzweifelt, auf diese besondere Fähigkeit hin: „‚But I haven't got uncommon skill and power,' said Harry (...). ‚Yes, you have,' said Dumbledore firmly. ‚You have a power that Voldemort has never had. You can –' ‚I know!' said Harry impatiently. ‚I can love!' It was only with difficulty that he stopped himself adding, ‚Big deal!'" (HP VI, 476). Seine Mitschülerin Hermione bezeichnet seine ausgeprägte Bereitschaft, anderen zu helfen, als sein „Menschenrettungsding" (HP V, 862).

[10] Laut Dumbledore ein „alter Zauber", der Harry einen „dauerhaften Schutz" gab, „der bis heute in deinen Adern fließt" (HP V, 981).

Ein Zauber, den Harry im dritten Schuljahr lernt und bei dem er es zu einer besonderen Meisterschaft bringt, ist der „Patronus-Zauber", ein selbst erzeugter individueller Schutzzauber: „a guardian which acts as a shield", „a kind of positive force", "unique to the wizard who conjures it" (HP III, 257). Der Patronus übernimmt also eine Funktion, die auch Schutzengeln zugeschrieben wird, nämlich die Abwehr böser Wesen und Mächte. Er wird charakterisiert als „highly advanced magic" (HP III, 257), denn zu seiner Ausführung benötigt man mühsame Übung und besonderes Geschick.[11]

Dass dieser Zauber erlernbar ist und der persönliche Schutz selbst erzeugt werden kann, entspricht der adoleszenten Aufgab, zunehmend Autonomie zu entwickeln. Hier begleitet und behütet nicht eine transzendente Macht mittels Schutzengeln, vielmehr lernt der Jugendliche mit der Hilfe von einfühlsamen Lehrern auf dem Weg zum Erwachsenen, sich selbst zu helfen.

Die Bedeutung der „Prophezeiung"

Harry Potter ist, wie erwähnt, der Auserwählte im Kampf gegen die Verkörperung des Bösen: gegen Lord Voldemort. Er ist also eine charismatische Figur. Diese Rolle wird ihm von einer Prophezeiung, die im fünften Band Harry selbst wie den Lesern in ihrem Wortlaut bekannt gemacht wird, zugeschrieben. Zu diesem Zeitpunkt hat er sich schon mehrfach im Sinne dieser Prophezeiung bewährt. Die Prophezeiung besagt:

> „Der Eine mit der Macht, den dunklen Lord zu besiegen, naht heran ... (...) ... und der Dunkle Lord wird Ihn als sich Ebenbürtigen kennzeichnen, aber Er wird eine Macht besitzen, die der Dunkle Lord nicht kennt ... und der Eine muss von der Hand des Anderen sterben, denn keiner kann leben, während der Andere überlebt ..." (HP V, 987).

In der Einführung der Prophezeiung erscheint diese als Offenbarung eines vorherbestimmten Schicksals durch eine unbenannt bleibende Instanz, die über ein privilegiertes Wissen über die Zukunft verfügt und dieses durch eine Wahrsagerin an Menschen übermittelt. Die Offenbarung von Wissen über den Menschen unzugängliche Bereiche ist eine Aufgabe, die in anderen Zusammenhängen Engel übernehmen, und zwar im Auftrag transzendenter Mächte. Im sechsten Band wird jedoch eine Umdeutung der Bedeutung dieser Prophezeiung vorgenommen. Der Schulleiter Dumbledore warnt Harry Potter davor, sie zu ernst zu nehmen. Danach hat sie nicht eine schon feststehende Zukunft zum Gegenstand, sondern ist vielmehr erst der Auslöser der Ereignisse: „what the prophecy

---

[11] Dieser Schutzzauber funktioniert auf der Grundlage der Vergegenwärtigung von persönlichen Glückserfahrungen: „With an incantation, which will work only if you are concentrating, with all your might, on a single, very happy memory'" (HP III, 258); er bedarf also positiver biographischer Bezugspunkte und ist nicht reines Handwerk.

says is only significant because Voldemort made it so" (vgl. HP VI, 476). Der Glaube an sie, die Bedeutung, die Voldemort dieser Prophezeiung zugemessen und ihn zum Handeln (zum Angriff an Harry und zum Mord an seinen Eltern) veranlasst hat, hat die Geschichte erst in Gang gesetzt. Das heißt, Harry Potter wurde nicht durch das Schicksal auserwählt, sondern durch seinen Gegenspieler, der die Prophezeiung auf das Kind Harry Potter bezog. Für den 16-jährigen Harry ist jedoch entscheidend, dass er vor dem finalen siebten Band nicht ein vorherbestimmtes Schicksal annimmt, sondern aus der Freiheit einer eigenen Entscheidung[12] und aus persönlicher Überzeugung gegen Voldemort, den Mörder seiner Eltern, kämpft. Die Prophezeiung wird dadurch ihrer transzendenten Wurzeln entledigt und verdiesseitigt.

Abschließend möchte ich noch einmal auf die „Engelfrage" zurückkommen. Die Untersuchung der Frage, warum es in den Harry-Potter-Büchern Engel nur als Karikaturen gibt, erweist sich in religionssoziologischer Sicht als aufschlussreich. Denn sie macht deutlich, dass die säkularisierte Konstruktion der Unterscheidung von Immanenz und Transzendenz, die die Romane kennzeichnet,[13] keine Kommunikation und keine Vermittler aus der Transzendenz, die die Grenze zur Immanenz überschreiten könnten, zulässt. Die Aufgaben, die Engel in der christlichen Tradition erfüllen, werden deshalb – mit all ihren Unwägbarkeiten – von Menschen bzw. Zauberern selbst übernommen.

---

[12] M. Maar: Warum Nabokov Harry Potter gemocht hätte, Berlin 2003, 27, weist darauf hin, dass „die freie Wahl" der „Ankerpunkt der Ethik" in den Romanen sei.

[13] Diese These lässt sich auch nach dem Erscheinen des siebten Bandes (J.K. Rowling: Harry Potter and the Deathly Hallows, London 2007) aufrechterhalten. In diesem Abschlussband spielt die Frage des Todes eine zentrale Rolle. Die Aufgabe, der sich Menschen wie Zauberer stellen müssen, ist, die eigene Sterblichkeit zu akzeptieren, was gerade für die bedeutendsten Zauberer die größte Anfechtung ist: Voldemort wollte durch Teilung seiner Seele den Tod überwinden, und auch Dumbledore ist – wie sich nun herausgestellt hat – mehrfach der Versuchung erlegen. Moralische Reife dagegen bedeutet für Rowling, den Tod als menschliche Grundbedingung hinzunehmen, und darin bewährt sich Harry Potter. Zwei Momente könnten in diesem letzten Band der Erzählung als Grenzüberschreitung aus dem Jenseits – oder christlich gedeutet: als Auferstehung – interpretiert werden. Plausibler ist m.E. wiederum eine säkularisierte Deutung. Zum einen wird der „Ressurrection Stone" eingeführt, ein magischer Stein mit der „power to bring back the dead" (331) bzw. „to recall the dead". Hermione nennt die Zurückgerufenen „pale imitations" (346), da sie nicht zu den Lebenden gehören und nur dem erscheinen, der sie hervorruft.

In der Szene, in der Harry Potter sich am Ende von Voldemort töten lässt, stirbt nur der in ihm verborgene Teil der Seele Voldemorts, nicht er selbst; er befindet sich in „King's Cross" in einen Zwischenbereich zwischen Leben und Tod und hat die Wahl, weiter zu gehen, also in den Tod, oder zurück zu den Lebenden. Dieses Kapitel, in dem er den toten Dumbledore noch einmal trifft und viele Dinge sich klären, kann man als ein Nahtoderlebnis begreifen. Dies entspricht auch der das Kapitel abschließenden Bemerkung Dumbledores. Auf Harrys Frage „Ist his real? Or has his been happening inside my head?" antwortet der Schulleiter: „Of course it is happening inside your head, Harry, but why on earth should that mean that it is not real?" (579).

Michael N. Ebertz

Übermenschliche Welt – ohne Gott:
Engel und soziale Milieus

Nimmt man eine neuere qualitative Studie des Heidelberger Instituts „Sinussociovision", die milieuspezifische Beziehungen und Einstellungen zu Religion und katholischer Kirche in Deutschland im Auftrag der Deutschen Bischofskonferenz erhoben hat,[1] zur Kenntnis, dann gehen einem die Augen auf und man beginnt zu verstehen, weshalb dieses oder jenes religiöse und kirchliche ‚Angebot' bei diesen oder jenen auf ‚Nachfrage' stößt und anderes nicht. Und man stößt auch auf den Befund, dass der Schutzengelglaube mit anderen Transzendenzdeutungen eine bunte Mischung eingehen kann und sich dabei ganz besonders in einem Milieu konzentriert. Gemeint ist das Milieu der so genannten „Konsum-Materialisten", eines von derzeit insgesamt zehn von den Heidelbergern – nach einem bestimmten Indikator aus ca. 40 Items – unterschiedenen Milieus.

Die alten weltanschaulichen Milieus, die für Deutschland bis in die 1960er Jahr bestimmend gewesen sind, wurden von neuen gesellschaftlichen Milieubildungen überlagert, nach deren Mustern auch die meisten Katholikinnen und Katholiken heute fühlen, denken und handeln. Der Milieubegriff, wie er von „sinus-sociovision" verstanden wird, umfasst Kontexte und Zusammenhänge bestimmter Bevölkerungsgruppen, die sich durch ähnliche Lebensbedingungen, Lebenserfahrungen, Lebensauffassungen, Lebensweisen, Lebensstile und Lebensführungen und eine verstärkte Binnenkommunikation ausweisen. In die Konstruktion dieser „Sinus-Milieus®" gehen, so heißt es auf der Homepage des Heidelberger Instituts (www.sinus-sociovision.de), „zunächst die grundlegenden *Wertorientierungen* ein, dann die *Alltagseinstellungen* zur Arbeit, zur Familie, zur Freizeit, zu Geld und Konsum und so weiter. So rückt der Mensch ganzheitlich ins Blickfeld, mit dem vollständigen Bezugssystem seiner Lebenswelt. Deshalb bieten die Sinus-Milieus® Informationen und Entscheidungshilfen, praktischer und genauer als die herkömmlichen Zielgruppenansätze." Dabei werde versucht, so heißt es weiter, „die Menschen nicht als Merkmalsträger, nicht als Typen, nicht primär bezogen auf Produkte, sondern als Menschen" zu sehen, „die sich in ihrer Lebensauffassung und Lebensweise ähneln. Ähnlichkeiten im Lebensstil können, müssen aber nicht in derselben sozialen Schicht auftreten. An welchen Werten man sich orientiert, was einen interessiert, oder was man schön und hässlich findet, hat in erster Linie mit dem Milieu zu tun, zu dem man gehört." Die spezifische Qualität dieses Milieubegriffs ist somit durch die Verschränkung von

---

[1] MDG (Hg.): Milieuhandbuch. Religiöse und kirchliche Orientierungen in den Sinus-Milieus 2005, München 2006.

subjektiven und objektiven Daseinsmomenten bestimmt. Der Zusammenhang zwischen kulturellen und sozialstrukturellen Differenzierungen erscheint damit eng, aber nicht deterministisch. Im Unterschied zu einigen Lifestyle-Typologien mit ihrer Beschreibung von Oberflächenphänomenen beansprucht Sinus-Sociovision, „die Tiefenstrukturen" soziokultureller Differenzierung zu erreichen.

Wie man der graphischen Darstellung der Milieulandschaft (s. *Abbildung*) entnehmen kann, die zusammen mit recht detaillierten Beschreibungen der einzelnen Milieus – bis in deren Wohnzimmereinrichtungen hinein – ebenfalls auf der oben genannten Homepage zu finden ist, werden die Sinus-Milieus sowohl nach ihren jeweiligen Wertorientierungen (horizontale Gliederung: A,B,C) als auch nach ihrer Position im sozialen Raum (vertikale Gliederung nach sozialem Status 1,2,3) angeordnet. Je höher ein Milieu in dieser Milieukarte angesiedelt ist, desto gehobener sind Bildung, Einkommen und Beruf; je weiter rechts das Milieu positioniert ist, desto ‚(post)moderner', ich-verankerter und experimentierfreudiger ist die Grundorientierung. Die Grenzen zwischen einzelnen – benachbarten – Milieus, die Sinus-Sociovison auch als „soziokulturelle Gravitationszentren" charakterisiert, sind entsprechend einer gewissen Unschärferelation der Alltagswirklichkeit fließend; zwischen einigen Milieus gibt es deshalb gewisse Berührungspunkte und Übergänge (auch diese Überlappungspotenziale veranschaulicht in der *Abbildung*).

Die Sinus-Milieus® in Deutschland 2005

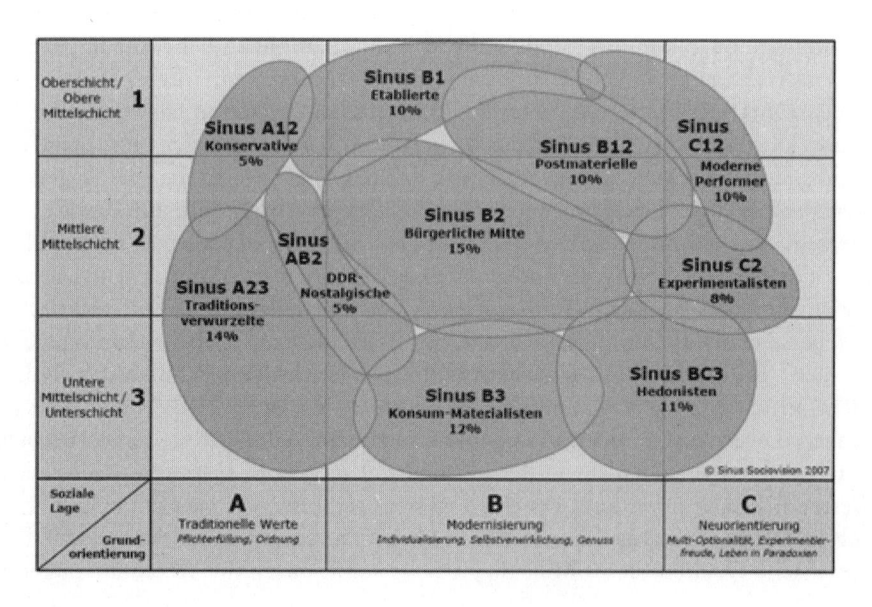

Quelle: www.sinus-sociovision.de

Milieu für Milieu werden in der nun vorliegenden Sinus-Studie die neu erhobenen Bausteine zum „Lebenssinn", zur „Weltanschauung", zu „Religion und Kirche", zur „Nutzung und Bedeutung der Bibel", zum jeweiligen „Image der katholischen Kirche", zu den „Wünschen und Forderungen an die Kirche" zusammengetragen. Dabei kommen auch milieuspezifische Kirchenbilder zu Tage und es zeigt sich, dass die römisch-katholische Kirche in Deutschland im wesentlichen in drei (auch noch schrumpfenden) Milieus (bei den „Traditionsverwurzelten", den „Konservativen" und einem Teil der „Bürgerlichen Mitte") verankert ist. Man wird davon ausgehen können, dass in diesen Milieus eine weitgehende, wenn auch diffuse Akzeptanz der traditionellen kirchlichen Engellehre anzutreffen ist, welche die ‚guten' Engel als majestätisch oder milde wirksame, wenn auch sekundäre Kräfte eines monotheistischen Himmels deutet.[2] Folgt man der Sinus-Studie, hat die katholische Kirche in Deutschland „erhebliche Image- und Kommunikationsprobleme in den Milieus der Grundorientierungen B und C". Unter diesen anderen sieben Milieus sind auch diejenigen (vor allem aus dem C-Segment), denen ein vergleichsweise hoher Anteil jüngerer Menschen zugerechnet wird und in denen der Anteil derer hoch ist, die sich entweder als kirchendistanzierte Christen oder als nicht-christliche Religiöse oder als Nicht-Religiöse und religiös Unsichere verstehen.

Während Menschen aus den Milieus der ‚Postmateriellen' und besonders der ‚Modernen Performer' eher Zugang zu den esoterischen Engelszenen jenseits der Konfessionskirchen haben dürften, bilden die so genannten ‚Hedonisten' zusammen mit den ‚Konsum-Materialisten' diejenigen Unterschicht-Milieus, denen sowohl die Kirchen – trotz ihrer Option für die Schwachen – als auch die esoterischen Engelszenen wohl am fernsten stehen. Ähnlich jung und einkommensprekär wie die ‚Experimentalisten', sind die Hedonisten allerdings weniger gebildet und weniger selbstaktiv in der Lebenssinnschöpfung. Man praktiziert eine gewisse Sinnstiftung ohne Sinnsystem in den körperbetonten Erlebnisangeboten der Freizeit- und Sportindustrie, wähnt die Kirche dementsprechend auch als lustfeindlichen Teil des bürgerlichen Establishments, als moralische Gegnerin der eigenen genussorientierten Lebensführung, die man sich ohnehin kaum leisten kann. Für dieses Milieu erscheint die Kirche als Spielverderberin, zumal ihr der Reiz des Neuen abgehe – etwa in den Gottesdiensten nichts Neues zu erwarten sei – und es ihr an praktischer Tauglichkeit für das Alltagsleben ebenso mangele wie an magischen Angeboten für das Exorzieren des Schicksals. Denn ‚magie'-gläubig ist dieses Milieu und durchaus auch pragmatisch interessiert an Esoterik, Okkultismus und Spiritismus. Über körperbetonte Gospel-Pop-Gottesdienst-Events (ohne ‚langweilige' Predigt) wäre dieses Milieu für die Kirche ebenso ansprechbar wie über einen Kumpel-Pfarrer, der sich zum Foppen und Anfassen eignet. Dass es ‚etwas Höheres' gibt, ist für dieses Milieu selbst-

---

[2] Eine traditionelle Zusammenfassung findet sich in J. H. Oswald: Angelologie, das ist die Lehre von den guten und bösen Engeln im Sinne der katholischen Kirche, Paderborn 1883.

verständlich, auch wenn man nicht mehr unbedingt an einen Gott glaubt, wie ihn die Kirche lehrt.

Das schutzengelgläubige Milieu der so genannten ‚Konsum-Materialisten' tickt ähnlich wie die ‚Hedonisten', der Anteil an jungen Menschen ist bei ihm allerdings geringer. Den Konsum-Materialisten wird das Leben zur Überlebensfrage, und der Traum vom besonderen Leben bleibt ein Traum. Sie wissen, wo sie auf der gesellschaftlichen Stufenleiter rangieren und haben ein entsprechendes ‚Underdogbewusstsein'; aber man zeigt das, was man hat, durchaus demonstrativ. Neben Konsum und materiellen Statussymbolen sucht dieses Milieu Unterhaltung und verachtet intellektuelle Differenzierungen als Arroganz und vornehmes Getue. Gesucht wird statt dessen Kraft zum Durchhalten und Überleben, hier und jetzt, d.h. ohne Langfristperspektive, die man sich nicht leisten kann. Dabei kann Kirche allenfalls diakonische Helferin sein, sozialkaritativer Rettungsanker, aber von der Sozialpastoral der ‚Postmateriellen' spüren die meisten Konsum-Materialisten nicht viel. Was sie neben der sozialen Zugehörigkeit zur Kirche vor Ort auch vermissen, sind religiöse Faustregeln für das Alltagsleben, religiöse Tricks und zupackende Hilfe für das Überleben. Ansonsten fühlt man sich vom kirchlichen Personal mit seinem ‚geschwollenen Transzendenzgerede' und von der vereinsähnlichen Communio der Kirchengemeinden im Stich gelassen und nicht ernst genommen. Trotz Mitgliedschaft in der katholischen Kirche – in der hier gemeinten Sinus-Milieu-Studie wurden ja mehrheitlich Katholiken und Katholikinnen sowie für die katholische Kirche Erreichbare befragt – ist die Distanz des Milieus der Konsum-Materialisten zu den kirchenoffiziellen Heilswahrheiten und Heilsgütern sehr ausgeprägt, ebenso zur intellektuellen ‚Besserwisserei' vieler (praktischer) Theologen und Theologinnen, die vorwiegend im (kleinbürgerlichen) Milieu der ‚Traditionsverwurzelten', im (bildungsbürgerlichen) Milieu der ‚Konservativen' und im Nach-68er-Milieu der ‚Postmateriellen' verankert sind.

Allerdings wird auch aus der kirchenoffiziellen Sicht das Milieu der Konsum-Materialisten nicht als völlig diesseitsverbogen und transzendenzverschlossen behauptet werden können. Doch haben wir es bei diesem Milieu weniger mit einer „neuen, hochgradig ‚individualisierten' Generation von ‚Gläubigen'" zu tun, „die sich den dogmatischen Lehrsätzen und Machtansprüchen der Kirchenleitungen und der Theologie ‚stillschweigend' entzieht, um ihre eigenen religiösen und spirituellen Bedürfnisse auf je individuelle Art und – vor allem – in eigener Verantwortung zu befriedigen"; und für sie gilt eben auch nicht, dass sie sich „ihre eigene ‚religiöse Kompetenz' (...) teilweise mühsam und unter Einsatz beträchtlicher – auch finanzieller – Mittel selbst erarbeitet zu haben glauben".[3] Das Milieu der Konsum-Materialisten beschickt nicht die religiösen Virtuosen jener unter anderem von Winfried Gebhardt entdeckten „spirituellen Wanderer"

---

[3] W. Gebhardt/M. Engelbrecht/Ch. Bochinger: Die Selbstermächtigung des religiösen Subjekts. Der ‚spirituelle Wanderer' als Idealtypus spätmoderner Religiosität, in: Zeitschrift für Religionswissenschaft 13/2005, 133–151, hier 136.

und setzt sich somit nicht aus Menschen mit der Neigung zu religiöser „Autogestion" (Pierre Bourdieu) zusammen, die wir insbesondere bei den ‚Postmateriellen' und ‚Modernen Performer' vermuten können. Die engelgläubigen Konsum-Materialisten repräsentieren vielmehr einen Typus der Volks- oder Massenreligiosität, dem das Nasenrümpfen der Repräsentanten der offiziellen Religion genauso gilt wie dasjenige der laienintellektualistischen „spirituellen Wanderer", obwohl der kircheneigene Weltbildverlag und andere fromme Verlage genau dieses – offensichtlich ökonomisch profitable – Milieu der Konsum-Materialisten nicht zuletzt mit einer Flut von Engel-Angeboten bedient.[4] Neben „Geschenkbüchlein" („Ein Engel beschütze dich") hält das Sortiment etwa „Engel aus Ton" mit persönlichem Schutzbrief („Ein Schutzengel zur rechten Zeit schützt vor Unannehmlichkeit!") vor, „Engel-Handyanhänger" („Der kleine Kerl ist ein niedliches Schutzsymbol ..."), „Autorfahrerschutzengel" („Er wird mit den Klebepads auf seinen Sohlen einfach aufs Armaturenbrett geklebt"), ein dreiteiliges Schutzengelset (mit „Schutzengel-Zertifikat"), ein Engeltrio („Wer kann diesen Engeln widerstehen? Dem verträumten Leander, dem schlauen Gabriel und dem vorwitzigen Elias"), ein „8er-Set" aus „Engelsflügeln" („... fluffige Flügelpaare aus echten weißen Federn ... Einfach umwerfend ...").

Legt man die von Francois-André Isambert angeregte Typologie popularer Religiosität zu Grunde,[5] dann folgt die engelgläubige Religiosität der Konsum-Materialisten weniger der popularen Logik der „traditionellen Kult- und Glaubensformen" (Typ 1), wie sie sich z. B. in den folkloristischen Brauchhandlungen der Heimatreligion, etwa in Flurprozessionen oder Erntedank-Sitten, niederschlagen. Diese Formen popularer Religiosität werden schwerpunktmäßig vom Milieu der Traditionsverwurzelten getragen. Das Milieu der Konsum-Materialisten folgt auch weniger der popularen Logik der „religiösen Massenphänomene" (Typ 2) – ‚Masse' hier verstanden als Versammlungsmasse, wie wir sie etwa an Wallfahrtsorten der Marien- und Heiligenverehrung oder an den Weltjugendtagen finden. Für die populare Religiosität der Konsum-Materialisten ist auch nicht die „Gewohnheitsreligiösität" (Typ 3) charakteristisch, die sich etwa in einer wertrationalen Verbundenheit mit den in der Kindheit ‚erlernten' religiösen Liturgieformen oder biblischen Textbausteinen manifestiert und seine soziale Trägerschaft hauptsächlich im Milieu der Konservativen und im Milieu der Traditionsverwurzelten haben dürfte. Eher schon folgen die Konsum-Materialisten der Logik der „Festreligion" (Typ 4), die das Privatleben rhythmisiert, sei es in Form jahreszyklischer oder lebenszyklischer Passagefeste, sowie der Logik „marginalisierter Glaubensformen und religiöser Praktiken" (Typ 5).

---

[4] Unter www.weltbild.de finden sich über 300 einschlägige Treffer der Suchmaschine. Auch www.vivat.de bietet mehr als 300 Treffer

[5] Diese Typologie wurde dann übernommen und modifiziert von M.N. Ebertz/F. Schultheis: Einleitung: Populare Religiosität, in: Diess. (Hg.): Volksfrömmigkeit in Europa. Beiträge zur Soziologie popularer Religiosität aus 14 Ländern (= Religion. Wissen. Kultur, 2), München 1986, 11–52.

Engel dürfen dann bei bestimmten festreligiösen Anlässen (wie Weihnachten) ebenso wenig fehlen wie in ungewissen, ‚schicksalhaften' Momenten des Lebens. Zudem gehören Engel im Milieu der Konsum-Materialisten gewissermaßen zur Grundausrüstung von religiösen ‚Instrumentarien' zum Umgang mit solchen Lebensereignissen – Bewältigungspraktiken, die häufig von intellektueller und kirchenoffizieller Seite als ‚magisch' oder ‚heidnisch' stigmatisiert werden. Zur religiösen Grundausrüstung dieses Milieus, das gern – wenn es überhaupt etwas liest – zur Bild-Zeitung greift, auch zu Auto-Bild und zur Zeitschrift ‚Praline', das TV-Sendungen wie ‚Hausmeister Krause', ‚Big Brother' oder ‚Hinter Gittern – Der Frauenknast' bevorzugt, gehört auch ein ganzes Spektrum parawissenschaftlicher Elemente etwa der Astrologie, der Parapsychologie, des Ufo-Glaubens, traditioneller ‚magischer' Praktiken der Heilkunst oder des Pendelns sowie außerchristlicher Fragmente aus Hinduismus, Buddhismus, Zen oder Voudou und eben auch der Schutzengelglaube. Obwohl man selbst keinen Zugang zum religiösen Bildungswissen hat, weil Religion und Kirche etwas ist, was sich nur andere – ‚die da oben' – leisten können, etwas für Leute ist, die Zeit (und Geld) dazu haben, von denen – von der Gesellschaft, der Kirche oder einem persönlichen Gott – man sich auch in existenziellen Krisen verlassen fühlt, hat man durchaus eine ‚Transzendenzantenne'.

Eine spannende Frage ist, weshalb diese gewissermaßen nur bis zum ‚himmlischen Hofstaat' bzw. – folgt man Dionysios Areopagita – nur zur untersten Ebene der Hierarchie der Engel reicht. Meine These, die als Antwort empirisch zu prüfen wäre, lautet, dass in diesem Milieu – ähnlich wie im Milieu der Hedonisten – negative Vatererfahrungen verbreitet, wenn nicht vorherrschend sind, die insofern auch als Plausibilitätsstrukturen des ‚christlichen Vatergottes' ausfallen, zumal dieser in den letzten Jahrzehnten – auch innerkirchlich – auf das Bild des ‚liebenden Gott' reduziert wurde, kupiert um das Gottesattribut der Gerechtigkeit.[6] Zwar kann vor dem Gottesbild „die Frage nach der Richtigkeit der Darstellung überhaupt nicht gestellt werden. Wir kennen das Vorbild – die Gestalt Gottes – nicht" und „können daher das Abbild mit dem Vorbild nicht vergleichen".[7] Doch prüfen die Leute vergleichend das aus ihrer (sozialen) Erfahrungswelt geschöpfte Bild mit der (offiziell religiösen) Ikonographie auf ihre Konsonanz oder Dissonanz hin. So findet im Milieu der Konsum-Materialisten nicht das Bild des schützenden ‚Vater unsers' Resonanz, sondern, dieses substituierend, das Bild des schützenden Engels, zumal dieses weder einen Vergleich zwischen Abbild und Vorbild noch zwischen Abbild und Erfahrungsbild zulässt. Das Bild der Engel ist gewissermaßen erfahrungsresistent und insofern spezifischen Gottesbildern – wie dem göttlichen Vaterbild – ‚überlegen'. So haben die Engel nicht von ungefähr in diesem Milieu gewissermaßen den unplausiblen

---

[6] Vgl. M.N. Ebertz: Die Zivilisierung Gottes. Der Wandel von Jenseitsvorstellungen in Theologie und Verkündigung, Ostfildern 2004.
[7] M. Barasch: Das Gottesbild. Studien zur Darstellung des Unsichtbaren, München 1998, 18.

Vater-Gott beerbt, die übermenschlichen Geschöpfe den Schöpfer. Mit dem Gott-Vater-Glauben bricht für dieses Milieu „in einem kirchlicher Kontrolle entzogenen Raum"[8] nicht die gesamte religiöse symbolische Sinnwelt zusammen. Dieser ‚heilige Baldachin' (Peter L. Berger) wird vielmehr noch von den Schutzengeln gestützt, geschützt und repräsentiert – als übermenschliche Welt ohne (personalen) Gott in einer christentümlichen Tradition ohne Christus.[9]

---

[8] B. Lang: Engel, in: P. Eicher (Hg.): Neues Handbuch theologischer Grundbegriffe, Band 1, München 2005, 228–237, hier 236.
[9] Vgl. M.N. Ebertz: Ein Christentum ohne Christus? Was Umfragen über das Gottesbild der Deutschen offenbaren, in: K. Hofmeister (Hg.): Gott ist anders. Du sollst dir keine Bildnis machen. Publik-Forum EXTRA 1/2007, 12–14.

Karsten Lehmann

Pop-Angels.
Engel in der populären Gegenwartskultur

Engel scheinen in den vergangenen Jahren eine wahre Renaissance erlebt zu haben. Trotzdem führt die Rede von der ‚Wiederkehr der Engel‘[1] in die Irre. Engelsdarstellungen wurden bereits frühzeitig in die europäische Kulturgeschichte eingeführt und sind seitdem aus der Bildenden Kunst und der Populärkultur nie mehr verschwunden.

Unabhängig von den differenzierten angelologischen Spekulationen eines Dionysius Areopagita oder eines Thomas von Aquin entsprechen Engelsdarstellungen dabei nur selten den unsichtbaren oder geschlechtslosen Gestalten der Theologie.[2] Sie basieren auf einem äußerst komplexen Geflecht aus Referenzen und Zitaten, welches die Pluralität der europäischen Religionsgeschichte widerspiegelt. Dies gilt für die ersten Engel-Graffiti in der Priscilla-Katakombe ebenso wie für die zeitgeistigen Darstellungen ritterlich-höfischer Engel im 13. Jahrhundert oder die Putten des 16. Jahrhunderts. Besonders die Renaissance-Bilder von Engeln bei Michelangelo Buonarotti sind ein beredtes Beispiel für die Fähigkeit, religiöse Grenzen zu überschreiten und religiöse Vorstellungen miteinander zu verschmelzen.

In diesem Sinne pflegen auch die großen Konzerne der amerikanischen Kulturindustrie und verschiedene jugendliche Subkulturen in der Gegenwart einen vielfältigen Umgang mit Engelsdarstellungen und haben diese teilweise zum Mittelpunkt von kultischer Verehrung und Events gemacht. Im Weiteren soll anhand einiger Beispiele dargestellt werden, wie diese aktuellen ‚Pop-Angels‘ aussehen. Es wird untersucht werden, worin sich die verschiedenen Darstellungsweisen unterscheiden und auf welchen Traditionen sie aufbauen.

Alltagstaugliche Engel

Im Großen Kino spielen Engel immer wieder eine Rolle. Vor allem in der Familienunterhaltung sind sie gerne gesehene Gäste. Als Mann oder Frau unterstützen sie die Erdenmenschen im Kampf mit den kleinen und großen Sorgen des All-

---

[1] H. Vorgrimler: Wiederkehr der Engel?, Kevelaer ³1999; P. Bandini: Die Rückkehr der Engel, München 1998.
[2] Interessant wäre es, vor diesem Hintergrund Simmels Überlegungen zum Verhältnis zwischen Christentum und Kunst neu zu lesen: G. Simmel: Das Christentum und die Kunst, in: G. Simmel: Gesammelte Schriften zur Religionssoziologie, herausgegeben und eingeleitet von Horst Jürgen Helle, Berlin 1989, 74–83.

tags. So etwa in der Disney-Produktion ‚*Angels – Engel gibt es wirklich*', die 1994 freudig die Existenz der Engel proklamierte und drei Jahre später vom Film ‚*Ein Engel spielt falsch*' fortsetzt wurde.

Erstaunlich groß ist die Zahl der Filme und Bands, die den Engeln – zumindest dem Titel nach – diabolische Züge zusprechen. In diese Kategorien gehört nicht nur die Casting-Band ‚*No Angels*', sondern vor allem Filme wie der im Jahr 2000 erschienene Pilotfilm der TV-Serie ‚*Dark Angel*' des kanadischen Regisseurs James Cameron, der unter anderem mit dem zweiten Teil der Alien-Reihe (Die Rückkehr), Terminator 2 und der Verfilmung von Titanic aus dem Jahr 1997 Erfolge feiern konnte.

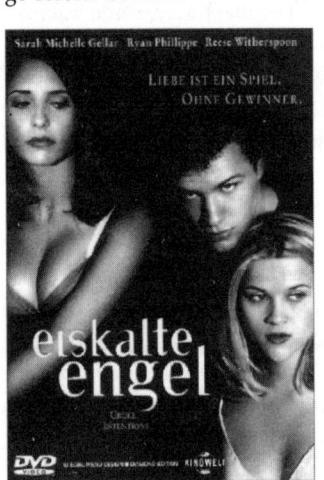

Hauptfigur des Filmes ist die junge Max (Jessica Alba), die sich auf der Suche nach ihrer eigenen Identität und im Kampf gegen große und kleine Gangster im wahrsten Sinne des Wortes durch dass apokalyptisch zerstörte Seattle schlagen muss. Noch mörderischer sind die ‚*Eiskalten Engel*' (ein Remake des französischen Films ‚Gefährlichen Leidenschaften' von 1959), die es inzwischen bereits dreimal (in den Jahren 2000, 2003 und 2004) auf die große Leinwand geschafft haben.

Solche Film-Figuren stehen letztlich in der Tradition von Marlene Dietrichs ‚*Blauen Engel*'. Die Hauptrolle spielen verführerische Frauen, die mit vollem Körpereinsatz ihre Ziele verfolgen und sich bei diesem Geschäft nur wenig um die Belange anderer kümmern. – Wie jüngst auch wieder ‚*Drei Engel für Charlie*', die 20 Jahre nach ihrem ersten Fernseherfolg in den 1980er Jahren gleich in zwei Action-Movies (gespielt von Drew Barrymore, Cameron Diaz und Lucy Liu) wiedererstanden sind.

Von diesen alltagstauglichen Engeln herkommend lassen sich zwei Wege beschreiten: Auf der einen Seite in Richtung auf die expressiven Engel der Heavy-Metal-Szene und auf der anderen Seite den verführerischen Engeln der Gothic Szene entgegen.

Heavy Angels

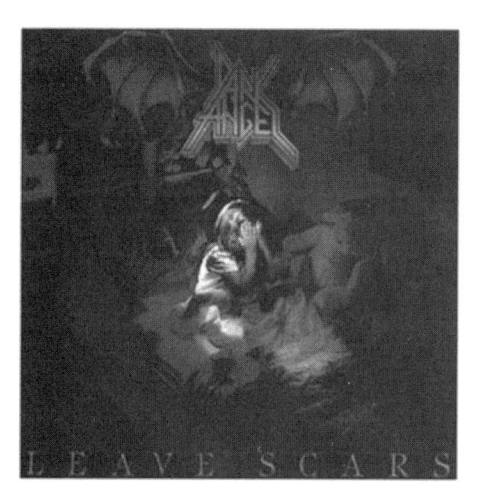

Die Anzahl der gegenkulturellen Bands, die sich Engelsnamen gegeben haben, ist erstaunlich groß. Auch unter ihnen trifft man auf einen ‚*Dark Angel*'. Es handelt sich dabei um eine Band, die seit Anfang der 1990er Jahre etwa zehn Jahre lang Platten wie Leave Scars, Darkness Descends oder Time Does not Heal veröffentlicht hat und Speed- oder Trash-Metal spielt. Engel mit schnellen Fingern also, die bei weitem bedrohlicher wirken sollen, als ihre Kollegin aus Seattle.

Weitere Heavy Angels hören auf Namen wie das ‚*Angel Corps*', ‚*Angel Dust*', ‚*Angel Witch*' oder die ‚*Fallen Angles*' bzw. die ‚*Wicked Angels*'. Sie treten ihren potentiellen Käufern als bedrohliche Engelsgestalten entgegen. Die CD-Cover zeigen verstörende Bilder in rot, schwarz und grau. Sie thematisieren geheimnisvolle Rituale, weitgehende Zerstörungsorgien und manchmal auch andere Exzesse. Ihre Bildersprache erinnert an William Blake oder den späten Francisco de Goya. Und sie sind in jedem Fall eines: männlich.

Mit den Frauen der großen Hollywood-Produktionen haben diese Bilder nur gemein, dass sich auch die Heavy Angels in atemberaubendem Tempo durchs Leben zu schlagen scheinen. Sie stehen damit im Gegensatz zu den Engeln der Gothic-Szene, die eher ruhig und ätherisch wirken.

Engelsgleiche Verführerinnen

Zu den engelsgleichen Bands der schwarzen Szene gehören natürlich zunächst die Gruppen aus der Tradition der Heavenly Voices, die (benannt nach einem Gedicht von George G. Byron) seit Mitte der 1990er Jahre Gruppen wie Bel Canto, Dead Can Dance, Chandeen, The Gathering, Within Temptation oder Miranda Sex Garden umfasst. Auch in diesem Bereich der Populärkultur finden sich einzelne Gruppen mit Engels-Namen:

Ein Beispiel wären die ‚Angels of Venice‘, die sich um die Harfinistin Carol Tatum geschart haben und 1999 ihre erste CD veröffentlichten. Ein anderes Beispiel liefern die ‚Autumn Angels‘ mit ihrer CD Shadow of Your Soul. Ihre Engelsbilder sind in jedem Fall ausgesprochen feminin. Sie wirken ätherisch oder zerbrechlich und verströmen teilweise einen morbiden Charme, der an mystische Feen oder einsame Friedhöfe erinnert.

Zusammenfassend kann man also von drei Engelsbildern sprechen, die in der gegenwärtigen Popkultur vertreten sind. Engel sind nicht nur die Helfer des Familien-Kinos bzw. die schlagkräftigen Engel der Action-Movies. Sie erscheinen auch als die gefallenen Engel der Heavy-Szene und als die ätherisch-erotischen Verführerinnen der Grufty-Szene.

Pop-Angels

Engelsdarstellungen nehmen in der Popkultur somit unterschiedlichste Formen an. Die gestaltlosen Engel des Neuen Testaments sind hier sowohl zu verstörenden Männern als auch zu betörenden Frauen geworden, die in unterschiedlichsten Kontexten anzutreffen sind. Besonders die Jugendkulturen haben sich Engels-Bilder auf eine spielerische Art und Weise zueigen gemacht und ihnen in einigen Fällen überraschende Gestalten gegeben. Ihre Engels-Vorstellungen können abstoßen oder anziehen, sie können provozieren oder versöhnen.

Erstaunlich sind aber vor allem die gefallenen und dunklen No-Angels des großen Business. Sie scheinen sich in den vergangenen Jahren vor allem bei den Engelsdarstellungen der Subkulturen bedient und sie in familienverträgliche Bilder übersetzt zu haben. Warum dabei so oft die dunkle Seite der Engel im Mittelpunkt steht, lässt sich an dieser Stelle nicht erklären.

Egal ob Hollywood-Kino oder gegenkulturelle Musikproduktion, die Engel der Popkultur sind mit einem weiten Spektrum unterschiedlichster Verweise untereinander verbunden. Diese Einbettung in popkulturelle Bezugsrahmen gilt es zu berücksichtigen, wenn man die Engelsdarstellungen in modernen Transzendenz-Konstruktionen verortet.[3] Pop-Angels sind nicht nur eingebettet in religiöse, sondern auch in popkulturelle Verweise und stehen dabei am vorläufigen Ende einer wahrlich langen Traditionslinie.

---

[3] Sehr lesenswert: G. Ahn: Grenzgängerkonzepte in der Religionsgeschichte. Von Engeln, Dämonen, Götterboten und anderen Mittelwesen, in: G. Ahn/M. Dietrich (Hg.): Engel und Dämonen. Theologische, anthropologische und religionsgeschichtliche Aspekte des Guten und Bösen, Münster 1997, 1–48.

Jo Reichertz

Ein Engel für RTL.
Linda de Mol als moderne Engelerscheinung

1. Medien und Engel

Engel sind die Boten Gottes. Das sagt zumindest der christliche Volksglaube, sich dabei auf die Bibel und eine lange Tradition berufend. Engel überbringen den Willen Gottes, sind aber auch (zumindest in der christlichen Vorstellung) Beschützer, Führer und Vorbilder. Engel haben immer in und mit den Medien gelebt. Manche sagen sogar, sie hätten *nur* dort gelebt.

Es gilt aber auch: Die Medien, allen voran die Bildmedien, lieben die Engel. Beleg hierfür ist, dass das Engelmotiv wie nur wenige andere Sujets die Phantasie und den Gestaltungswillen abendländischer Medienmacher über Jahrhunderte immer wieder beflügelt hat.[1] Engel wurden auf und an Bauwerken angebracht, sie wurden in Fresken und Glasfenstern verewigt, sie wurden in Holz, Marmor, Elfenbein und Stein gehauen – und: sie wurden gemalt. Immer wieder, mal erhaben und himmlisch, mal kitschig und irdisch. Seit es bewegte Bilder gibt, werden Engel auch in Filmen jeder Art animiert, mal direkt erkenntlich, mal verhüllt und nur auf den zweiten Blick erkenntlich. Manchmal sind sie auch heute noch Boten aus dem Jenseits, manchmal sind sie aber auch Boten einer großen Macht auf Erden – Ausdruck einer Diesseitsreligion mithin.[2]

Aber nicht nur die Hollywoodfilme nehmen sich (und nicht nur zur Weihnachtszeit) der Engel an. Auch in Videospielen und im Netz sind sie präsent. Und natürlich im Fernsehen. Über einen dieser Fernsehauftritte eines Engels möchte ich im Folgenden kurz berichten.

2. Die Surprise-Show oder: Wunder werden Wirklichkeit

„Ihr Wunsch ist mir Befehl", so lautete zumindest das Credo, mit dem Linda de Mol gerne ihre *Surprise-Show* eröffnete. In dieser Show präsentierte die blonde Niederländerin ihren ahnungslosen Zuschauern im Studio und zuhause die verblüffendsten und schönsten ‚Überraschungen'. „Dabei wird es spektakuläre Aktionen und auch kleine, aber rührende Gesten geben – immer geht es darum,

---

[1] Y. Cattin/Ph. Faure: Die Engel und ihr Bild im Mittelalter, Regensburg 2000; M. L. Goecke-Seischab: Christliche Bilder verstehen, München 2004.
[2] A. Honer/R. Kurt/J. Reichertz (Hg.): Diesseitsreligion. Zur Deutung der Bedeutung moderner Kultur, Konstanz 1999.

einen seit langem gehegten Wunsch zu erfüllen. Jede Sendung wird immer ganz neu und individuell zusammengesetzt, ganz nach den vielen unterschiedlichen Wünschen unserer Gäste. Deren Wünsche und Träume erfahren wir durch Verwandte, Freunde, Bekannte oder Kollegen, die uns in einem Brief davon erzählt haben. Ganz wichtig ist, dass die Person, die überrascht werden soll, nichts davon ahnt (...) Auch die Wünsche, von denen man glaubt, dass sie nie in Erfüllung gehen könnten, werden plötzlich wahr."

Mit diesen Worten kündigte im Herbst 1994 der Kölner Privatsender RTL in einer Pressemitteilung seine neue große Wochenendshow an. Produziert wurde die *Surprise-Show* von der holländischen Firma Endemol. Moderiert wurde die 60-minütige Surprise-Show von der damals 30- bzw. 31-jährigen Holländerin Linda de Mol. Die Entertainerin, die zuvor maßgeblich an dem großen Erfolg der *Traumhochzeit* beteiligt war und auch schon einmal zum „Engel vom TV-Olymp" (BamS 6.12.1992) gekürt worden war, galt zu diesem Zeitpunkt als konkurrenzlose „Quoten-Queen" bei RTL.

Zum ersten Mal wurde die Surprise-Show am 30. Oktober 1994 gesendet. Ihr folgten bis zum 19. November 1994 drei weitere Shows, sonntag- bzw. samstagabends zur besten Sendezeit. Die zweite Staffel der Show (mit jeweils vier Sendungen) wurde von Februar 1995 bis März 1995 zur gleichen Sendezeit ausgestrahlt. Durchschnittlich hatten bei der ersten Staffel bundesweit 5,33 Millionen Zuschauern (MA: 16,23 %) bei RTL eingeschaltet, der zweiten Staffel folgten jedoch nur noch 4,52 Millionen. Wegen der ‚schlechten' Quote wurde die Produktion der Sendung 1995 eingestellt und die Nutzung dieses Formats wenig später an das Zweite Deutsche Fernsehen ‚verkauft'. Dort moderierte Thomas Ohrner die Überraschungssendung unter dem Titel *Lass Dich überraschen!* weiter, wenn auch nur für kurze Zeit. Heute finden sich Teile des Formats in der von Kai Pflaume moderierten Sendung *Nur die Liebe zählt*.

Die Grundidee des Formats der *Surprise-Show* ist relativ einfach: Vor einem Studiopublikum (500 Menschen) und den Augen von Millionen von Fernsehzuschauern erfüllt das Fernsehen, vertreten durch eine Moderatorin, fünf bis sieben ‚einfachen' Menschen ihre (fast geheimen, meist aber oft geäußerten) großen und kleinen Wunschträume.

Der Aufbau der Sendung ist dabei klar strukturiert. Die einzelnen Teile laufen in stets gleicher Weise ab: Nach der Anmoderation ruft Linda de Mol einen Gast (meist einen Erwachsenen, gelegentlich auch ein Kind) namentlich auf, der sich bis zu diesem Zeitpunkt nichts ahnend als Teil des Saalpublikums verstand. Er ist von Freunden oder Verwandten unter Vorspiegelung falscher Umstände in die Show gelockt worden. Diese ‚Lockvögel' haben meist auch gegenüber RTL den heimlichen Wunsch des zu Beglückenden offenbart und befinden sich in seiner Begleitung. Der bzw. die überraschte Auserwählte wird mit einem Licht-Spot angestrahlt (die Begleitung lächelt freudig) und muss nach vorne zu der Moderatorin kommen. Sie fragt dann kurz nach den Lebensumständen und dem heimlichen Wunschtraum.

In diesem Gespräch wird auch meist die Schwierigkeit der Erfüllung dieses Wunsches besonders deutlich herausgearbeitet. Dann kommt es nach einer gewissen Zeit der Ungewissheit, die manchmal bewusst verlängert wird, zur Erfüllung des Wunsches im Fernsehstudio. Das Saalpublikum applaudiert, die Kamera zeigt meist sehr nah und nachdrücklich die Reaktion der Beglückten: Oft verlieren sie für kurze Zeit ihre Contenance, sie können das Erlebte kaum fassen, sie fangen an zu weinen, ringen um Worte und Haltung. Nach der Wunscherfüllung richtet die Kamera wieder ihr Augenmerk auf die Moderatorin, die jetzt den nächsten ‚Kandidaten' aufruft.

Bei allen Wunscherfüllungen gilt allerdings zweierlei: Materielle Bedürfnisse werden auf keinen Fall befriedigt! Und: Alle Wünsche müssen uneigennützig sein![3] Wer anderen also schnell zu viel Geld, einem Auto, einer höheren Rente, einem Lottogewinn, Garderobe von Gucci oder einem Haus im Grünen verhelfen will, dessen Wunsch bleibt unberücksichtigt. Auch das Verlangen nach Rache und Vergeltung bleibt in der *Surprise-Show* unerfüllt, ebenso der Wunsch nach Heilung von einer schweren Krankheit oder einer neuen Niere. Statt dessen werden (untersucht man die ausgestrahlten *Surprise-Shows*) vor allem solche Wünsche erfüllt, die zum einen im Sinne einer christlichen Ethik moralisch korrekt sind und zum anderen versprechen, bei den Zuschauern Rührung und bei den Überraschten Tränen der Freude hervorzurufen.

Zwar erfüllte Linda de Mol auch solche verrückt-phantasievollen Wünsche wie den, einmal den Original-Tiger aus der *Esso*-Werbung streicheln zu können, oder den, noch einmal einen längst nicht mehr hergestellten Flakon mit dem Lieblingsparfum zu erhalten, doch meist geht es um anderes – nämlich um privates Glück, Menschen- und Tierliebe, Freundschaft, Solidarität und sehr oft und immer wieder um Familienzusammenführung. So durfte die Generaloberin der Caritasschwestern mit Linda de Mol auf der Zugspitze Skilaufen. Für die Enten, Gänse, Schwäne der engagierten Tierschützerin Hedi Rupp wurde im Tierheim Kürten ein 12.000 Mark teurer Teich angelegt. Eine 53-jährige Bäuerin aus Potsdam, der noch nie ein Urlaub vergönnt war, konnte für einen Tag ihre Verwandten in Oberhausen besuchen, weil derweil Linda für sie die Kälber und die Schweine hütete. Neben der 12jährigen Angelika, deren beste Freundinnen aus Sri Lanka wegen ausländerfeindlicher Pogrome vor sieben Jahren von Deutschland ins ferne Australien ausgewandert waren, tauchten eben diese unvermittelt im Fernsehstudio auf. Und die zierliche Brasilianerin Shirley geriet außer sich, als sie unverhofft ihre gesamte Familie, die sie seit Jahren nicht mehr gesehen hatte, in die Arme schließen konnte.

---

[3] Auch deshalb darf man sich nicht selbst bei RTL bewerben, sondern nur Mitmenschen, die einem ernsthaft zugeneigt sind, dürfen diese Fürbitte äußern. In der Hauptsache wird das Gebot, dass man nicht selbst um die Wunscherfüllung bitten kann, wohl darin begründet sein, dass es den Produzenten der Sendung darum geht, bei dem Beglückten einer ‚freudigen Schock' auszulösen.

Da die Surprise-Show in der Tat Wunschträume wahr werden ließ, wundert es nicht, dass bei der Redaktion der Surprise-Show nach der Ausstrahlung der ersten Sendung ca. 6000 Bitten von Zuschauern eingingen – darunter auch der Wunsch der Bogumilla Reiche, ihren ehemaligen Religionslehrer, der innerhalb der Kirche „ganz schön Karriere gemacht hat" (Linda de Mol), wieder zu sehen.[4]

3. Überraschung oder säkulares Wunder?

Was leistet die Surprise-Show objektiv für die Mitspieler und Zuschauer innerhalb einer bestimmten Gesellschaft, welches Angebot liefert dieses Produkt, auf welche (vermeintliche) Nachfrage reagiert es? Um diese Frage zu beantworten, soll zuerst die Besonderheit der Sinnstruktur des Produkts *Surprise-Show* (re)konstruiert werden, um dann auf die gesellschaftliche Entwicklung zu schließen, die dazu ‚passt'.

Die Erfüllung von Wünschen kann man erzählen bzw. erzählen lassen (von Zeugen, dem Beglückten), oder man kann sie dramatisieren, inszenieren. Dass das Bildmedium ‚Fernsehen' durchweg zur Inszenierung greift, dürfte kaum verwundern. Interessant ist allerdings, wie das Fernsehen den ‚Wirk-Mechanismus' der Wunscherfüllung inszeniert. Vor jeder Inszenierung liegt die Planung – entweder aufwendig und bewusst oder nebenbei und routinisiert. Bei Fernseh-Shows kann man mit guten Gründen davon ausgehen, dass fast jedes gezeigte Detail unter dem Gesichtspunkt der geplanten Inszenierung durchleuchtet wurde – vieles sehr bewusst und vieles auch mithilfe von Berufsroutinen, die Ausdruck der erlernten Professionsstandards sind. Dies bedeutet auch, dass zum Zeitpunkt der Aufzeichnung der *Surprise-Show* die jeweils anstehende Wunscherfüllung absolut gesichert ist. Dafür haben in der Regel Angestellte der Produktionsfirma im Vorfeld der Sendung durch Arbeitseinsatz und Verhandlungsgeschick gesorgt. Mit den jeweils Beteiligten und Verantwortlichen wurden Vereinbarungen getroffen, Verträge unterschrieben, Honorare ausgehandelt oder ‚Gegengaben' zugesichert. In der Regel kann also die Erfüllung des Wunsches vor der Aufzeichnung einer Sendung als sicher gelten.

Bei den späteren in der Show eingespielten Inszenierungen der Wunscherfüllung werden jedoch nicht die Angestellten der Produktionsfirma bei ihrer Arbeit gezeigt. Der meist langwierige soziale und durchaus menschliche Aushandlungsprozess wird weder dokumentiert noch erwähnt. Im Gegenteil: Systematisch verbirgt man den ‚Wirk-Mechanismus' und rückt die Wunscherfüllung ins Ungewisse. Statt dessen bringt man durchaus gezielt eine andere ‚Wirk-Mechanik' ins Spiel: den Zauber.

---

[4] Mehr dazu, wie das Fernsehen den Papst dazu bewegen konnte, Teil der Surprise-Show zu werden, findet sich in: J. Reichertz: Die Frohe Botschaft des Fernsehens, Konstanz 2000, 112ff.

Weder die Zuschauer noch die jeweils Überraschten werden über die wahren Umstände der Wunscherfüllung aufgeklärt, sondern sie werden im wahrsten Sinne des Wortes verzaubert: Vor der Wunscherfüllung muss in der Regel eine rituell geregelte magische Praktik ausgeübt werden (geschlossene Augen, fest wünschen), und die Moderatorin unterstützt die Herbeirufung der Wunscherfüllung durch Daumendrücken und Stoßgebete. Die Erfüllung des Wunsches wird auf diese Weise nicht mehr als Ergebnis menschlicher (durchaus wiederholbarer) Handlungen erklärt, sondern als kaum zu begreifendes ‚Wunder' verklärt.

Damit stellt sich die Frage, welche soziale Situation in der *Surprise-Show* eigentlich inszeniert wird. Gewiss sollen Menschen durch die Ereignisse überrascht werden, aber geht es nur und allein um eine *Überraschung*? Einen ersten Hinweis liefert der Titel der Show: Es geht vorderhand um ‚Überraschungen'. Doch was bedeutet es, von ‚Überraschungen' zu sprechen? Im normalen Sprachgebrauch wird das Wort ‚Überraschung' immer dann gebraucht, wenn sich etwas ereignet, das so normalerweise nicht erwartbar war. Handlungen, Nachrichten und auch Geschenke sind also immer dann überraschend, wenn sie vor dem Hintergrund der in einer bestimmten Lebenswelt geltenden Normalität sehr *unwahrscheinlich* sind. Das Überraschende bricht in das Erwartbare ein. Deshalb ist man überrascht – muss sich neu auf die Tatsache einstellen, dass das Überraschende sich ereignet hat, kann dann aber in der gleichen Normalität weiterhandeln. Das Überraschende überrascht nicht, weil man glaubte, es sei unter keinen Umständen möglich, sondern nur, weil man glaubte, es ereigne sich normalerweise nicht. *Das Überraschende ist also das Nicht-Wahrscheinliche, das aber doch in der jeweiligen Lebenswelt durchaus Mögliche.* Deshalb geschieht das Überraschende auch in der eigenen Lebenswelt, und es stellt diese auch nicht in Frage.

Betrachtet man nun die ‚Überraschungen' in der *Surprise-Show* etwas genauer, dann zeigt sich, dass die Kandidaten zwar ‚überrascht' sind, der *Gegenstand* und die *Art* ihres Überrascht-Seins jedoch über die ‚normale' Überraschung hinausreichen. Prüft man nämlich, ob die von der *Surprise-Show* erwirkten Wunscherfüllungen in der Lebenswelt der Überraschten erfüllbar gewesen wären, so zeigt sich, dass die meisten der *Surprise-Show-Wunscherfüllungen* von Angehörigen der jeweiligen Lebenswelt nicht hätten herbeigeführt werden können. Normale Menschen treffen eben nicht auf den von ihnen angehimmelten Hollywoodstar und können mit ihm längere Zeit plaudern, auch wenn sie es sich noch so sehr wünschen. Und auch das Wiedersehen mit geliebten, aber sehr entfernt wohnenden Menschen, das bislang wegen restriktiver Ausreisebedingungen oder gravierenden Geldmangels nicht zustande kam, stellt sich nicht ein, nur weil man davon träumt. Gerade weil die Wunscherfüllung die Ressourcen und Möglichkeiten der Angehörigen der jeweiligen Lebenswelt prinzipiell überschreitet, wendet man sich ja an das Fernsehen.

Die *Surprise-Show* erfüllt also Wunschträume, die innerhalb der jeweiligen Lebenswelt nicht nur als recht unwahrscheinlich, sondern als *unmöglich* angesehen werden. Die Erfüllung des Wunsches widerspricht damit grundsätzlich der

Erfahrung, zwar nicht der Erfahrung mit den Naturgesetzen, doch der Erfahrung mit den grundlegenden Regeln der Konstitution der jeweiligen sozialen Praxis. *Wunder* sind, wenn man so will, dagegen Problemlösungen, deren Eintreten außerhalb normaler (bezogen auf die jeweilige Lebenswelt) Erwartbarkeit liegt. Deshalb hängt die Einschätzung, ob es sich bei den überraschenden Ereignissen um ein großes oder eher ein kleines Wunder handelt, von der jeweiligen Lebenswelt ab.

Wenn innerhalb der eigenen Lebenswelt der Wunsch nicht erfüllbar erscheint, wendet man sich an eine andere, mächtigere, ‚höhere' Institution, hier also das Fernsehen, die von sich behauptet bzw. von der man vermutet oder hofft, dass es ihr möglich sein wird, das Unmögliche möglich zu machen. Erfüllt sich der Wunsch, ist man nicht nur überrascht, sondern außerordentlich überrascht, man staunt, fragt sich auch, wie dieses nur möglich war. Ein Wunder ist geschehen, da ‚Wunder' Ereignisse sind, deren Eintreten der Erfahrung und/ oder den Naturgesetzen widersprechen.

In einer solchen Situation bieten sich dem *Wunscherfüller* nun zumindest zwei Möglichkeiten an: Einmal kann er *aufklären*, zum anderen kann er *mystifizieren*. Im ersten Fall wird er erläutern, wie die Wunscherfüllung gelungen ist, z.B. durch den Einsatz neuester wissenschaftlicher Erkenntnis, forcierter Technik oder der Weitergabe einer größeren Menge Geldes. In diesem Fall entzaubert der Wunscherfüller sein Tun, er stellt es als profanes, restlos erklärbares und prinzipiell von jedem zu wiederholendes Handeln dar. Er inszeniert sich also als Experte, der aufgrund eines erlernbaren, wenn auch spezialisierten Expertenwissens etwas scheinbar Unmögliches möglich machte.

Aber der Wunscherfüller kann dem Überraschten auch den Blick hinter die Kulissen der Wunscherfüllung verwehren und ihn statt dessen mit einer Reihe von Praktiken verzaubern. Die innere Mechanik der Wunscherfüllung wird dann gerade nicht sichtbar gemacht, sondern an die Durchführung bestimmter ritueller Handlungen und Worte geknüpft.[5] Es wird dann zumindest der Eindruck nahe gelegt, die für unmöglich angesehene Wunscherfüllung ließe sich nicht aufgrund der Kenntnis der den Dingen innewohnenden (Natur)Gesetze gezielt herbeiführen, sondern sei Ergebnis der Beeinflussung und des Eingreifens unbegreifbarer Mächte. In diesem Falle wird die Wunscherfüllung inszeniert als *Wunder* – etwas, was in der Tat unmöglich war, ereignet sich vor den Augen aller Anwesenden.

---

[5] Ein besonders schönes Beispiel hierfür in einer anderen *Surprise-Show*: Zu der 12jährigen Angelika, die sich sehnlich wünscht, ihre Freundinnen aus dem fernen Australien endlich wieder zu sehen, spricht Linda de Mol folgende Worte: „Also stell dich bitte mal hier hin, und dann mach die Augen zu, ganz fest zu, nicht blinzeln, Hände vor die Augen, damit wir sicher sind, du siehst nichts, und dann darfst du dir, Angelika, jetzt laut etwas wünschen, aber bitte kein neues Fahrrad." Und nachdem Angelika *zweimal* ihren Wunsch *ausgesprochen* und sich *herumgedreht* hat, erscheinen tatsächlich ihre beiden Freundinnen im Fernsehstudio.

Wendet man sich nun wieder der oben beschriebenen Inszenierung der Wunscherfüllung in der *Surprise-Show* zu, dann erkennt man zumindest zwei Elemente recht deutlich. Zum einen wird die Realisierung der Wunschträume durch die *Surprise-Show* gerade nicht als einfache Selbstverständlichkeit dargestellt, sondern im Gegenteil: Die Wunscherfüllung wird als etwas Großartiges und Außergewöhnliches illuminiert. Zum anderen wird sie nicht rational aufgeklärt, sondern man greift systematisch zu Mitteln der Mystifizierung – zu Beschwörungsformeln, magischen Praktiken und alten Riten. Dies alles rechtfertigt den Schluss, *dass die Surprise-Show den Kandidaten keine Überraschungen liefern, sondern sie mit Wundern konfrontiert*, angesichts derer sie dann oft vor Freude oder Glück ihre Fassung verlieren.

Konstitutiv für ‚Wunder' sind im wesentlichen drei Elemente: Zum Ersten muss sich etwas ereignen, das der Erfahrung mit der Welt unmissverständlich zuwiderläuft, zum Zweiten wird der Eingriff in das Räderwerk der Welt auf eine höhere (transzendente) Instanz zurückgeführt, und zum Dritten muss das Wunder einer Öffentlichkeit zugänglich gemacht werden. Wunder ziehen notwendigerweise Wundererzählungen nach sich, also die Fixierung und Weitergabe des Wundergeschehens mittels eines Mediums. Kein Wunder ohne Erzählung.[6]

Wunder- oder Mirakelberichte gehören nun einer Erzählgattung an, die auf eine lange Tradition und spezifische Muster und Topoi zurückblicken kann. Dabei sind die Inhalte der erzählten Wunder recht gleich geblieben: Bedürftigen Menschen, die reinen Herzens sind und an eine transzendente Macht glauben, widerfährt die Erfüllung ihres (natürlich nicht auf persönlichen Profit zielenden) Wunschtraumes gerade dann, wenn sie die Erfüllung nicht erwarten, oft erst im allerletzten Moment. Nicht nur die Tatsache, dass Unmögliches sich ereignet, überrascht, sondern auch der Zeitpunkt, zu dem es sich ereignet: Wenn alle menschlichen Mittel versagt haben und weitere Mühen vergeblich scheinen, dann kann dennoch in letzter Sekunde sich das Schicksal zum Besseren wenden.

Die trotz des historischen Wandels[7] sehr große Strukturähnlichkeit der Wundererzählungen verweist darauf, dass es nicht die jeweils konkreten Inhalte sind, welche die Bedeutung der Wundererzählung ausmachen – also dass Frau X zum Zeitpunkt Z das Wunder Y erlebte. Die Botschaft der Wundererzählung ist dagegen vor allem die Kunde von der Wirklichkeit von Wundern. Jeder Mirakelbericht sagt vor allem eins: Wunder gibt es und damit auch die Möglichkeit, dass es auch mir einmal passiert – gerade wenn ich es nicht erwarte! Die Funktion der Wundererzählung besteht also nicht darin, über die Formen und Auswirkungen

---

[6] „Nachdem die Gebete erhört worden waren, nachdem man tatsächlich Hilfe erlangt hatte, war man verpflichtet, das Wunder ‚anzuzeigen', d.h. dem Priester von dem Wunder zu berichten. Der Priester wiederum trug den Bericht des Votanten anschließend in ein Mirakelbuch ein, das meist in der Sakristei auslag"; so R. Habermas: Wunder, Wunderliches, Wunderbares, in: R. von Dülmen (Hg.): Armut, Liebe, Ehre, Frankfurt a.M., 1988, 38–66, hier 45.

[7] Vgl. Habermas: Wunder, 45.

bestimmter Wunder zu berichten, sondern zu bezeugen und zu verbürgen, dass Wunder sich ereignen können. Wunder gibt es immer wieder.[8]

In der christlichen Tradition waren Wunder- und Mirakelberichte nicht Gegenstand der Verkündigung, sondern deren Mittel. Die Größe des von Gott bewirkten Wunders demonstrierte einerseits eindrucksvoll dessen Machtfülle (man denke hier auch an die nicht unübliche Praxis, die Stärke einer Gottheit an ihrer Wunderkraft abzulesen). Andererseits diente die Wundererzählung auch als Gottesbeweis, da das Wunder die Existenz einer transzendenten Macht, welche in der Lage war, Naturgesetze außer Kraft zu setzen, anschaulich vor Augen führt. Und zum dritten belegt die Kontinuität der Wundererzählungen, dass Gott immer wieder und gerade die Bedürftigen aus der größten Not retten kann. Deshalb spend(et)en Wundererzählungen angesichts einer als nicht intakt erlebten Welt den in dieser Welt lebenden Menschen Hoffnung und Trost – und damit beachtlichen Halt. Gerade in Zeiten schwerwiegender Krisen, wo alle zur Verfügung stehenden Mittel ausgeschöpft sind, gab und gibt das ‚Wissen' von der Möglichkeit von Wundern nicht nur Trost, sondern vor allem die Hoffnung, dass sich im letzten Moment doch noch eine glückliche Wendung einstellt.

Oder anders formuliert: „Wundergeschichten waren in biblischen Zeiten Mittel, über Gottes Gegenwart in dieser Welt, über seine Zuständigkeit für den Menschen zu reden. Wenn sie damals so verstanden wurden, haben sie ihren Zweck erfüllt."[9] Und Winkelmann fährt fort: „Heute kann man nicht mehr in der gleichen Weise reden, wenn man die Wirklichkeit Gottes ausdrücken will. Heute bedarf es anderer Bilder, Beispiele, Gleichnisse und Symbole."[10]

Auch wenn die Amtskirche sich sehr stark von der Nutzung der sakralen Wundererzählungen zum Zwecke der Verkündigung zurückgezogen hat, lebt der Glaube an Wunder in der Volkskultur weiter. Millionen von Menschen fahren teils unter sehr schwierigen Bedingungen nach Lourdes, Fatima, Trier und die kaum zu zählenden übrigen Wallfahrtsorte in dieser Welt, um dort selbst ein Wunder zu erleben bzw. geheiligtes Wasser oder gesegnete Kerzen mitzubringen. Nicht nur in dörflichen Gemeinden, sondern auch in Großstädten kursieren immer wieder alte und neue Geschichten von wundersamen Ereignissen, Kuriosem und Merkwürdigem (Heilungen, unerklärliche Schicksalswendungen etc.). Solche Wundererzählungen erfüllen, auch wenn sie zunehmend säkularisiert sind (also ohne einen personalen Gott auskommen), die Funktion ihrer Vorläufer: Nicht die Kunde von der objektiven Verbesserung eines individuellen Lebens ist das Ziel, sondern die Demonstration einer ‚höheren' und mächtigen Instanz, die Gabe von Trost in Zeiten des Leids und die Bestärkung der Hoffnung, dass

---

[8] Insofern stehen auch die gleichnamigen (Schlager)Botschaften von Katja Epstein und Guildo Horn in der Tradition der im Kern sakralen Trost- und Hoffnungsspender – auch wenn der Sozialpädagoge aus Trier sein Versprechen mit Augenzwinkern vorträgt.
[9] M. Winkelmann: Biblische Wunder, Kritik, Chance, Deutung, München 1977, 170.
[10] Winkelmann: Wunder, 170.

Änderungen des Lebensweges im Sinne des Gewünschten möglich und erwartbar sind.

Vor dem Hintergrund dieser Überlegungen ist die *Surprise-Show* m.E. als moderne Variante der säkularisierten Wundererzählung zu begreifen und somit auch als (wenn auch in neuer medialer Form) Äquivalent der alten sakralen Mirakelerzählung. Menschen, die sich voller Vertrauen und guten Herzens an das Fernsehen wenden, können damit rechnen, dass Lebensträume in Erfüllung gehen. Und die vom Fernsehen herbeigeführten öffentlichen Wunscherfüllungen zeugen nicht nur von der All-Gegenwart des Fernsehens, sondern auch von dessen beachtlicher Machtfülle. Und damit füttert die *Surprise-Show* die Hoffnung, dass (entgegen aller Erwartung) einmal ein Wunder geschieht.

4. Ein Engel für RTL: Linda de Mol

Doch welche Rolle spielt die Moderatorin bei der als Wunder inszenierten Wunscherfüllung? Ist sie es, die das Wunder bewirkt? Hat sie die Macht, das Unmögliche möglich zu machen? Ist sie gar die ‚Höhere Macht', welche fähig ist, in den Lauf der Welt einzugreifen? Um diese Frage zu beantworten, soll im Weiteren das Verhalten und die Inszenierung von Linda de Mol untersucht werden.

Neigen Moderatoren/innen von Fernsehshows oft dazu, sich als höchste Autorität oder als ultimative Kontrollinstanz gegenüber den Gästen und Kandidaten der Show zu inszenieren (auch wenn meist erkennbar ist, dass im Hintergrund noch die allmächtige Regie existiert), so bietet sich Linda de Mol vor allem als Vertrauensperson an. Zwar ist sie es, die den Anfang und das Ende der Veranstaltung qua Sprechakt vollzieht, Themen aufruft und beendet, Gespräche eröffnet und abschließt, aber nie gibt sie sich als ‚Herrin der Veranstaltung'. Sie beruhigt die Aufgeregten (oft auch durch mitfühlende Körperberührungen), sie leistet Hilfestellung bei Formulierungsproblemen der Kandidaten, sie zeigt Verständnis für die Probleme der Überraschten und: Sie freut sich sichtbar darüber, dass anderen Glück zuteil wurde. Kurz: Linda de Mol zeigt Gefühle.

Entzaubert Linda de Mol auf diese Weise erfolgreich die autoritäre Position klassischer Fernsehmoderatoren/innen, so gelingt durch ihre Art der ‚Weichzeichnung' eine andere, durchaus nicht zufällige Wiederverzauberung. Bewusst verzichtet Linda de Mol nämlich darauf, sich als sexuell attraktive Frau zu inszenieren. Die Kleidung ist durchweg nicht-sexy: Meist trägt sie einen dezenten, nicht eng anliegenden Hosenanzug, und die Bluse ist züchtig geschlossen. Fast scheint es so, als solle die Kleidung die Weiblichkeit des Körpers dementieren. Auffallend ist das schulterlange und hellblond gefärbte Haar, dessen Volumen und Länge mit Hilfe eines Haarteils aufgepolstert ist. Liebe und Glück thematisiert Linda de Mol sehr oft, Sexualität nie.

Den Medien präsentierte sie sich zum Zeitpunkt der *Surprise-Show* als glücklich verheiratete, kinderlose und beruflich sehr engagierte Frau. Sie vermittelte Patenschaften für Kinder aus der Dritten Welt und ließ es sich auch nicht nehmen, immer wieder das Leid von Kindern vor Ort in Augenschein zu nehmen, um besser helfen zu können. Typisch für diese Art der Inszenierung ist ein Bericht in der *Hörzu* vom 21.10.94. Unter dem Titel „Linda de Mol hilft Straßenkindern und stellt harte Forderungen" findet sich auch ein Bild, das die Moderatorin (offensichtlich vor Ort) zeigt, wie sie schützend ihre Arme um zwei kleine farbige Kinder gelegt hat, die auf ihren Knien sitzen. Bildkommentar hierzu: „Fernsehengel als Botschafter der Hoffnung: RTL-Moderatorin Linda de Mol flog für ihre Sendung ‚Kinder für Kinder' eine Woche nach Rio, besuchte Straßenkinder, war in den Slums."

Betrachtet man nun das Moderationshandeln von Linda de Mol vor der Kamera, ihre Körperinszenierung mittels Kleidung und Haardesign und ihr präsentiertes Medienimage und versucht dann, eine gemeinsame Sinnfigur zu finden, dann weist die Gesamtinszenierung auf eine recht alte (und in fast allen Kulturen bekannte) Figur hin – den *Engel*. Linda de Mol wird von dem Fernsehen also nicht als *Glücksfee* illuminiert, auch nicht als *Zauberin*. Nicht sie führt das Wunder aus eigener Kraft herbei, sondern sie vermittelt zwischen Wunscherfüller und Wünschendem und begleitet die Beglückten ein Stück auf ihrem Wege.

Damit wird sie fast in idealer Weise der Position und Funktion von ‚Engeln' gerecht. Diese sind nämlich (folgt man der abendländischen Mythologie und Ikonographie) Boten Gottes an die Menschen (angeloi), welche zugleich die Macht Gottes und auch seine helfende Nähe verkünden und begleiten. Darstellungen weiblicher Engel betonen immer das lang wallende, blonde ‚Engelshaar', während die Geschlechtlichkeit durch Gewänder weitgehend verdeckt wird. Sie tauchen in idealisierten Menschengestalten auf, vermitteln zwischen Gott und den Menschen, gewähren aber auch Geborgenheit und Schutz: Engel sind die moralisch korrekten Kommunikatoren einer höheren Macht – sie dienen der immanenten Darstellung des Transzendenten oder anders: Sie sind der sichtbare (und auch hörbare) Ausdruck einer ansonsten unsichtbar verbleibenden Welt. „Im Alten und im Neuen Testament erscheinen sie immer wieder als Boten Gottes und zeugen von Seiner Über- und Außer-Wirklichkeit, aber auch von Seiner immerwährenden Gegenwart unter den Menschen. Seine Sorge um diese Welt – als Richter und als Erlöser – ist es, auf die sie vor allem hinweisen, eine Sorge, die alles umfängt und nichts auslässt."[11]

Und glaubt man den Medien, dann ist die von der *Surprise-Show* inszenierte Einladung, die Moderatorin als modernes Äquivalent zu den alten Himmelsboten zu interpretieren, durchaus zeitgemäß. Engel erleben nämlich eine beachtliche Wiederentdeckung. Als Zeichentrickfiguren und Werbeträger bevölkern sie

---

[11] P.L. Berger: Auf den Spuren der Engel. Die moderne Gesellschaft und die Wiederentdeckung der Transzendenz, Frankfurt a.M. 1969, 132.

die Bildschirme, und in zahlreichen Bildbänden finden sich moderne Adaptionen dieser archaischen Figur. Laut einer Forsa-Umfrage von 1995 zeigte sich jeder dritte sicher, dass es Engel ‚wirklich' gibt. Und jeder Zehnte behauptete, schon einmal einen Engel gesehen oder gefühlt zu haben.

Wie oben gezeigt wurde, vermitteln Engel zwischen dem Transzendenten und dem Immanenten. Die transzendente Instanz (früher also Gott) bewirkte die Wunder, und der Engel überbrachte die Botschaft. Da früher Wunder immer ‚Gotteswunder' waren, fragt sich, wie eine solche Sinnfigur in einer Welt Bestand haben kann, in welcher der einstige Gottesglaube nachhaltig erschüttert ist, in der also im klassischen religionsgeschichtlichen Verständnis das Wunder nicht mehr auf die Fähigkeit Gottes zurückgeführt werden kann, die Naturgesetze außer Vollzug zu setzen. In einer säkularisierten Welt, in der ‚Gottes Thron leer steht' und deshalb von ihm keine Wunder mehr erwartbar sind, bietet sich das Fernsehen als neuer Platzhalter an[12]. Der Fernseh-Engel vermittelt zwischen den Glückerhoffenden und der mächtigen und auch höheren Instanz ‚Fernsehen' im Hintergrund.

Die Institution ‚Fernsehen' wird dabei nie selbst sichtbar. Allerdings glaubt der Zuschauer zu wissen, dass das Fernsehen die Macht im Hintergrund ist. Nur wenn, was allerdings sehr selten geschieht, während einer Sendung die Stimme eines unsichtbaren Regisseurs in das Geschehen vor der Kamera eingreift, dann erfasst der Zuschauer auch ‚handgreiflich', dass die eigentliche Macht sich hinter den Kulissen befindet, dass der Moderator nur im Auftrag und unter der Regie eines Mächtigeren handelt. Denn diese Stimme aus dem Off demonstriert, dass sich hinter dem Moderator bzw. der Moderatorin die eigentliche Macht befindet. Die jeweils moderierenden Gestalten sind lediglich die sichtbaren Vertreter des Fernsehens vor der Kamera.

Wenn man berücksichtigt, welche Institution in früheren Jahren für ‚Wunder' zuständig war, dann kann man feststellen, dass seit einigen Jahren das Fernsehen in seinen Räumen (Studios) zunehmend auch Sinnentwürfe, Inhalte, Symbole, Formen, Formate und Rituale für konkrete Einzelne und für das Kollektiv anbietet, die zuvor (fast) exklusiv im Zuständigkeitsbereich der Kirchen und der Religion lagen. Sehr viele Menschen suchen heute nicht mehr die Kirchen auf,[13] um diese Dienstleistungen in Anspruch zu nehmen, sondern statt dessen das Fernsehen. Und in vielen Fällen arbeitet das Fernsehen heute effektiver als die Kirche.

Sendungen wie *Surprise, Surprise* zeigen immer wieder, dass auch heute noch Mirakel und Wunder möglich und machbar sind: dass also das Leben (egal, wie ausweg- und trostlos es manchmal erscheinen mag) niemals ohne Hoffnung auf

---

[12] Vgl. hierzu ausführlicher Reichertz: Botschaft.
[13] Vgl. M.N. Ebertz: Kirche im Gegenwind. Zum Umbruch der religiösen Landschaft, Freiburg ⁴2001.

Heilung und Glück ist. Somit liefern solche Shows auch Trost, Verheißung und Zuversicht, ohne die das Leben etwas schwerer zu ertragen ist.

Und anscheinend trifft dieses Angebot auch auf ein dazu passendes Bedürfnis, das keineswegs nur einem kleinen Teil dieser Gesellschaft zu eigen ist. Denn laut einer Umfrage von *Focus* (1995) glauben 49 % der Deutschen an Wunder, also daran, dass Dinge geschehen, die der menschlichen Erfahrung widersprechen. Und 21 % ist nach eigenen Angaben schon selbst etwas passiert, was sie als Wunder bezeichnen würden. Zudem räumten 64 % ein, dass sie „in der Not gegen alle Vernunft auf ein Wunder gehofft haben."[14] Wollte man das spezifische Glücksversprechen der *Surprise-Show* in Worte fassen, dann müssten sie lauten:

> *„Fürchte dich nicht, denn es gibt jemanden, der vermittelt Deine Sehnsüchte und Wünsche an eine Macht, die in der Lage und auch bereit ist, sie dir zu erfüllen."*

---

[14] R. Thiede: Warum wir noch an Wunder glauben, in: Focus 1995, H. 23, 161–168.

VI. Zur Säkularisierung von Engeln

Edgar Wunder

Grenzgänger zwischen säkularen und religiösen Welten: Außerirdische als rationalisierte Engel

Die im heutigen populären Diskurs so beliebten „Außerirdischen" als „rationalisierte Engel" zu interpretieren, ist ein Ansatz, der üblicherweise auf eine 1958 unter dem Titel „Ein moderner Mythus. Von Dingen die am Himmel gesehen werden" erschienene Abhandlung des Schweizer Psychoanalytikers Carl Gustav Jung zurückgeführt wird.[1] Mittlerweile werden „Außerirdische" auch in der UFO-Szene selbst immer häufiger explizit mit „Engeln" gleichgesetzt. Davon zeugen z.B. das Buch „Engel und andere Außerirdische" von Thompson[2] oder die Existenz einer deutschen Channeling-Gruppe namens „UFOengel". Die Einbettung der zu „UFOs" und „Außerirdischen" verbreiteten Narrative in mehr oder minder traditionelle religiöse Deutungsmuster kann ohnehin als gut belegt gelten.[3]

Der von Jung vorgezeichnete und von den meisten späteren Autoren weiter verfolgte Weg, sich darauf zu beschränken, Gemeinsamkeiten zwischen „traditionellen" Engeln und „modernen" Außerirdischen bzw. Ufonen aufzuzeigen, ist dennoch einigermaßen unbefriedigend und kritikwürdig, denn er ist unhistorisch und letztlich wenig fruchtbar. Zu fragen wäre vielmehr auch nach den systematischen *Differenzen* zwischen traditionell-christlichen und modern-ufologischen Engeln sowie nach dem historischen Wandel dieser Differenzen und dafür anführbaren theoretischen Erklärungsansätzen, etwa im Rahmen des Säkularisierungsparadigmas. Dem soll die nachfolgende kurze Skizze dienen.

Die erste nahe liegende Frage, ob denn eine Verquickung oder ein Austausch zwischen den beiden Motiven ‚Engel' und ‚Außerirdischer' „schon immer" bestand oder seit wann sich ein solcher diagnostizieren lässt, kann erfreulicherweise sehr eindeutig beantwortet werden: Erstens gab es vor der kopernikanischen Wende keinen Diskurs über Außerirdische, weil Gestirne nicht als eigenständige Welten vergleichbar der Erde konzipiert wurden, so dass sich die Frage nach deren Bewohnbarkeit gar nicht erst stellte.[4] Zweitens entwickelte

---

[1] C.G. Jung: Ein moderner Mythus, Zürich 1958.
[2] K. Thompson: Engel und andere Außerirdische. UFO-Phänomene in neuer Deutung, München 1993.
[3] A. Grünschloss: Wenn die Götter landen. Religiöse Dimensionen des UFO-Glaubens. EZW-Text Nr. 153, Berlin 2000; J.A. Saliba: Religious Dimensions of UFO Phenomena, in: J. R. Lewis (Ed.): The Gods Have Landed. New Religions from Other Worlds, Albany 1995, 15–64.
[4] M.J. Crowe: A History of the Extraterrestrial Life Debate, in: Zygon 32/1996, 147–162; St. J. Dick: Life on Other Worlds. The 20th-Century Extraterrestrial Life Debate, Cambridge 1998.

sich der Glaube an außerirdisches Leben – ausgehend insbesondere von Giordano Bruno – dann im Laufe des 17. Jahrhunderts „from being a belief of a few to a dogma taught in scientific textbooks and preached from pulpits",[5] denn er schien mit der neuen kopernikanischen Kosmologie kompatibel. Dabei nahm der neue naturwissenschaftliche Diskurs über Außerirdische jedoch zunächst keinerlei Anleihen beim älteren theologischen über Engel, es handelte sich um vollkommen disparate Narrative. Dies änderte sich – drittens – erst mit Emanuel Swedenborg (1688–1772), dem für die weitere Entwicklung eine entscheidende Schlüsselrolle zukommt.

Swedenborg war als einer der führenden Naturwissenschaftler Schwedens schon vor 1745 von der Existenz Außerirdischer überzeugt. Als er in diesem Wendejahr seiner Biographie dann in Träumen und Visionen Gespräche mit Wesen aus einer „geistigen Welt" zu führen begann und als Offenbarer ihrer Mitteilungen auftrat,[6] unterschied er nicht mehr streng zwischen Außerirdischen, Geistern und Engeln, wie etwa aus seiner 1758 veröffentlichten Schrift „Die Erdkörper in unserem Sonnensystem, welche Planeten genannt werden, und einige Erdkörper am Fixsternhimmel: sowie ihre Bewohner, Geister und Engel; nach Gehörtem und Gesehenem" hervorgeht. Er amalgamierte somit die bislang gesonderten Diskursstränge mit dem Ziel der Schaffung einer Einheit von Religion und Wissenschaft.

Für die Zeit nach Swedenborg lassen sich idealtypisch drei Grundströmungen außerirdischer Angelologien differenzieren – eine christliche, eine theosophische und eine szientistische –, die jedoch alle erst im Rahmen des kultischen Milieus der UFO-Bewegung der zweiten Hälfte des 20. Jahrhunderts maßgebliche Entwicklungsschübe und auch Überformungen erfahren. Daneben entstehen auch außerirdische Dämonologien, in denen Außerirdische als übel wollende Feinde der Menschheit – oft mit dem Endziel der Eroberung der Erde – konzipiert werden. Partridge hat argumentiert, dass nur diese bösartigen Außerirdischen eindeutig aus *christlichen* Dämonologien entlehnt seien, während die als Boten, Lehrmeister und Heilsbringer auftretenden Engel-Außerirdischen ausschließlich *theosophisch* inspiriert seien.[7] Wie ich weiter unten anhand eines Beispiels aufzeigen werde, erscheint diese These jedoch kaum haltbar: Es existieren auch *christliche* Außerirdischen-Angelologien ohne nennenswerte theosophische Bezüge, insbesondere in der Traditionslinie des Grazer „Schreibknecht Gottes" Jakob Lorber (1800–1864). So stammte zum Beispiel der zwischen den 1950er und 1980er Jahren wohl einflussreichste deutsche Ufologe, der Wiesbadener Kunstmaler Karl Veit mit seiner „Deutschen UFO/IFO-Studiengemeinschaft" (DUIST), aus der Lorber-Bewegung.

---

[5] M.J. Crowe: The Extraterrestrial Life Debate 1750–1900, Cambridge 1988, 9.
[6] Vgl. z.B. Ch. Bochinger: „New Age" und moderne Religion, Gütersloh 1994, 257ff.
[7] Ch. Partridge: Alien demonology: the Christian root o the malevolent extraterrestrial in UFO religions ad abduction spiritualities, in: Religion 34/2004, 163–189.

Als derzeit prominentester Vertreter der *szientistischen* Strömung kann der Schweizer Schriftsteller Erich von Däniken gelten. Ganz im säkularen Gewand wird hier versucht, historische Berichte über Engel und andere Götterboten als Beleg für Besuche Außerirdischer zu interpretieren, unter bewusster Vermeidung traditionell-religiöser Semantiken. Die dabei entworfenen Kosmologien weisen jedoch eine derart hohe Strukturähnlichkeit mit christlichen und teils auch theosophischen Weltdeutungen auf, dass man sie als deren Reformulierung betrachten kann.[8] Szientistische Außerirdischen-Angelologien sind ein erst im 20. Jahrhundert auftretendes Phänomen, erstmals formuliert von Charles Fort im 18. Kapitel seines 1923 erschienenen Buches „New Lands".[9]

In der *theosophischen* Traditionslinie erwies sich insbesondere die von Guy Ballard gegründete, jedoch nach seinem Tod rasch wieder zerfallene I AM-Bewegung als langfristig einflussreich. Seine ‚telepathischen' wie persönlichen Kontakte mit engelähnlichen Wesen von der Venus inspirierten zahlreiche spiritistische Gruppen, die sich statt auf Geister nun auf die Botschaften von Außerirdischen zu konzentrieren begannen.[10] Langfristig besonders wirkungsmächtig waren dabei die 1954/55 in den USA offenbarten Mitteilungen des ‚Raumschiffkommandanten' Ashtar Sheran, die schon ein Jahr später in deutscher Sprache unter dem Titel „In kommenden Tagen. Alarmierende Botschaften von hohen Weltraum-Wesen als Gegenreaktion zur derzeitigen Zerstörungstätigkeit der Erdenmenschen durch Atomkräfte" erschienen.[11] In diesem Buch teilt sich nicht nur Ashtar Sheran als „Befehlshaber von zehn Millionen Wesen aus dem Weltraum, die ihre Stützpunkte im Bereich eurer Erdbahn bezogen haben" (15) mit, sondern auch Jesus Christus als Führer der „Interplanetaren Föderation" (Kapitel 13) sowie zahlreiche „hohe Engel" (Kapitel 8, 10, 14), „Weltraumwesen als Handlanger Gottes" (22) mit ihren „ernst-eindringlichen Ratschlägen" (48). Wohnstätte dieser außerirdischen Engel ist dabei erneut die Venus, auf der paradiesische Zustände herrschen: „Es scheint mir angebracht, ein paar Worte über unsre Verhältnisse auf der Venus zu sagen. Unsre Heimstätten weisen einen Komfort auf, von dessen Pracht ihr euch keinen Begriff machen könnt. Ihre Pflege bedeutet reine Freude; es gibt keine unangenehme Plagerei bei uns. ... Der Besuch unserer Erziehungsanstalten (Schulen) ist frei, und die Wissenschaftszweige und ihre praktische Anwendung sind so verschiedenartig und zahlreich, als dass jemals ein Schüler nicht genau die Art der Belehrung gefunden hätte, die für seine Begabung und Neigung am besten geeignet war. – Gefängnisse, Hilfs-

---

[8] C.E. Ashworth: Flying Saucers, Spoon-Bending and Atlantis: A Structural Analysis of New Mythologies, in: Sociological Review 28/1980, 353–376; I. Jüdt: Paläo-SETI zwischen Mythos und Wissenschaft, in: Zeitschrift für Anomalistik 3/2003, 166–204.
[9] Ch. Fort: New Lands, New York 1923.
[10] J.E. Porter: Spiritualities, Aliens and UFOs: Extraterrestrials as Spirit Guides, in: Journal of Contemporary Religion 11/1996, 337–53.
[11] Ashtar: In kommenden Tagen, Wiesbaden 1956.

schulen für Minderbegabte, Irrenanstalten, ja sogar Krankenhäuser sind bei uns unbekannt. Sie würden alle leer stehen".[12]

Auch bei anderen sog. „Kontaktlern" (also Personen, die mit Außerirdischen in Kontakt zu stehen behaupten)[13] finden sich, sofern sie – wie z.B. George Adamski, Truma Betherum, Daniel Fry, George Van Tassel oder George King mit seiner „Aetherius Society"[14] – der theosophischen Traditionslinie angehören, stets die gleichen Kernelemente: Die friedliebenden, selbstlosen Engel-Außerirdischen sind von bezaubernder Schönheit, stammen von der Venus, und haben eine Botschaft sowohl ethischen wie prophetischen Gehalts. Die Unterschiede zwischen theosophischen und christlichen Außerirdischen-Angelologien – sowie zu traditionellen Engelkonzeptionen, wie sie uns in der katholischen Kirche begegnen – sollen nachfolgend anhand von zwei Fallbeispielen, Sheila Gipson und Giorgio Dibitonto, verdeutlicht werden.

Sheila Gipson wurde 1948 in Chattanooga/Tennessee als Kind einer erst 15 Jahre alten Mutter geboren.[15] Sie wächst zunächst bei ihrer Großmutter auf, wird dann jedoch 13jährig an ihre alkoholkranke Mutter übergeben, die mit einem Kriminellen als Lebenspartner ohne dauerhaften Wohnsitz kreuz und quer durch die USA zieht. Die folgenden Lebensjahre sind durch ständige Gewalt, soziale Isolation, Vergewaltigungen und schließlich Selbstmordversuche geprägt. Unter diesen Umständen verfestigt sich eine Kindheitsfantasie Sheilas, sie sei in Wirklichkeit ein Engel von einem anderen Planeten, zu einem Mittel der Realitätsflucht. In ihrem Buch „Engel weinen nicht. Autobiographie einer Außerirdischen" schreibt die sich später Omnec Onec nennende Sheila Gipson: „Ich wurde zu einem verstörten und unsicheren Kind. ... Ich hungerte nach Aufmerksamkeit und Freiheit, weil ich daheim so wenig Liebe und Zuneigung erfuhr. Jede Nacht blickte ich zum Himmel hinauf in der Hoffnung, ein Raumschiff zu entdecken. Ich versuchte telepathisch Kontakt zu meinen Leuten aufzunehmen, aber nichts geschah. ... Während dieser schrecklichen Zeit waren meine Erinnerungen an ... meine wunderbaren Freunde von der Venus mir eine große Hilfe. ... Jede Nacht dankte ich der Höchsten Gottheit, dass sie mir die Kraft gab, dieses Leben weiter auszuhalten."[16]

Gipson flieht schließlich nach Chicago, um dort als Fotomodel zu arbeiten. Über ihren ersten dauerhaften Lebenspartner, der in der Hippie-Bewegung und

---

[12] Ashtar: Tagen, 41.
[13] J.A. Saliba: UFO Contactee Phenomena from a Sociopsychological Perspective: A Review, in: J. R. Lewis (Ed.): The Gods Have Landed. New Religions from Other Worlds, Albany 1995, 207–250.
[14] J.A. Saliba: The Earth is a Dangerous Place. The World View of the Aetherius Society, in: Marburg Journal of Religion 4/1999, H.2, 1–19.
[15] Die folgende biographische Skizze stützt sich sowohl auf die beiden autobiographischen Bücher von Sheila Gipson: O. Onec: Ich kam von der Venus, Düsseldorf 1994; O. Onec: Engel weinen nicht. Autobiographie einer Außerirdischen, Düsseldorf 2000, als auch auf ein persönliches Gespräch, das ich im Jahr 1996 mit ihr führte.
[16] Onec: Engel, 31, 70.

im Esoterik-Milieu aktiv ist, wird sie mit ufologisch-theosophischen Deutungsmustern vertraut, was zu einer umfassenden Reinterpretation ihrer bisherigen Lebensgeschichte führt: Tatsächlich sei sie als Engel „Omnec Onec" auf der Venus aufgewachsen und dann für eine besonders schwierige Mission auf der Erde ausgewählt worden. Hierzu wurde sie in einem Raumschiff nach Tibet gebracht, um dann die Gestalt der in Wirklichkeit im Alter von 7 Jahren verstorbenen Sheila Gipson anzunehmen. Ihre Aufgabe sei es „die Menschen über ihre wahre Herkunft und Geschichte aufklären, auf dass sie irgendwann reif und bereit sind, in die Bruderschaft der Planeten aufgenommen zu werden – ein Verbund aus den spirituell höher stehenden Bewohnern unseres Sonnensystems. Nebenbei soll Omnec durch ihr Leben auf der Erde Gelegenheit erhalten, eigene karmische Verstrickungen aufzulösen".[17] Sie steht nun in regelmäßigem „telepathischen Kontakt" mit den „Freunden von der Venus" und erhält von ihnen auch den Auftrag, Bücher zu verfassen und missionarisch aktiv zu werden. Über den Eckankar-Gründer Paul Twitchell erhält sie Zugang zu Verlagen, hält Seminare und Vorträge, und tritt schließlich auf UFO-Konferenzen und in Fernseh-Talkshows auf. Vermittelt durch den deutschen Ufologen Michael Hesemann spricht sie 1992 auch in Düsseldorf auf einer großen Konferenz „Dialog mit dem Universum" vor über 500 Teilnehmern und veranstaltet in den Folgejahren noch mehrere Tourneen in Deutschland und Europa, bei der sie u.a. Kurse in „venusischen Tänzen" anbietet.[18]

Im zweiten Fallbeispiel berichtet ein gewisser Giorgio Dibitonto aus Genua in einem 1982 in italienischer und 1984 in deutscher Sprache erschienenen Buch „Engel in Sternenschiffen" über verschiedene eigene Erlebnisse, die ihm in den Jahren 1980/81 widerfuhren: Eines Nachmittags bemerkte er bei sich zu Hause „im Zimmer ein Licht, das allmählich stärker wurde und schließlich viel intensiver als das natürliche war. Inmitten dieses Leuchtens erschien die Gestalt eines Jünglings von außerordentlicher Schönheit. Erstaunt betrachtete ich ihn und sah, dass seine Füße leicht vom Boden abgehoben waren. Er war barfuß, trug eine funkelnde Tunika und hatte zwei leuchtende Flügel."[19] Die Erscheinung tauchte von da an regelmäßig im Abstand einiger Tage auf, offenbarte sich bald als Erzengel Raphael, und erteilte Dibitonto „telepathisch" den Auftrag, sich an einen abgelegenen Ort in den tuskisch-emilianischen Apenninen zu begeben. Dort erlebt er die Landung eines summenden UFOs mit „ringsum runden Fensterchen" und einer „gewaltigen Kuppel": „Der Engel stand aufrecht unter jener Kuppel mit zu mir her ausgebreiteten Armen" und sprach: „Es ist nicht das erstemal, dass wir den Menschen der Erde auf diese Weise begegnen. Schon

---

[17] Onec: Engel, 10.
[18] Ein vergleichbarer Fall aus dem deutschen Sprachraum ist ‚Christallina' Hänni aus Winterthur, die nach einer ebenfalls sehr schwierigen Jugendzeit und Drogenkarriere ihren weitgehend identischen Missionsauftrag in ihrem Buch „Kontakte zu Außerirdischen" darlegte; siehe Christallina: Kontakte zu Außerirdischen, Extertal 1995.
[19] G. Dibitonto: Engel in Sternenschiffen, Wiesbaden 1984, 15.

immer sprechen wir zu eurer Menschheit aus unseren Weltraumfahrzeugen, aus fliegenden Scheiben und Sternenschiffen" (21/22). In weiteren Begegnungen, bei denen Raphael in einem „silberfarbenen Raumanzug" auftritt, wird mitgeteilt, die Erde sei „in Gefahr, wegen des Egoismus und des Stolzes jener, die das Risiko eingehen, sie in eine nie da gewesene Zerstörung hineinzureißen. Seit jeher suchen wir euch zu helfen, bemühen uns, das Schlechte zu verhindern, das ihr heute auf der Erde vorbereitet, und beeinflussen euch und euer Tun zum Guten hin" (25). Es folgen Aufrufe zur Demut, Güte, Liebe, Gehorsam, zur Skepsis gegenüber dem Verstand, zum Frieden und zum Gebet, sowie die Ankündigung einer großen „Züchtigung" der Menschheit, denn „der *Vater* kann weiterhin die törichte Verbohrtheit vieler Erdenmenschen nicht mehr hinnehmen" (108). Rettung sei allerdings unterwegs in Form einer Evakuierung der Gerechten, eines Auszugs, „der euch aus dem Elend herausführen und in die Universale Liebe hineinversetzen wird, in das wahre Gelobte Land" (60). Diesen Auszug werde der Raumfahrer Moses leiten. Dibitonto darf dann im UFO zum „Mutterraumschiff" in der Erdumlaufbahn mitfliegen, er trifft dort eine „hohe Frau aus dem All", die sich als Jungfrau Maria herausstellt. Er wird schließlich in ein „pilzförmiges Gebäude" auf einem „wunderbaren Planeten" gebracht, um an einer großen Versammlung der Außerirdischen teilzunehmen, deren Leiter sich als „der Gute Hirte" vorstellt und mit „überaus wohlklingender Stimme" verkündet: „Ich kenne Meine Schafe von der Erde, und sie kennen Mich, wie der Vater Mich kennt und Ich den Vater kenne" (184). Daraufhin betet die ganze Versammlung gemeinsam das Vater Unser. Bei der letzten Begegnung mit Raphael erhält Dibitonto noch einen Missionsauftrag (er wird anschließend Vorträge in Genua halten und das erwähnte Buch schreiben), bevor er mit einem Ave Maria vom Erzengel verabschiedet wird.

Trotz aller Unterschiede zwischen der „katholischen Ufologie" eines Giorgio Dibitonto und der vorwiegend theosophisch geprägten Welt von Sheila Gipson gibt es einige Punkte, in denen beide Angelologien systematisch von traditionell-kirchlichen Engelsvorstellungen abweichen. Während beispielsweise der alttestamentliche Erzengel Raphael weder isst noch trinkt (Tobit 12, 19), hat er in Dibitontos Erzählung nichts gegen ein gemeinsames „köstliches Getränk" (146), und auch die Engel auf der Venus sind nach Onec wohlschmeckenden Speisen keineswegs abgeneigt.[20] Während der Katechismus der Katholischen Kirche betont, Engel seien unsterbliche Wesen,[21] trifft dies auf die ufologischen Engel nicht zu. Auf der Venus werde man zwar viele Hundert Jahre alt, sei aber nicht unsterblich. Omnec Onec berichtet mehrfach von Todesfällen naher venusischer Verwandter, z.B. eines Onkels oder ihrer venusischen Mutter. Sind biblische Engel eher unnahbar, so ist es kein Problem, die außerirdischen Engel

---

[20] Onec: Venus.
[21] Ecclesia Catholica: Katechismus der Katholischen Kirche, München 1993, 117.

„mit einem warmen Händedruck" zu begrüßen[22] oder sich zum Abschied brüderlich zu umarmen.[23] Ist in der christlichen Theologie die kategoriale Unterscheidung zwischen Menschen, Engeln und Gott sehr distinkt, so verschwimmen diese Grenzen tendenziell in ufologischen Angelologien. Jesus als Raumschiffkommandant ist quasi nur der in der Hierarchie höchste Engel, auch er tritt als Bote und Lehrmeister in Erscheinung, im Prinzip nicht anders als andere Engel auch (lediglich mit etwas gesteigerten Attributen). Und die irdischen Propheten, an die sich die Himmelsboten wenden, sind oftmals nicht nur hervorgehobene Menschen, sondern sie verstehen sich – wie z.B. im Fall Sheila Gipson – selbst als Engel bzw. werden von ihren Anhängern so verstanden.

Auch die in der dualistischen Ethik des Christentums so strenge Unterscheidung zwischen Engeln und Dämonen als „zwei einander konträr gegenüberstehende Pole einer kosmischen Ordnung, innerhalb derer die eine Seite nur gut und die andere nur böse ist",[24] zerfließt. Zwar ist unzweifelhaft, dass verschiedene Klassen von Außerirdischen in der heutigen ufologischen Literatur tendenziell als eher gutartig (z.B. die großen Blonden) oder eher bösartig (z.B. die kleinen Grauen) eingeordnet werden, doch sehr trennscharf ist die Unterscheidung bei genauerem Hinsehen nicht: Sogar unter den Personen, die berichten, von Außerirdischen gegen ihren Willen entführt worden zu sein, gibt es einige, die ihre Entführer explizit als „Engel" bezeichnen – z.B. in der Veröffentlichung von John Mack die Entführten „Peter", „Carlos" und „Arthur" (die übrigens alle angeben, in einem streng katholischen Elternhaus aufgewachsen zu sein).[25] Außerirdische sind also zu einem gewissen Grade Engel und Dämonen zugleich, was vielleicht nicht verwundert, da Ahn die übliche Dichotomisierung von Engeln und Dämonen ohnehin als christozentrisch kritisiert und auf andere Religionen kaum anwendbar hält. Stattdessen schlägt er vor, den Überbegriff „religiöse Grenzgänger" wählen.[26]

Außerirdische sind „Grenzgänger" zwischen religiösen und säkularen Welten. Die um und über sie kreierten Mythologien knüpfen eng an traditionelle Bestände religiöser Deutungsschemata an, und doch können sie das „Übernatürliche" als wissenschaftlich entzaubert hinter sich lassen. "The single greatest difference between spirit entities and extraterrestrial ones is that extraterrestrials are believed to be representatives of a scientifically and technologically advanced species", schreibt Porter.[27] „Wissenschaft" und „Technologie" ersetzt das „Über-

---

[22] Dibitonto: Engel, 57.
[23] Dibitonto: Engel, 69, 146.
[24] G. Ahn: Grenzgängerkonzepte in der Religionsgeschichte. Von Engeln, Dämonen, Götterboten und anderen Mittlerwesen, in: G. Ahn/M. Dietrich (Hg.): Engel und Dämonen. Theologische, anthropologische und religionsgeschichtliche Aspekte des Guten und Bösen, Münster 1997, 1–48, hier 7.
[25] J.E. Mack: Entführt von Außerirdischen, Bettendorf/Essen 1995.
[26] Ahn: Grenzgängerkonzepte.
[27] Porter: Spiritualities, 346.

natürliche", jedoch in einer Weise, die auch zur „spirituellen" Überlegenheit der Außerirdischen führt: „Extraterrestrials are seen as spiritually superior to us because their science exceeds our own: their ‚science' is perceived superior because it incorporates recognition of spiritual ‚truth.'"[28]

Aus säkularisierungstheoretischer Perspektive kann man sicherlich argumentieren, dass die Verwandlung der Engel von Geistwesen in Außerirdische ein weiteres Musterbeispiel einer *Profanisierung* moderner Religion darstellt: Die konstruierte Grenze zwischen „heilig" und „profan" verschwimmt, löst sich tendenziell auf, so dass sie sich auch nicht mehr als Kriterium für den Religionsbegriff eignet.[29] Mit den Engeln ist es letztlich wie mit der Religion generell: Ob sie eine „bedrohte Art"[30] darstellen, hängt im Wesentlichen von ihrer Definition ab.

---

[28] Porter: Spiritualities, 337.
[29] E. Wunder: Religion in der postkonfessionellen Gesellschaft, Stuttgart 2005, 115.
[30] M. Godwin: Engel. Eine bedrohte Art. Zweitausendeins, Frankfurt a.M. 1992.

Bernhard Suin de Boutemard (†)

Business Angels –
Engel der Freiheit und des Glücks[1]

Scharen von Reisenden verlassen in Baden-Baden den ICE aus dem Ruhrgebiet und eilen auf den Taxistand zu. Mit dem Habitus der Gelassenheit nehmen sie hin, dass im Nu alle Taxis abgefahren sind. Zurück bleiben Herren im Mantel aus gutem Tuch. Doch keiner trägt eine Melone, wie der Sticker der „Business Angels Agentur Ruhr" (BAAR e.V.) den Habitus eines Geschäftsengels (Business Angel) dokumentiert.

Die meisten der Wartenden gelangen schließlich doch noch ins Kongresshaus Baden-Baden, wo sich an diesem herbstgrauen 14. November 2005 die „Business-Angels Szene Deutschlands" zum „5. Deutschen Business-Angels Tag" trifft. Fast 400 Teilnehmer waren der Einladung des 1998 gegründeten „Business Angels Netzwerk Deutschland" (BAND e.V.) gefolgt, das sich als „übergreifendes Netzwerk" „für den Aufbau und die Professionalisierung der Business-Angels Kultur in Deutschland" (Flyer von BAND) engagiert. Auch vertritt es „die Belange der Business Angels und der Netzwerke gegenüber Politik und Öffentlichkeit".[2] Von den ca. 40 regionalen oder lokalen Netzwerken und Agenturen sind mehr als Zweidrittel dem BAND angeschlossen. Es gilt „im europäischen Ausland als herausragendes Beispiel für die Implementation einer nationalen Infrastruktur zur Entwicklung eines funktionierenden Business Angels-Marktes und gehörte 1999 zu den Gründungsmitgliedern von EBAN (European Business Angels Network)".[3]

---

[1] Für Auskunft und Unterstützung beim Beschaffen von Informationen danke ich Ingrid Buchmann, Eckart und Holger Fromme sowie Wolfgang Schubert.
[2] U. Günther/R. Kirchhof: Was leistet das nationale Business Angles Netzwerk Deutschland e.V. (BAND) als Dachorganisation, in: H. D. Kleinhückelskoten u.a.: Business Angels. Wenn Engel Gutes tun! Wie Unternehmensgründer und ihre Förderer erfolgreich zusammenarbeiten. Ein Praxishandbuch, Frankfurt a.M. 2002, 233–240, hier 233.
[3] U. Günther: Business Angels Netzwerk Deutschland e.V., Essen o. J (Skript), 1; siehe www.eban.org.

Es gibt viel mehr Business Angels in Deutschland als die etwa 1000 oder von anderen hochgerechneten 1400 in Netzwerken organisierten. Die Organisierten halten ein privates „Beteiligungsportfolio von 4,4 Beteiligungen mit einer Durchschnittsinvestition von 100.000 € pro Deal. Geht man von einer Beteiligung pro Jahr aus, so ergibt das eine Jahresinvestitionssumme von 100 Millionen €." Man nimmt aber an, dass diese Schätzwerte „nur die Spitze des Eisberges der BA-Investitionen beschreiben."[4] Zum Vergleich: Venture Capital-Gesellschaften (VC) investierten im Jahre 2004 in der Seed-Phase von Gründungsunternehmen nur „22 Millionen €".[5] Von ähnlichen Relationen berichtet in Baden-Baden Katarina Bonde aus den USA.[6] Dort stehen 100 Milliarden Dollar Gesamtinvestitionen von über 300.000 Business Angels 20 bis 30 Milliarden Dollar aus 1.000 VC-Funds gegenüber.

Die Angel-Kultur von BAND beschränkt sich weitgehend auf Funktionen der instrumentellen Vernunft und des Lobbyismus. In Gesprächen mit einzelnen Geschäftsengeln war eher zu erfahren, welche wirtschaftspolitischen, soziokulturellen und zivilreligiösen sowie habituell biographischen Dispositionen zur persönlichen Intervention motivieren.

Erwähnt werden die erlernten habituellen Dispositionen, die vom Ordo-Liberalismus der Freiburger Schule von W. Eucken und W. Röpke und dem Modell der sozialen Marktwirtschaft von Alfred Müller-Armack geprägt wurden. Business Angels bieten an, das „Haupthindernis der sozialen Markwirtschaft" auszugleichen, nämlich die ungleichen Startbedingungen im wirtschaftlichen Leistungswettbewerb.

Der Sticker von BAAR zeigt den Gründertyp des Business Angel mit zwei Flügeln, die sich aufklappen lassen, ebenso einen von beiden Händen gehaltenen Aktenkoffer. Jeder Flügel symbolisiert private Freiheit über Verfügungsmacht, der eine das unternehmerische Know-how und Beziehungen, ohne dafür Honorare zu fordern. Der andere Flügel repräsentiert seine Kapitalbeteiligung an innovativen Startup-Unternehmen, weil Banken aus Risikogründen keinen Kredit gewähren. Das Risiko ist für Business Angel nicht geringer. Erfahrungsgemäß macht von drei Beteiligungen an Unternehmen nur eine einen Gewinn, die zweite dämmert dahin und die Investition der dritten geht verloren. Darum gilt: „Business-Angels tragen keinen Heiligenschein – sie erwarten eine überdurchschnittliche Rendite. Aber: Business Angels der BAAR verpflichten sich, stets Minderheitsbeteiligungen einzugehen",[7] die erst nach einigen Jahren veräußert

---

[4] U. Günther/R. Kirchhof: BANDort Deutschland. Standort eines starken Business Angels Marktes. Referat auf dem 5. Business Angels Tag 2005 in Baden-Baden (Jahresbericht), 3.

[5] Günther/Kirchhof: BANDort, 3.

[6] K. Bonde: Angel Capital in the US. Sharing facts, thoughts and experiences (= Power Point presentation, unveröffentlicht), 2005, 3.

[7] BAAR e.V. (Hg.): BAAR Business Angels Agentur Ruhr e.V. Das Netzwerk für Unternehmer mit Ideen und Business Angels mit Kapital und Know-how, Essen (Broschüre) 2005, 4.

werden dürfen. Dadurch wird vertragsrechtlich das Risiko auf beide Seiten verteilt und „die Aussicht auf einen gemeinsamen Erfolg ist das verbindende Element aller Beteiligten".[8] Gerade die Business Devils, die es auch gibt, haben am Mutualismus kein Interesse. Aber sie verbergen ihre Ziele, z.b. „die Geschäftsidee ausschließlich für sich selbst zu nutzen."[9] Der geöffnete Koffer verweist auf die Termine von jedem „MoMo 3 – dem Szenetreff im Ruhrgebiet an jedem dritten Montag im Monat des Quartals."[10] Zur Professionalisierung der Business Angels bieten einige Netzwerke wie beim Sport Trainer an, die dann auch schon einmal „Erzengel" genannt werden. BAAR hat „gegenwärtig 78 Mitglieder, davon 29 institutionelle"[11] und ist „eines der mitgliederstärksten Netzwerke Deutschlands.[12] Jährlich werden mehr als 600 Anträge um Unterstützung gestellt, Nach einer ersten Auswahl bleiben 250 übrig, die näher geprüft werden. Davon werden 80 Unternehmen eingeladen, sich im Kreis der BAAR-Mitglieder zu präsentieren.[13] In der Regel kommen dann 14 Beteiligungen mit Business Angels zustande. Das sind 2,3 % aller eingereichten Screeninganfragen. Die restlichen 66 Antragsteller bekommen die Gelegenheit, auf der Homepage von BAAR „drei Monate lang kostenlos das anonymisierte Kurzportrait ihres Unternehmens einzustellen."[14]

Business Angels wirken in einem sozialen Feld, welches das Pendant zu ihrem Habitus bildet. Zwar rahmen Spielregeln das Feld, vergleichbar einem Fußballspiel, aber determinieren keineswegs den einzelnen „Spielzug."[15] Ihr Spielsinn ist „ein Sinn für die wahrscheinliche Zukunft", „die Kunst der praktischen Vorwegnahme der in der Gegenwart enthaltenen Zukunft."[16] Das nennt man „an der Börse einen *Plazierungssinn.*"[17] Jedes Jahr zeichnet BAND einen Spieler als „Business Angel des Jahres mit der Goldenen Nase" aus und nimmt ihm in den „BAND Heaven of Fame" auf. Manchmal betonen Business Angels, „dankbar zu sein", weil sie früher als Startup-Unternehmer „begnadet worden sind". Beide Male werden religiöse Metaphern verwendet, welche die Kontingenz der jeweiligen Ausgangslage und ihre „illusio" zum Ausdruck bringt. Wer aber begnadet wurde, der kann eigentlich gar nicht anders, als „zurückzuzahlen" und „dem System wieder zuführen", dem er seinen Erfolg verdankt. Oft sind Geschäftsengel sozial eingestellt, haben einen väterlichen Habitus und entschei-

---

[8] BAAR: Angels, 2.
[9] R. Kirchhof: Business Angel, Essen (Skript) 2004, 1.
[10] BAAR: Angels, 11.
[11] BAAR: Angels, 13.
[12] BAAR: Angels, 2.
[13] BAAR: Angels, 13.
[14] BAAR: Angels, 7.
[15] W. Fuchs-Heinritz/A. König: Pierre Bourdieu. Eine Einführung, Konstanz 2005, 143.
[16] Pierre Bourdieu: Sozialer Sinn, zit. n. Fuchs-Heinritz/König: Pierre Bourdieu, 148.
[17] Pierre Bourdieu: Gebrauch der Wissenschaft, zit. n. Fuchs-Heinritz/König: Pierre Bourdieu, 148.

den weniger nach Kalkül, sondern aus Sympathie oder Antipathie, die ihnen die Nähe und Privatheit zum Objekt nahe legen.

Handlungsleitend ist in sehr vielen Fällen ein quasi eschatologischer Habitus. Er transzendiert, was immanent erreicht wurde, um eigene Endlichkeit aufzuheben und statt Vergängliches Bleibendes zu hinterlassen. Das geschieht, indem der Business Angel sich fragt: „Was ist meine Aufgaben, meine Pflicht, mein Ethos in diesem Leben?" Nicht das Verfassungsgebot, dass Eigentum verpflichtet, ist das Antriebsmoment, sondern die zivilreligiös orientierte Frage, „was bleibt, von einem, wenn man nichts unternimmt?"

Dispositionen des Glücks

Anfang des 20. Jahrhunderts taucht die Bezeichnung „Engel" das erste Mal auf. Sie bezeichnete damals Investoren, die bereit waren, ein hohes Risiko einzugehen, um Theaterstücke und Musicals am Broadway zu finanzieren.[18] Ob sie damit Erfolg hatten, wird nicht berichtet. Stattdessen werden fünf Angels erwähnt, die 1903 insgesamt 40.000 Dollar investiert hatten und damit in den folgenden sechzehn Jahren 145 Millionen verdienten. Sie waren „truly blessed",[19] denn sie hatten Henry Ford zum Startkapital verholfen.

Heute sind in den USA Angels meistens Investoren, die mit Beteiligungen an innovativen, aber unternehmerisch riskanten Startup-Firmen ihr Glück versuchen. Nach Angaben von John Romano stellen in den Vereinigten Staaten von Amerika gegenwärtig mehr als eine Millionen Business Angels die höchste Summe an Risikokapital zur Verfügung.[20] Andere schätzen ihre Anzahl niedriger ein. Aber keiner würde bestreiten, dass amerikanische Business Angels zumindest unbewusst dem „Streben nach Glück" folgen, das Thomas Jefferson in die Unabhängigkeitserklärung von 1776 an die Stelle von „Eigentum" gleichrangig zu den Bürgerrechten von „Leben" und „Freiheit" gesetzt hatte. Der amerikanische Traum vom Glück entwickelte sich zu einem Habitus, dem Erinnerungen von Erfahrungen zugrunde liegen. Zu diesen Erinnerungen gehören die ordnungspolitische Wirkungsgeschichte des Mayflower Compact, den puritanische Pilgerväter 1620 zum gegenseitigen Beistand vor ihrer Landung geschlossen hatten, und die Notwendigkeit von mutualistischer Hilfe beim Siedeln auf der Westgrenze. Den daraus zum Mythos gewordene Habitus haben auch die heutigen Business Angels inkorporiert, auch wenn sie ihr Spielverhalten vielfach erst nach Rückfragen erklären können.

Die meisten Business Angels sind in der Regel Unternehmer. Sie verfügen über ein Vermögen von mehr als 1 Million Dollar und verdienen jährlich

---

[18] Vgl. J. Romano: The „term angel" comes from. Part I. www.suite101.com/article.cfm/ecommerce_small_business/63310 (2001), 1.
[19] Romano: term.
[20] Romano: term, 1.

100.000 Dollar, falls sie sich nicht schon vom täglichen Geschäft zurückgezogen haben. Ihre subjektive Erfolgsgeschichte erklärt ihren hohen Einsatz an Risikokapital. Gesamtgesellschaftlich relevant konnte das erst werden, als sich für dieses Spielfeld ein ausreichender Wohlstand verbreitet hatte. Das ist heute der Fall. Denn in den Vereinigten Staaten von Amerika, so erklärt Romano,[21] gibt es über 2 Millionen Haushalte mit einem Vermögen von 1 Millionen Dollar. Aber – und das spricht für die amerikanische Ausprägung des Habitus von Business Angels – 90 % von ihnen machten ihr Glück als „self-starter" eines eigenen Geschäfts. Ihre Selbsterfahrung macht sie bereit, „to help perpetuate a system that made them successful in first place and at the same time, make a considerable return on their money."[22] Als Individualisten wollen sie dazu beitragen, die von ihnen geförderten Startup-Unternehmen in die nächste Entwicklungsphase zu heben. John Romano betont aber in diesem Zusammenhang, dass Engel meistens örtlich bekannte Personen sind, die zwar finanziell unabhängig, aber keinesfalls „super rich" sind: Mediziner, Zahnärzte, Rechtsanwälte, Wirtschaftsberater, Manager, Gesellschafter einer Firma, Freunde oder Verwandte. Sie nehmen größere Risikobereitschaft auf sich als die meisten Banken, „because they have a personal interest in the company itself."[23] Darum lassen sie sich von anderen Kriterien leiten als andere Investoren. Sie bevorzugen den persönlichen Kontakt und die geographische Nähe zum Unternehmen in einer Entfernung von etwa 50–100 Meilen. Sie investieren oft in Unternehmensfelder, für die sie sich spezialisiert und persönliche Kenntnisse haben. Darum rangieren umfangreiche Finanzierungspläne (business plans) nicht an der Spitze ihrer Kriterienliste, wie John Romano an andere Stelle betont.[24] Stattdessen wird in erster Linie auf die Fähigkeit des Startup-Unternehmers zum Management geachtet, gefolgt von der Beurteilung, ob das Produkt oder die Dienstleistung nachweisbar den Marktbedürfnissen entspricht und hohe Absatzmöglichkeiten bestehen. Dennoch: „The primary investment motivation is a high rate of return", gefolgt von Dankbarkeit („appreciation").[25]

Da sein Habitus stärker von der geschichtlich begründeten Disposition geprägt wird, sein Glück zu verfolgen, statt seine Entscheidung vom Kalkül abhängig zu machen, „bringt die subjektive Einschätzung von Erfolgsaussichten einer Handlung im Rahmen vorgegebener Umstände ein ganzes Corpus halbformalisierter Weisheiten ins Spiel, z.B. sprichwörtliche Redewendungen, Gemeinplätze, ethische Vorschriften (‚das ist nichts für uns') und, tiefer, die

---

[21] Romano: term, 1.
[22] Romano: term, 1.
[23] Romano: term, 1.
[24] J. Romano: What are the characteristics of an angel? Part II. www.suite101.com/article.cfm/ecommerce_small_business/65618, 1.
[25] Romano: characteristics, 1.

unbewussten Prinzipien des *Ethos* ...".[26] Wie ein Fußballspieler „folgt er keinem zynischen Kalkül, sondern nur seinem eigenen Vergnügen, seiner aufrichtigen Begeisterung, die in diesem Bereich eine Grundvoraussetzung für den Erfolg der ‚Investition' darstellt."[27] Die feldspezifische illusio, in welche der amerikanische Business Angel hineingeboren wird oder welche Zugewanderte erst mühsam erlernen und verinnerlichen müssen, „bleibt Außenstehenden mehr oder weniger unverständlich, wirkt gar sinn- und zwecklos auf sie."[28] Zum Habitus im Spielfeld gehört ein „Spielsinn". Pierre Bourdieu erklärt dazu, dass „jene, die in das Spiel hineingeboren werden, eben über das Privileg des ‚Angeborenen' verfügen. Sie müssen nicht berechnend sein, um zu tun, wenn es nötig ist, und schließlich den Gewinn einzustreichen."[29]

Der Spielsinn, den im günstigsten Fall Angels und Startup-Unternehmer als feldspezifischen Habitus gemeinsam teilen, spiegelt sich wider in der Schlussfolgerung, mit der Katarina G. Bonde auf dem 5. Deutschen Business Angels Tag im November 2005 in Baden-Baden ihren Vortrag über „Angel Capital in the US" schloss: „Access to capital is about access to people".

Die Freiheit amerikanischer Business Angels ist das „pursuit of happiness". Amüsiert und den amerikanischen Habitus betonend, weist der pragmatische Philosoph und Schöpfer des problemlösenden Projektunterrichts, John Dewey, den Vorwurf Nietzsches zurück. Der hatte kritisiert, es sei unzulässig, den „Verfolg des Glücks" zum unabdingbaren Menschenrecht zu erklären. „Wenn Nietzsche sagt", schreibt Dewey, „‚der Mensch strebt nicht nach Glück, nur der Engländer tut das', so müssen wir darüber lachen, wie sehr er ins Schwarze trifft. Aber Menschen, die bekennen, dass sie bei der Prüfung einer Handlung keine Rücksicht auf Glück nehmen, haben eine leidige Art, nach ihrem Prinzip zu leben, denn sie machen andere unglücklich."[30]

---

[26] Pierre Bourdieu: Entwurf einer Theorie der Praxis, zit. n. Fuchs-Heinritz/König: Pierre Bourdieu, 117.
[27] Pierre Bourdieu: Die feinen Unterschiede, zit. n. Fuchs-Heinritz/König: Pierre Bourdieu, 146.
[28] Fuchs-Heinritz/König: Pierre Bourdieu, 146.
[29] Pierre Bourdieu, Gebrauch der Wissenschaft, 25, zit. n. Fuchs-Heinritz/König: Pierre Bourdieu, 148.
[30] J. Dewey: Deutsche Philosophie und Politik, Meisenheim a. Glan 1954, 60.

Winfried Gebhardt

Fällt das letzte Höschen, dann fallen auch die Flügel. Zur Soziologie des „sündigen Engels"

Religiöse Symbole entwickeln in der religiösen Volkskultur oftmals ein Eigenleben, das sich dem angemaßten Deutungsmonopol kirchlicher Amtsträger und theologischer Experten entzieht. In Zeiten einer akzelerierenden Pluralisierung und Privatisierung des Religiösen, die in der Regel einhergehen mit einer Entwicklung, die man – abhängig von der Beobachterperspektive – entweder als „Selbstermächtigung" des religiösen Subjekts oder als Deinstitutionalisierung der etablierten Religionen bezeichnen kann, sprengt dieses Eigenleben sogar die in der Vergangenheit noch weitgehend eingehaltenen Grenzen religiöser Deutungshorizonte. Religiöse Symbole wandern aus in die profane Lebenswelt, um diese mit ihrem Hauch transzendenter Exotik emotional aufzuladen und erlebnisstimulierend aufzurüsten. Deutlich zu beobachten ist diese Auswanderung in den mannigfaltigen Formen gegenwärtiger Populärkultur, die auf unterschiedliche Weise mit religiösen Zitaten, Bildern, Metaphern und Symbolen spielt. Dabei fällt auf, dass insbesondere solche Symbole gerne benutzt werden, denen von den Menschen schon immer eine unmittelbare Bedeutung für die Bewältigung der Ambivalenzen und Widersprüchlichkeiten ihres alltäglichen Lebens zugesprochen wurde. Die Engel – als (auch in geschlechtlicher Hinsicht) nicht eindeutig definierbare „Zwitterwesen", als typische Vermittler zwischen dem Reich des „Heiligen" und der Welt des „Profanen" – sind ein Musterbeispiel für solch populärkulturelle Umdeutungen.

So lässt sich in den letzten Jahren, insbesondere bei den „Events" einiger Jugendszenen wie den Gothics oder den Technoiden, vor allem aber in der Werbung eine Wiederkehr der Engel beobachten. Das alleine wäre nun nichts Aufregendes, was allerdings auffällt ist, dass diese Engel immer häufiger eindeutig weiblichen Geschlechts sind und immer häufiger nur mit Dessous bekleidet auftreten. Nicht nur der amerikanische Wäsche-Konzern Victoria`s Secret lässt seine glamourösen Dessous-Models – von Heidi Klum über Gisele Bündchen bis hin zu Naomi Campbell – mit Engelsflügeln ausgestattet über die Laufstege der Welt tänzeln. Auch andere Firmen aus der gleichen Branche nutzen die Engels-Symbolik zur Werbung für ihre Produkte. In dem aktuellen Weihnachtskatalog eines exklusiveren Versandhauses findet sich zum Beispiel eine Anzeige für *„Echte' Engelsflügel aus Los Angeles. Aufwändig aus echten Truthahn-Federn und duftigem Maribu gefertigt"* zum Preis von 79 Euro. Und in dem dazugehörigen Begleittext findet sich dann ein vollmundiges Versprechen: *„Diese Flügel bringen Sie auf die tollsten Ideen. Erscheinen Sie brav zur Bescherung mit Ihren Kids als bezaubernder Weihnachtsengel. Oder überraschen Sie als sündiger Engel in edlen Dessous. Nur Ihre Phantasie entscheidet"*.

Braver Engel hier, sündiger Engel dort – das sind unter den Bedingungen einer die Grenzen von „Heilig" und „Profan" verwischenden Spätmoderne scheinbar keine sich ausschließenden Gegensätze mehr, sondern gelebte oder wenigstens gewünschte Realität. Spiegelt sich in solchen Phantasien die unstillbare Sehnsucht der Menschen, die – immer schon ambivalente – Fülle des Lebens im Hier und Heute „ganz" und „total" auskosten zu dürfen? Oder spricht aus ihnen die Notwendigkeit, die Ambivalenzen des menschlichen Lebens nun selbst interpretieren, symbolisch oder metaphorisch verarbeiten und bewältigen zu müssen, nachdem das Eindeutigkeit, Sicherheit und Gewissheit versprechende Deutungsmonopol der institutionalisierten Religionen gefallen ist? Oder vielleicht beides?

In der christlichen Religionsgeschichte waren Engel immer ein Symbol der Reinheit, Anmut und Keuschheit. Daran ändern auch die unterschiedlichen Versuche in der Geschichte der abendländischen Kunst wenig, Engelsfiguren unterschwellig zu feminisieren und zu erotisieren. Selbst der nur locker bekleidete oder in verführerischen Posen gemalte Engel bei Leonardo oder Raffael versprühte noch den Hauch von Anmut und Keuschheit und hielt so das Spiel mit der „Sünde" in deutlich markierten Grenzen. Heute sind die Grenzen durchlässiger geworden. Nicht nur das Spiel mit der „Sünde" ist salonfähig geworden, jetzt darf auch mit der „Keuschheit" gespielt werden. Erotische Eindeutigkeit, verführerische Sinnlichkeit, brave Wohlanständigkeit und keusche Anmut sind Handlungsoptionen, die dem spätmodernen Menschen grundsätzlich zur Verfügung stehen und die er auch nicht mehr aufgeben will. Institutionelle Einschränkungen seiner Handlungsoptionen lehnt er pathetisch ab – im Namen der Freiheit und der individuellen Selbstverwirklichung. Das alte Bild der Frau als „Heilige" und „Hure" dient nicht mehr länger nur als anregender Nervenkitzel für die in den Bahnen von Dogma und Tradition gefangenen wohlanständigen „Bürger", sondern wird zum gelebten Wunschbild derjenigen, die glauben, ein Recht darauf zu besitzen, das Leben in seiner ganzen Fülle und Ambivalenz auskosten zu dürfen. Und dazu gehört eben auch der Reiz der „Sünde" – wenigstens partiell. Die Figur des in „Dessous" auftretenden „sündigen Engels" erscheint deshalb als das Spiegelbild einer Gesellschaft, die alles will, weil sie glaubt, alles zu können und sich dieses Anspruchs doch nicht ganz sicher ist. In der Figur des dessoustragenden „sündigen Engels" schimmert eine letzte Ahnung von Eindeutigkeit und Unverfügbarkeit durch. Nackte Engel gibt es nicht und darf es auch nicht geben. Wenn das letzte Höschen fällt, dann fallen auch die Flügel. Engel dürfen heute zwar sexy sein, aber noch lange nicht vulgär.

Schluss

Josef P. Mautner

Die „katastrophé" begreifbar machen.
Eine kleine Soziologie der Engel resp. ihres Erscheinens in der Literatur der Gegenwart.

> *„Damals wusste ich noch nicht, dass es die Engel sind, die uns beschwören. Nicht wir sind es, die sie erträumen, die Engel träumen uns."*
>
> Ilse Aichinger

In der Überlieferungsgeschichte der drei abrahamitischen Religionen findet sich eine unüberschaubare Vielfalt von imaginierten Sozialformen der als „ángelos", „mal'ach" oder „al-Mala'ika" bezeichneten Geistwesen. Sie reichen von den elaborierten Fantasiewelten der Engelshierarchien, die einen eigenen religionsgeschichtlichen Strang vom 3. vorchristl. Jahrhundert bis in die Gegenwart bilden, über die in unterschiedlicher Weise mythisch besetzte Vorstellung von „Gottessöhnen" und „Engeln Jahwes" im Ersten Testament bis zu den zunächst anonym bleibenden „Fremden", die den Einbruch einer transzendenten Erfahrung, einer Botschaft von Jahwe, in die geschlossene Plausibilität menschlicher Verhältnisse verkörpern.

Die religiös-literarische Imagination von hierarchisch organisierten Engelswelten beginnt mit den Reisen, die der Autor der apokryphen Chroniken des Henoch (Erstes oder äthiopisches Henochbuch) durch die zehn Himmel unternimmt. Das Buch entstand vermutlich im 3. Jahrhundert v.Chr., kompilierte jedoch bereits ältere Quellen. Die biblischen Schriften des Kanons nennen zwar unterschiedliche Arten von Engeln wie Seraphim, Cherube, Erzengel, Thronoi etc. (u.a. in 1 Sam 4, 4; Jes 6, 2; Eph 1, 21; Kol 1, 16).[1] Sie sind jedoch wesentlich zurückhaltender, was das Ausmalen himmlischer Hierarchien betrifft, als die religiösen Traditionen ihrer Umwelt. Im monotheistischen Kosmos kommt den Geistwesen eine untergeordnete Rolle zu, die sich weitgehend auf ihre Mittler- und Botenfunktion zwischen Gott und den Menschen beschränkt. Die Schöpfungserzählungen (Gen 1 und 2) erwähnen keine Engel. Erst am Ende der Sündenfallgeschichte Gen 3 postiert Jahwe „die Kerube", „damit sie den Weg zum Baum des Lebens bewachen" (Gen 3, 24b). In der Sammlung der dem Dionysios Areopagita zugeordneten Schriften (ca. 500–532 n.Chr.) findet sich eine ausgearbeitete Systematik von Engelshierarchien in dem Buch „De caelesti hierarchia". Das Buch entwirft drei Ordnungen (Triaden) von himmlischen Wesen, denen es

---

[1] Zu Grunde gelegt wurde durchgehend: Die Bibel. Deutsche Ausgabe mit den Erläuterungen der Jerusalemer Bibel, Freiburg i.Br. 1979.

jeweils 3 Gruppen von Engelswesen zuordnet. Den 10 Elementen (Sephirot) am Lebensbaum („Ez Chajim") der Kabbala werden in einander entsprechenden Gegensatzpaaren alle Elemente der irdischen und himmlischen Welt – und so auch die Engelshierarchien – zugeordnet. Erst die zehnte und letzte Stufe („Malkuth", das Königreich) ist mit dem Menschen verbunden. Bis heute spielt das kosmische System der Sephirot in der Esoterik, etwa im Tarot, eine wichtige Rolle.

Eine Vorstellung der antiken Mythologie – nämlich die von „Gottessöhnen", die mit „Menschentöchtern" verkehren und mit ihnen Kinder zeugen – wird in einem kurzen erzählerischen Einschub vor der Sintflutgeschichte, in Gen 6, 1–4, aufgegriffen. Das Buch Ijob nimmt dieses Motiv der „Gottessöhne" wieder auf und ordnet den Versucher „Satan" unter sie ein (Job 1, 6). In der Jahwe-Rede aus dem Gewittersturm werden die „Gottessöhne" nochmals genannt: als die ersten Geistwesen, die mit den Sternen – noch vor der Erschaffung des Menschen – dem Weltenschöpfer zujubelten (Job 38, 7). Hier haben alle späteren apokryphen Fantasien von den Geistwesen, die bereits vor Erschaffung der Welt, vor dem Sechstagewerk, existieren, ihren Ursprung; ebenso der apokryphe Mythos von Satan als gefallenem Engel, der von Gott aufgrund seiner Hybris, wie Gott sein zu wollen, gestürzt wurde. Die Dualität zwischen den Engeln und den Dämonen als gefallenen Engeln wird etwa im Ersten Henochbuch ausgeführt, wo die Gefallenen die Menschen verleiten, indem sie ihnen Erkenntnisse der Welt vermitteln, die ihnen nicht zustehen und zum Bösen gereichen (so etwa vermittelt der Dämon Penemue das Schreiben mit Tinte und Feder).

Spezifisch jedoch für das biblische Bild der Engel ist ihre Mittlerrolle. Sie machen mit ihrem Erscheinen das Wort Gottes, seine Botschaft, hörbar, sichtbar und verstehbar. Wenn sie erscheinen, will Gott dem Menschen zumeist eine „katastrophale" Wende der Geschichte mitteilen, die er beschlossen hat. Die „katastrophé" wird hier in ihrem ursprünglichen Wortsinn gebraucht, im Sinne einer grundlegenden Wende, die zu einem positiven wie zu einem negativen Ende hin offen ist. Der Engel – oder auch Gott selber in Engelsgestalt – tritt auf als Überbringer von Gerichts- oder Heilsankündigungen – so etwa gegenüber Abraham und Sara im Hain von Mamre oder gegenüber Mose im brennenden Dornbusch (Ex, Kap. 3 und 4). Sein Erscheinen macht die „katastrophé" sichtbar, besprechbar, beschreibbar – und somit begreifbar. Sie wird zum Augenblick des Gerichts, das Heil, aber auch Untergang ermöglicht.

Abraham „erhob seine Augen, und siehe, da standen drei Männer vor ihm." Im 18. Kapitel des 1. Buches Mose wird von der Begegnung Abrahams und Saras mit „drei Männern" erzählt, die in der jahwistischen Überarbeitung bereits im 1. Vers als Erscheinen Jahwes in Begleitung zweier Engel unmittelbar vor der Katastrophe, also vor der Zerstörung der Stadt Sodom (wie sie später, im 19. Kapitel, erzählt ist), gedeutet wird. Abraham begleitet die Männer, nachdem er Gastfreundschaft an ihnen geübt und sie bewirtet hatte, bei ihrem Aufbruch ein Stück ihres Weges nach Sodom. Dabei enthüllt Jahwe ihm seine Absicht, die sündige Stadt zu zerstören, und Abraham erhält die Gelegenheit, bei Jahwe um die Schonung der Stadt zu bitten: „Willst du wirklich den Gerechten mit dem Frevler verderben?" (Gen 18, 23). Er ringt mit Gott um Uneindeutigkeit – also darum, die Ambivalenz von Schuld und Strafe im Kollektiv wahrzunehmen. Es folgt der berühmte Handel um die 50 bzw. 30 bzw. 10 Gerechten, die die Auslöschung der Stadt unmöglich machen sollen. Doch nicht die theologische oder ethische Problematik der Möglichkeit oder Unmöglichkeit von kollektiver Schuld und dem entsprechender kollektiver Strafe soll hier im Mittelpunkt stehen, sondern ein spezifisches Motiv der Bibel, das für die Literatur der Moderne im Besonderen von Bedeutung war: das Erscheinen der Engel im Umfeld der Katastrophe. Die Erzählung vom Erscheinen Jahwes mit den ihn begleitenden Engeln (im Vers 1 von Kap. 19 werden sie explizit als „Engel" bezeichnet) versinnlicht das Einbrechen transzendenter Erfahrung, die eine sonst unvorstellbare Katastrophe ankündigt und somit vorstellbar macht. Nicht Jahwe, sondern erst Abraham spricht sie explizit aus, wenn er in seiner Reaktion auf Jahwes Worte über Sodom sagt: „Willst du sie (die Stadt) wirklich verderben (...)?" (Gen 18, 24b).

Franz Oppenheimer führt in einem klassischen Aufsatz über Antisemitismus, der 1925 in der jüdischen Monatsschrift „Der Morgen" erschienen ist, die kulturellen Gegenkräfte gegen den „Fremdenhass" auf – und unter ihnen als nicht unwesentlichste: die Furcht vor den möglichen verborgenen, transzendenten Kräften des Fremden. „Noch in der Bibel wird geraten, den Fremden gastlich aufzunehmen, weil man nicht wissen könne, ob er nicht ein Engel, d.h. ein Bote Gottes sei."[2] Was hier von Oppenheimer als soziologisch wirk-*sames* Tabu beschrieben wird, ist für die jüdisch-christliche Tradition der Bibel wirk-*liche* Realität. Die gruppeninterne Blindheit bestimmter kultureller und sozialer Systeme wird von den als „unerkannte Fremde" auftretenden Boten Gottes mit einer neuen, radikal anderen Perspektive konfrontiert: Der Engel macht die „katastrophé" sichtbar und wahrnehmbar. Sie wird Realität – zumindest für jene, die noch offen für andere „Wahrheiten" als die herrschenden sind; meist handelt es sich bei jenen, die den Engeln begegnen, um Menschen, die am Rande des betreffenden sozialen Gefüges stehen. Das Auftreten der Fremden, die in den Texten auf unterschiedliche Weise als Boten Gottes erkennbar gemacht werden, kündigt die „katastrophé" an, oder sie erfolgt bereits mit ihrem Eintritt in die Geschichte. Wesentlich aber ist, dass sie sie „verkünden", d.h. wahrnehmbar machen. Und katastrophale Momente, die wahr genommen werden, wandeln sich vom „Fatum", von einem unabwendbaren Geschick zur „katastrophé" im ursprünglichen Sinne – also zum Augenblick in einem geschichtlichen Ablauf, der von den Betroffenen durch ihr Handeln noch entschieden und gewendet werden kann: vom drohenden Unheil zum Heil, jedoch natürlich auch vom

---

[2] F. Oppenheimer: Der Antisemitismus im Lichte der Soziologie, in: Der Morgen. Monatsschrift der deutschen Juden, Berlin 1925, 148–161.

möglichen glücklichen Ausgang hin zum tragischen Ende. Verschiedene Erscheinungsformen und Rollen werden in der Bibel den Boten zugewiesen: In der oben besprochenen Erzählung aus dem 1. Buch Mose sind es zwei Männer, die Jahwe beim Besuch in Abrahams Zelt und auf seinem Weg nach Sodom begleiten. Im Buch Tobit sucht Tobias – auf seines Vaters Rat hin – einen Begleiter für seine Reise, die das Schicksal der Familie entscheidend wenden soll. „Draußen fand er Raphael, den Engel, vor sich stehen (...)", und dieser wird für ihn zu einem zuverlässigen Beschützer während seiner Reise nach Medien. Selten und wenn, dann nur in älteren Text(teil)en, kann mit „Engel Jahwes" auch die sichtbare Erscheinung Gottes bezeichnet sein; so etwa in der Geschichte 1 Mose 16, wo der „Engel Jahwes" der geflüchteten Magd Hagar bei der Quelle auf dem Weg nach Schur erscheint und sie zur Rückkehr auffordert (Gen 16, 7–16). Nicht selten werden sie auch zu Boten des Unheils. Eine Schlüsselstelle ist im Kap. 12 des 2. Buches Mose das Auftreten des „Verderbers", den Jahwe in die Häuser der Ägypter eindringen lässt, um „jede Erstgeburt zu töten" (Ex 12, 12), nachdem der Pharao sich geweigert hatte, Israel aus der Knechtschaft zu entlassen (Ex 12, 23 ff.). Auch in 2 Kön 19, 35 und in Ez 9, 1–11, 13 werden von Engeln und engelsgleichen Männern die Strafgerichte Jahwes vollzogen. Im Buch Ijob wird Satan als einer der „Gottessöhne" beschrieben, der vor Jahwe hintritt. Er fordert von Gott die Vollmacht, den gottesfürchtigen Ijob zu versuchen, und erhält sie. Sein Auftreten initiiert die Erzählung, es leitet die entscheidende Wende im Leben Ijobs ein, eine „katastrophé", die Unheil auf Unheil häuft und dem seinem äußeren Geschick unterworfenen Ijob dennoch die Macht nicht nehmen kann, seine Geschichte über viele Paradoxien hinweg zum Heil zu wenden: von einer nur tradierten, durch andere vermittelten Gottesbeziehung zu einer unmittelbaren, individuellen Erkenntnis Jahwes. „Nur durch Gerüchte wusste ich von dir; jetzt aber hat mein Auge dich gesehen", kann Ijob am Schluss der Geschichte sagen (Ijob 42, 5).

Die Literatur der Moderne – und im Besonderen die Literatur nach 1945 – hat eine Poetik der Transzendenz entwickelt, die einerseits die überlieferten, geschlossenen Symbolwelten der (christlich) religiösen Tradition als das darstellen, was sie nach der Katastrophe von Shoa und Krieg tatsächlich sind: als zerbrochen und unwirklich. Ihre Poetik will sich aber andererseits auch nicht mit dem glatten Dualismus zwischen einer geschlossenen Rationalität und einer als kindlich und voraufgeklärt erledigten Transzendenz begnügen. Auch diese Zweiteilung, mit der sich ein herrschendes Bewusstsein beruhigen könnte, wird durchkreuzt im Auftreten eines befremdend Anderen, das fremde Menschen oder die fremd gewordenen „Nächsten" verkörpern und vermitteln können. Nicht wenige Texte der literarischen Moderne verbinden diese Fremden mit dem tradierten Bild des Engels – gerade um tradierte, eine heil gebliebene Welt suggerierende Symbolwelten zu destruieren. Ich möchte die genauere Lektüre von zwei Texten anregen; einer, der die beschriebene Poetik in ihrer klassischen Form realisiert: Ilse Aichingers Erzählung „Engel in der Nacht";[3] und einer, der jene Antithese der Moderne zu einer traditionellen Poetik der Transzendenz wiederum ironisierend relativiert: Stefan Heyms Roman „Ahasver" mit den Figuren des „Ewigen Juden" sowie des „Leuchtentrager" bzw. „Lucifer" als Versucher und verkörperte „diabolé".[4]

Ilse Aichinger – Engel in der Nacht

Die 1949 entstandene Erzählung „Engel in der Nacht" macht zunächst den Schock des Transzendenzverlustes zum Thema. Der Icherzählerin, einem Mädchen, wird von der Mutter unwissentlich ihr Glaube an die Existenz der Engel genommen. Gleichzeitig erschüttert dieser Schock die Beziehung des Mädchens zu seiner Schwester, die bislang ihren Glauben an die Engel bekräftigt hatte: „Als ich ihr ins Gesicht schrie: ‚Es gibt sie nicht, du hast gelogen, es gibt sie nicht!', verteidigte sie sich nicht, wie ich es erwartet hatte."[5] Doch im weiteren Verlauf der Erzählung wird diese platte, entzauberte Alltagswelt der Erwachsenen, in die das Mädchen hinein geworfen worden war, wiederum als irreal entlarvt: Eines Nachts, aus dem Schlaf erwachend, begegnet sie endlich – nachdem sie lange schon von seiner Nichtexistenz überzeugt ist – ihrem Engel; am geöffneten Fenster der Wohnung sieht sie eine Gestalt und geht auf sie zu: „Wie hab ich zweifeln können? Das war nicht ich, der einen Augenblick lang dachte, du wärst der Wind, mein Engel."[6] Während sie auf das Fenster zugeht, sieht sie, wie der Engel abwehrend den Kopf schüttelt. Einen Augenblick später ist die Gestalt vom Fenster verschwunden. Die Schwester aber „ist still geblieben, als wir sie im Hof fanden und aus dem Schnee hoben, der sie schon bedeckt hatte."[7]

Der Schluss der Erzählung bringt jedoch nicht, wie manche Interpreten meinten, eine neuerliche, banalisierende „Entzauberung" der nächtlichen Begegnung am Fenster – etwa in diesem Sinne: Jene Gestalt war ja doch nur die Schwester, der das Mädchen eben in jenem Moment begegnete, als sie sich aus dem Fenster stürzte, um Selbstmord zu begehen. Nein. In der poetischen Welt der Geschichte bleibt die Erzählung dem mythischen Bild des Anfangs treu, das die Engel der Welt der Nacht und des Schlafes zuordnet: Die Schwester schläft

---

[3] Man könnte in diesem Zusammenhang genauso gut ihre später entstandene Erzählung „Der Engel" heranziehen: I. Aichinger: Der Engel, in: I. Aichinger: Eliza, Eliza. Erzählungen 2. Werke in acht Bänden. Hg. von Richard Reichensperger, Band 3, Frankfurt a.M. 1991, 113–121.

[4] Ein aktueller Roman, der diese mythologisch-ironische Erzählform als Medium von Gesellschaftskritik wieder aufgreift, ist: F.R. Fries: Hesekiels Maschine oder Gesang der Engel am Magnetberg. Roman, Berlin 2004.

[5] I. Aichinger: Engel in der Nacht, in: I. Aichinger: Der Gefesselte. Erzählungen, Frankfurt a.M. 1989, 53–62, hier 57.

[6] Aichinger: Engel, 61.

[7] Aichinger: Engel, 62.

und lässt sich von der Erzählerin nicht mehr wecken: „... und meine Schwester stöhnt nicht und wehrt sich nicht, wie ich mich jeden Morgen gegen den kalten Boden und die Engel wehre (...) so sanft, wie nur die bleiben, die nicht hier sind."[8] Die Schwester war ihr zur Fremden geworden, weil sie ihr scheinbar eine nicht existente Engelwelt vorgegaukelt hatte. Nun wird sie – in der nächtlichen Begegnung am Fenster, kurz vor ihrem Tod – dem Mädchen zu „seinem Engel": Die Begegnung mit einer transzendenten Wirklichkeit ist katastrophal in mehrfachem Sinne: Zum einen wird die Icherzählerin mit der katastrophalen Wende im Leben ihrer Schwester konfrontiert – mit deren Tod, der für sie scheinbar fremd und unvermittelt bleibt. Zum andern wird die entzauberte Alltagswirklichkeit wieder durchlässig für die transzendente, die sich aber jedem Zugriff durch tradierte Symbole entzieht. Das Mädchen sieht „nichts mehr als den Schnee, der (...) wieder zurückgeschleudert wurde wie das Heer der Engel, das nicht berührt sein will."[9] Und in dieser Engelsvision erfährt sie, was sie am Anfang der Geschichte, als ihr die transzendente Welt noch greifbar schien, noch nicht wusste: „... dass es die Engel sind, die uns beschwören. Nicht wir sind es, die sie erträumen, die Engel träumen uns."[10]

Stefan Heym – Ahasver

Auch wenn die erzählerische Ironie Stefan Heyms im Umgang mit Transzendenzsymbolen zur Poetik Ilse Aichingers in vielem unvermittelbar bleibt, eines haben beide Poetiken der Transzendenz gemeinsam: Sie destruieren die Selbstsouveränität des Subjekts im Umgang mit der zur Transzendenz hin geöffneten Wirklichkeit; nicht *wir* erfinden, wir sind *Erfundene*.

Der 1981 erschienene Roman „Ahasver" von Stefan Heym kreist um die spannungsvolle Beziehung zwischen Ahasver und Jesus: „Die Frage war bei Ahasver immer: Wieso weist er den Jesus von der Tür? (...) Von der Beantwortung dieser Frage her entsteht die Beziehung zwischen Ahasver und Jesus, die ich in meinem Roman entwickelt habe."[11] Der Roman verflicht drei unterschiedliche Handlungsebenen (eine biblisch-mythische, die um Lucifer, Ahasver, Gott und Jesus kreist, eine biografisch-historische um den protestantischen Bischof und Luther-Schüler Paulus von Eitzen und eine analytisch-religionswissenschaftliche, die großteils einen Briefwechsel zwischen einem atheistischen Wissenschaftler aus der DDR und einem Religionswissenschaftler aus Jerusalem umfasst) zu einem ironisch-widersprüchlichen „Welttheater". Die biblisch-mythische Handlungsebene entfaltet die Beziehungen zwischen zwei Geistwesen

---

[8] Aichinger: Engel, 62.
[9] Aichinger: Engel, 61.
[10] Aichinger: Engel, 57.
[11] K.-J. Kuschel: Weil wir uns auf dieser Erde nicht ganz zu Hause fühlen. 12 Schriftsteller über Religion und Literatur, München 1985, 106f.

(Lucifer und Ahasver), dem Menschen Jesus und GOtt. Der Anfang des Romans, also das erste Kapitel, schildert den gemeinsamen Sturz von Ahasver und Lucifer, nachdem sie sich geweigert hatten, den Adam als Bild und Gleichnis GOttes zu verehren. Heym bedient sich hier der mythologischen Tradition des Engelssturzes, wie sie ausgehend von Gen 6, 1ff. über Ez 28 und Jes 14 (hier findet sich eine mögliche Etymologie des Namens „Lucifer" in der Bezeichnung „Hellel", schöner Morgenstern, für den König von Babel, dessen Sturz Jesaia vorhersagte) bis zum Henochbuch und über Origines in der weiteren christlich-abendländischen Tradition ausgebildet wurde.

Wesentlich für unsere Reflexion jedoch ist das Auftauchen des fremden Ahasver in Situationen einer „katastrophé", an wesentlichen Wendepunkten in der Geschichte. Ich möchte ein Beispiel dafür herausgreifen: das Erscheinen des Ahasver im Warschauer Ghetto, wie es im Briefverkehr der beiden Wissenschaftler von dem israelischen Religionswissenschaftler geschildert wird. Prof. Leuchtentrager beschreibt die unmenschlichen Leiden der Ghettobewohner während der deutschen Besatzung und erzählt, wie das Auftauchen Ahasvers im Ghetto endlich die Geduld der Juden beendet und zum Aufstand geführt habe: „Und in der Tat ging von ihm eine merkwürdige Wirkung aus: Wo er sich zeigte, schöpften selbst die Sterbenden neuen Mut; es war, als wüssten sie durch ihn, dass etwas von ihnen fortbestehen würde, etwas sehr Essentielles, und dass ihr Leiden und ihr Tod eine Bedeutung hatten, die sie nur ahnen konnten und die erst spätere Generationen erkennen würden."[12] Verbunden ist dieser Brief mit dem nachsichtigen Spott des Jerusalemer Gelehrten über den „aufgeklärten Atheismus" seines Briefpartners aus Berlin, dem er nicht mehr zutraut, als dass „Sie das Phänomen Ahasver (...) durchaus nach den Maßstäben Ihrer Ratio zu erklären wünschen, obwohl es sich offensichtlich nicht in das Prokrustesbett Ihrer Erfahrungswerte einzwängen lässt."[13]

„Und in der Tat ging von ihm eine merkwürdige Wirkung aus": Offensichtlich hat die erzählerische Fantasie der SchriftstellerInnen des 20. Jahrhunderts bei der Reflexion privater wie öffentlich-politischer Geschichte(n) keine Scheu, durch das Auftreten eines „Fremden", resp. eines Engels oder Boten, deren unberechenbaren Wandel in ganz ähnlicher Weise erzählbar und somit begreifbar zu machen, wie es die ErzählerInnen der Bibel getan haben. Solange diese tiefere Weise des Aufklärens über unsere Geschichte(n) und ihren sensus lebendig ist, bleibt uns im Augenblick der „katastrophé" der Weg zum Essentiellen, zur transzendenten Bedeutung unseres Lebens wie unseres Todes offen.

---

[12] St. Heym: Ahasver. Roman, Frankfurt a.M. 1983, 118f.
[13] Heym: Ahasver, 117.

AutorInnen

Prof. Dr. Dr. Christoph Auffarth, Religionswissenschaftler an der Universität Bremen. Er arbeitet zur antiken Religionsgeschichte, besonders der griechischen Religion. Zweiter Schwerpunkt ist die Europäische Religionsgeschichte, hier besonders die Kreuzzüge und die Religionsgeschichte des 19. und 20. Jahrhunderts.

Dr. Olaf Briese, wiss. Mitarbeiter am Institut für Religionswissenschaft der Freien Universität Berlin und Privatdozent am Kulturwissenschaftlichen Seminar der Humboldt-Universität zu Berlin. Seine Arbeitsschwerpunkte liegen in der Religion, Wissenschaft und Philosophie des 19. Jahrhunderts, in der Symbolik von Leib und Architektur, Medizin und Magie, Wissen und Wissensformen und besonders in der Erforschung der Geschichte von Katastrophen und Angstabwehr.

Prof. Dr. Dr. Michael N. Ebertz, Soziologe und Theologe an der Katholischen Fachhochschule in Freiburg im Breisgau; Privatdozent an der Universität Konstanz. Seine Arbeitsschwerpunkte liegen in der Religions- und Kirchensoziologie, der Pastoraltheologie, der Sozialpolitik und der freien Wohlfahrtspflege. Von 2003 bis 2007 war er Sprecher der Sektion Religionssoziologie in der DGS.

Prof. Dr. Richard Faber, Kultursoziologe, FU Berlin. Seine Arbeitsschwerpunkte liegen in der Religionswissenschaft, der Ideologiekritik, insbesondere des Verhältnisses von Religion und Politik in Geschichte und Gegenwart, und in der Literatursoziologie.

Dr. habil. Christel Gärtner, Wissenschaftliche Mitarbeiterin an der Universität Münster im DFG-Projekt „Religion bei Meinungsmachern" und Lehrbeauftragte der Universität Frankfurt am Main. Ihre Arbeitsschwerpunkte liegen in der religionssoziologischen Erforschung der Säkularisierung und von religiösen Transformations- und Bildungsprozessen, in der Kultursoziologie von Deutungsmustern, der Generationen und Sozialisationsforschung sowie in der Hermeneutischen und Historischen Sozialforschung.

Prof. Dr. Winfried Gebhardt, Soziologe an der Universität Koblenz-Landau (Campus Koblenz), arbeitet zur Zeit vor allem zu kultur-, religions- und jugendsoziologischen Themen. Forschungsschwerpunkte der letzten Jahre waren empirische Studien über spirituelle Orientierungen in der Gegenwart und über Einstellungen und Frömmigkeitspraktiken auf religiösen Events.

Prof. Dr. Johann Ev. Hafner, Religionswissenschaftler (mit dem Schwerpunkt Christentum) an der Universität Potsdam. Er arbeitet zur Systemtheorie der Religion, zur Geschichte des Frühchristentums und zur Angelologie.

Dr. Michael Hainz, Jesuit und Sozialwissenschaftler an der Hochschule für Philosophie in München. Er arbeitet zur sozialen und insbesondere religionssoziologischen Analyse der Gegenwartsgesellschaften vor allem Mittel- und Osteuropas. Weitere Schwerpunkte bilden Fragen der Migration und der Abschiebehaft, der Armutsforschung sowie der katholischen Soziallehre.

Dr. Stefan Huber, Mitarbeiter am Lehrstuhl für Religionswissenschaft der Evangelischen Theologischen Fakultät der Universität Bochum und am Kompetenzzentrum Orient-Okzident Mainz der Universität Mainz. Er arbeitet zur Gegenwartsreligiosität. Ein Schwerpunkt sind methodische Fragen einer interdisziplinären empirischen Religionsforschung. Seine wichtigste Publikation ist „Zentralität und Inhalt: Ein neues multidimensionales Messmodell der Religiosität" (2003).

Prof. Dr. Christel Köhle-Hezinger, Inhaberin des Lehrstuhls für Volkskunde (Empirische Kulturwissenschaft) an der Friedrich-Schiller-Universität Jena. Ihre Forschungsschwerpunkte liegen in der Kulturgeschichte des 18., 19. und 20. Jahrhunderts, insbesondere in der Alltags-, Frauen- und Frömmigkeitsgeschichte, in der Orts- und Regionalforschung, der Erforschung des ländlichen Raums und der Industriekultur.

Prof. Dr. Volkhard Krech, Professor für Religionswissenschaft an der Evangelisch-Theologischen Fakultät der Ruhr-Universität Bochum. Seine Arbeitsschwerpunkte liegen in der Geschichte der Religionsforschung, der (soziologischen) Religionstheorie (Georg Simmels), der Soziologie der Askese und der empirischen Erforschung des religiösen Pluralismus.

Dr. Karsten Lehmann, Wissenschaftlicher Assistent am Lehrstuhl Religionswissenschaft II der Universität Bayreuth. Seine Forschungsschwerpunkte liegen in den Feldern Religion und Zuwanderung, religiöser Pluralismus, Religion und Politik sowie in den Methoden der qualitativen Religionsforschung. Gegenwärtig arbeitet er an einem Projekt über ‚Kollektive religiöse Akteure im System der Vereinten Nationen'.

Josef P. Mautner, Literaturwissenschaftler und Theologe; arbeitet als freier Schriftsteller sowie als Geschäftsführer in der Katholischen Aktion Salzburg. Seine Arbeitsschwerpunkte liegen im Beziehungsfeld Literatur, Ästhetik und Religion, im sozialen Engagement mit MigrantInnen und Flüchtlingen und in kommunalen gesellschaftspolitischen Projekten.

PD Dr. Sebastian Murken, Religionswissenschaftler und Psychologischer Psychotherapeut, Leiter der Arbeitsgruppe Religionspsychologie des Forschungszentrums für Psychobiologie und Psychosomatik der Universität Trier. Schwerpunkte seiner Arbeit sind religiöse Gegenwartsphänomene, z. B. neue religiöse Bewegungen und alternative Glaubensformen, sowie Religion und Gesundheit bzw. Religion und Krankheit.

Diplompsychologin Sussan Namini, Wissenschaftliche Mitarbeiterin der Arbeitsgruppe Religionspsychologie des Forschungszentrums für Psychobiologie und Psychosomatik der Universität Trier. Sie arbeitet zu religionspsychologischen Fragestellungen, insbesondere psychologischen Aspekten verschiedener Formen neuer Religiosität.

Dr. Matthias Pöhlmann, Pfarrer der Evang.-Lutherischen Kirche in Bayern, seit 1999 wissenschaftlicher Referent bei der Evangelischen Zentralstelle für Weltanschauungsfragen (EZW) in Berlin. Seine Arbeitsgebiete sind: Esoterik, Okkultismus, Spiritismus.

Prof. Dr. Jo Reichertz, seit 1993 Professor für Kommunikationswissenschaft an der Universität Essen. Er ist zuständig für die Bereiche ‚Strategische Kommunikation', ‚Qualitative Methoden', ‚Kommunikation in Institutionen', und ‚Neue Medien'. Arbeitsschwerpunkte liegen in der qualitativen Text- und Bildhermeneutik, Kultursoziologie, Religionssoziologie, Medienanalyse, Mediennutzung, empirischen Polizeiforschung, Werbe- und Unternehmenskommunikation.

Prof. Dr. Thomas Ruster, katholischer Dogmatiker an der Universität Dortmund. Er arbeitet schwerpunktmäßig an Fragen der Gottes-, Eucharistie- und Engellehre mit Blick auf die biblische Tora und das Wirtschaftssystem.

Dr. Kornelia Sammet, Soziologin, Berlin. 2004 bis 2006 arbeitete sie an der IV. Kirchenmitgliedschaftsuntersuchung der Evangelischen Kirche in Deutschland (EKD) mit. Ihre Arbeitsschwerpunkte liegen in der Religionssoziologie, der Biographieforschung, der Familien- und Paarforschung sowie in der fallrekonstruktiven Sozialforschung.

Prof. Dr. Dr. hc. Gerhard Schmidtchen, Ordinarius (em.) für Sozialpsychologie der Philosophischen Fakultät I der Universität Zürich. Zentrales Forschungs- und Lehrgebiet: Mensch und Institution. Themen der empirischen Untersuchungen und theoretischer Analysen: politisches Verhalten (bis hin zu Terrorismus), Massenmedien und Propaganda, Arbeitsmotivation, Jugendsoziologie, Drogenkonsum, Suizidtendenzen, gesellschaftliche Probleme und Entwicklungen, religiöse Strömungen. Nach der Emeritierung Herbst 1990 Gastprofessuren in Leipzig (bis 1992) und München (2001/2002).

Prof. Dr. Gerhard Schmied, Soziologe an der Universität Mainz mit dem Schwerpunkt: Kultur, insbesondere Religion. Er arbeitete vor allem über das Schenken, das Gebet, insbesondere in öffentlich ausliegenden Fürbittbüchern, zur soziologischen Thanatologie, zuletzt über Friedhöfe, sowie über soziologische Aspekte der Anthropologie.

MA Heike Staigies hat an der Universität Hannover Religionswissenschaft und Germanistik studiert. Zur Zeit absolviert sie am Studienseminar Hildesheim ihr 2. Staatsexamen für das Lehramt an Gymnasien, in den Fächern Deutsch und Werte und Normen.

Prof. Dr. Bernhard Suin de Boutemard, war Professor an der Evangelischen Fachhochschule Darmstadt, nach seinem Ruhestand seit 1995 Professor für Sozialwesen und Gemeindepädagogik an der Theologischen Hochschule Friedensau (bei Magdeburg). Seine Arbeitsschwerpunkte waren: Kirchen in Osteuropa und China, Ökumene, Zivilreligion, New Age, das Werk Tolstois. Am 21. Mai 2007 ist er im Alter von 77 Jahren verstorben.

Dr. Levent Tezcan, Soziologe an der Universität Bielefeld. Er arbeitet zur Soziologie des Islam respektive der Muslime in Europa. Zudem beschäftigt er sich mit dem Thema Religion und Konflikt bzw. der interreligiösen Kommunikation, hier besonders des christlich-islamischen Dialogs in Deutschland.

Dr. Johannes Twardella, Soziologe und Erziehungswissenschaftler an der Johann Wolfgang Goethe-Universität in Frankfurt am Main. Er arbeitet zu religionssoziologischen Fragen, insbesondere zur Soziologie des Islam. Sein zweiter Forschungsschwerpunkt liegt in der qualitativen Bildungs- und Unterrichtsforschung sowie im Bereich didaktischer Fragen.

Apl. Prof. Dr. Joachim Valentin, Lehrtätigkeit für die Fächer Religionswissenschaft und Fundamentaltheologe an der Universität Mannheim. Direktor des katholischen Kultur und Bildungszentrums HAUS AM DOM, Frankfurt a.M. Seine Arbeitsschwerpunkte sind Neue Medien und Religion, Monotheismus und Vernunft, Neue Religiöse Bewegungen.

Dr. Edgar Wunder, Soziologe und Geograph an der Universität Heidelberg, geschäftsführender Sprecher des Arbeitskreises Religionsgeographie der Deutschen Gesellschaft für Geographie. Seine Arbeitsschwerpunkte sind: nichtinstitutionalisierte Sozialformen der Religion (insbesondere Esoterik-Bewegung), Säkularisierung, räumliche Disparitäten religiöser Entwicklung, Zusammenhänge zwischen Umweltbewusstsein und Religiosität.